Visões do Rio de Janeiro Colonial

ANTOLOGIA DE TEXTOS

1531-1800

Jean Marcel Carvalho França

Visões do Rio de Janeiro Colonial

ANTOLOGIA DE TEXTOS

1531-1800

JOSÉ OLYMPIO
EDITORA

Reservam-se os direitos desta edição à
EDITORA JOSÉ OLYMPIO LTDA.
Rua Argentina, 171 – 1° andar – São Cristóvão
20921-380 – Rio de Janeiro, RJ – República Federativa do Brasil
Tel.: (21) 2585-2060 Fax: (21) 2585-2086
Printed in Brazil / Impresso no Brasil

Atendemos pelo Reembolso Postal

ISBN 978-85-03-00998-0

Capa: Victor Burton
Imagens de capa: Joaquim Cândido Guillobel, 1812c.
Diagramação: Dilmo Milheiros

CIP-Brasil. Catalogação-na-fonte
Sindicato Nacional dos Editores de Livros, RJ.

V817v
3ª ed.

Visões do Rio de Janeiro colonial: antologia de textos (1531-1800) / Jean Marcel Carvalho França [organizador]. – [3ª ed.] – Rio de Janeiro: José Olympio, 2008.

Inclui bibliografia
ISBN 978-85-03-00998-0

1. Rio de Janeiro (RJ) – Descrições e viagens. 2. Rio de Janeiro (RJ) – Usos e costumes. I. França, Jean Marcel Carvalho, 1966- .

CDD – 918.153
CDU – 913(815.3)

08-3829

Aos meus pais.

Sumário

NOTA INTRODUTÓRIA 9

Pero Lopes de Sousa 13
Ulrich Schmidel 17
Nicolas Barré 20
Olivier Van Noort 27
Bartolomé Garcia de Nodal e Gonçalo de Nodal 32
Richard Flecknoe 40
Edward Barlow 54
François Froger 60
Journal d'un voyage 70
Jonas Finck 84
John Young 97
L'Arc-en-Ciel 104
René Courte de La Blanchardière 118
Nicolas Louis de La Caille 128
M. De La Flotte 135
John Byron 144
James Forbes 152

Louis Antoine de Bougainville 156

A primeira viagem de circunavegação do capitão James Cook 168
    James Cook 169
    Joseph Banks e Daniel Solander 186

Evariste Parny 191

Juan Francisco de Aguirre 196

Friedrich Ludwig Langstedt 225

Os fundadores da Austrália 237
    Arthur Phillip 238
    John White 241
    Watkin Tench 257

George Barrington 264

A embaixada de lorde Macartney à China 268
    George L. Staunton 269
    John Barrow 289
    Aeneas Anderson 309

James Colnett 319

Os missionários do *Duff* 322
    Samuel Piggot 323
    James Wilson 330

James George Semple Lisle 335

Jean-François Landolphe 346

BIBLIOGRAFIA GERAL 355

Nota introdutória

A partir do desembarque de d. João VI, em 1808, o Brasil passou a receber um número significativo de visitantes estrangeiros. O monarca lusitano, como é sabido, além de promover a conhecida *abertura dos portos,* passou a incentivar a vinda de expedições científicas, artísticas e comerciais ao país. Depois desse impulso inicial, de paisagistas a botânicos, de negociantes a aventure iros, inúmeros foram aqueles que quiseram *ver com os próprios olhos* os exotismos, as belezas e as riquezas do território que durante séculos o português *protegera dos curiosos.* Desse heterogêneo grupo de visitantes, não foram poucos os que, com mais ou menos detalhes, com mais ou menos simpatia, relataram as suas *pitorescas* experiências no Novo Mundo.

O quadro, porém, mostra-se bastante diverso quando voltamos os olhos para os 300 anos que antecederam a referida *abertura dos portos.* Durante esse período, a ciumenta e receosa Coroa portuguesa coibiu com vigor a presença de estrangeiros em território brasileiro, condenando a colônia a um brutal isolamento. Tal política xenófoba, como não poderia deixar de ser, fez com que o *exuberante* e *misterioso* Brasil recebesse pouquíssimos visitantes e, conseqüentemente, figurasse num número reduzido de narrativas de viagens.

Esse contraste pré e pós desembarque é especialmente notável no caso do Rio de Janeiro. A cidade e os seus habitantes são retratados num sem-número de páginas da literatura de viagens do Oitocentos – boa parte das quais traduzidas para o português e amplamente utilizadas pelos pesquisadores brasileiros. O Rio colonial, no entanto, não goza de igual notoriedade. As descrições desse período da vida carioca, feitas por estrangeiros, são bem mais escassas e, salvo raras exceções, muito pouco conhecidas.

É verdade que outrora houve um empenho por parte de alguns pesquisadores em divulgar esses importantes testemunhos da vida carioca colonial. Um dos esforços pioneiros partiu de Vieira Fazenda, que no seu *Memórias e antiqualhas do Rio Janeiro* comentou quatro dessas descrições da cidade. A Vieira Fazenda seguiram-se Alfredo de Carvalho, Luís Edmundo e Afonso de Escragnolle Taunay. Este último, na década de 1940, verteu para o português e comentou uma vintena de descrições. Infelizmente, o historiador, do mesmo modo que os seus antecessores, optou quase sempre por fazer paráfrase do original e, quando não, as suas traduções pecaram pela falta de fluidez e, algumas vezes, de clareza. Para mais, as notas contidas nos três livros que publicou sobre o tema (*No Rio de Janeiro dos vice-reis, Rio de Janeiro de antanho* e *Visitantes do Brasil colonial)* são em número reduzido e a bibliografia indicada sobre as viagens e os viajantes abordados é diminuta.

Com a presente *antologia,* procurei corrigir essas imperfeições. Apresento a seguir 35 descrições do Rio de Janeiro feitas por viajantes estrangeiros: a primeira delas, datada de 1531, constitui uma das mais antigas referências à baía de Guanabara e aos seus arredores; a última, do ano de 1800, praticamente encerra o longo período de isolamento a que a cidade (e o país) vinha sendo confinada.[1] Entre esses dois marcos, o leitor passa-

[1] Dando continuidade a esta pesquisa, estão publicados, também pela Editora José Olympio, os livros *Outras visões do Rio de Janeiro colonial (1582 – 1808)* e *Mulheres viajantes no Brasil (1764 – 1820)*, este pela coleção Sabor Literário.

rá por descrições de diversos tamanhos e diversificados conteúdos: umas proporcionam um detalhado panorama do Rio de Janeiro e dos cariocas; outras limitam-se a exaltar as belezas da baía de Guanabara; algumas, as mais antigas, fazem breves menções aos indígenas da região; e há, ainda, aquelas que simplesmente relatam a vida portuária da cidade. Dispensável é dizer que o conjunto dessas narrativas constitui uma fonte documental de considerável relevância, na medida em que fornece ao historiador um variado leque de informações sobre o cotidiano de uma das mais importantes cidades do Brasil Colonial.

Mas antes que o leitor consulte esses documentos, convém dizer uma ou duas palavras sobre os procedimentos adotados para a organização desta *antologia.* Cada uma das 35 narrativas é precedida de uma pequena introdução – contendo uma nota sobre a viagem e sobre o viajante – e seguida de um comentário sobre a edição escolhida (quando há mais de uma) e de uma pequena bibliografia. No referente às introduções, procurei enfocar menos a vida do viajante e mais os aspectos relacionados com a viagem que o conduziu ao porto carioca, mesmo porque, sobre a vida de boa parte dos navegadores aqui apresentados, as informações são bastante escassas.

No que tange às edições, optei por utilizar aquelas publicadas em vida dos autores, algumas das quais sob os cuidados deles próprios. Esse critério foi deixado de lado quando uma edição posterior mostrou-se mais bem cuidada (com justificadas correções no texto da primeira edição, notas explicativas, correção de nomes próprios etc.) ou quando não consegui localizar uma edição com a característica especificada.

Quanto às traduções, dado que na maioria dos originais o estilo é pouco apurado, não hesitei em promover algumas mudanças na ordem das frases e na disposição dos parágrafos, de modo a facilitar a compreensão dos textos e a tornar a sua leitura mais agradável. Tive, no entanto, o cuidado de, mesmo modernizando a linguagem, preservar com a máxima fidelidade possível a peculiaridade de cada descrição. Optei também por corrigir, sempre que pude identificá-los, os nomes de pessoas, localidades, animais, frutas etc.

* * *

Feitos esses esclarecimentos, resta-me agradecer a uma pessoa em especial e a três instituições que tornaram essa empresa possível. Começo por Susani S. Lemos França, que leu os originais, submeteu-os a uma providencial correção e auxiliou-me a encontrar o formato final do texto. Em Lisboa, onde desenvolvi boa parte deste livro, agradeço ao Centro de História de Além-Mar (Universidade Nova de Lisboa), que me acolheu como pesquisador associado, e à Sociedade de Geografia de Lisboa, que me franqueou o acesso ao seu excelente acervo – no qual localizei uma parte significativa das obras que serão aqui mencionadas. Por fim, gostaria de agradecer à Fapesp, que financiou parte dessa pesquisa.

Pero Lopes de Sousa

Pero Lopes de Sousa visitou a costa brasileira na qualidade de capitão da nau que encabeçava a primeira expedição colonizadora enviada ao Brasil, a expedição liderada por Martim Afonso de Sousa (1500-1564). Da sua breve vida pouco se sabe. Terá provavelmente nascido no ano de 1501 ou 1502, em Vila Viçosa, e falecido no Índico, por volta de 1540. Na mocidade, é quase certo que tenha estudado a arte da navegação – talvez com o famoso matemático Pedro Nunes –, conjugando tais estudos com uma intensa atividade marítima a bordo das armadas de guarda-costas que patrulhavam as imediações da Madeira, dos Açores e da costa setentrional da África. Quando da viagem ao Brasil, o futuro donatário das capitanias de Santo Amaro e Santa Ana, apesar da pouca idade, gozava da fama de marinheiro experimentado.

A armada em que empreendeu a travessia do Atlântico – constituída por duas naus, um galeão e duas caravelas – deixou Lisboa em dezembro de 1530, avistando o litoral brasileiro (cabo de Santo Agostinho) em janeiro de 1531. A 19 de fevereiro, o capitão-mor Martim Afonso fracionou a esquadra: as duas caravelas seguiram para o norte e as embarcações restantes, entre as quais a nau capitânia e um navio capturado aos franceses, para o sul. A caminho do rio da Prata, que seria alcançado em outubro de 1532, as embarcações de Martim Afonso de Souza fizeram escala em Pernambuco, na baía de Todos os

Santos (onde encontraram Diogo Álvares, o Caramuru), no Rio de Janeiro, na ilha de Cananéia (hoje designada Bom Abrigo) e na ilha das Onças (Torres).

No Rio de Janeiro, a frota permaneceu três meses (de 30 de abril a 31 de julho de 1531), tendo o capitão-mor oportunidade de enviar uma pequena expedição ao sertão. Como se depreende do início da narrativa, o nome Rio de Janeiro – proveniente do equívoco de se ter tomado a baía por um rio – não foi cunhado pela expedição de Martim Afonso. Fernão de Magalhães, em 1519, tinha se referido à região da mesma maneira e, antes dele, João Dias Solis (1508). Varnhagen avança a hipótese de que teria sido Gonçalo Coelho, na expedição exploratória de 1501, o autor do feliz engano.

No início da manhã de sábado, 30 de abril, atingimos a embocadura do Rio de Janeiro. Aproveitando uma brisa, ancoramos ao lado de uma ilha situada na entrada desse rio, num fundo de 15 braças de área limpa. Ao meio-dia, o vento começou a soprar do mar e entramos com as naus. Esse rio é muito grande, contendo oito ilhas e numerosos abrigos. Para entrar, navega-se de norte para sul, tomando a quarta de noroeste para sudeste; há duas ilhas a sudeste, outras duas a sul e três a sudoeste – entre elas podem navegar carracas. A água é clara e o fundo, que chega a 22 braças na região mais baixa, é limpo e sem nenhuma restinga. De fora da embocadura, há duas ilhas do lado leste e quatro ilhéus do lado oeste. A embocadura não mede mais do que um tiro de arcabuz, tendo, no meio, uma ilha de pedra rasa, cujo mar circundante conta com um fundo de 18 braças de área limpa. Sua localização é 23° e 1/4.

Como entramos no rio, o Capitão I mandou fazer uma casa forte, com cerca ao redor, e enviou gente à terra para pôr ordem na ferragem e executar outras coisas de que tínhamos necessidade. Quatro homens foram enviados pelo Capitão I ao interior. Esses ausentaram-se dois meses e depois de terem percorrido 115 léguas de terra – 65 das quais por montanhas muito grandes e 50 por campos –, encontraram um grande rei, senhor de todos aqueles campos. O rei fez-lhes muitas honras e veio entregá-los pessoalmente ao Capitão I, a quem trouxe muitos cristais e informou que havia ouro e prata no rio Paraguai. O capitão também fez-lhe muitas honras e deu-lhe muitos presentes, mandando depois que retornasse para as suas terras. A gente desse rio é tão ou mais gentil do que a gente da baía de Todos os Santos. A região que circunda o rio é formada por montanhas e serras muito altas. A água aqui encontrada é excelente. Estivemos nesse lugar três meses e recolhemos mantimentos suficientes para manter 400 homens por um ano; além disso, fizemos dois bargantins de 15 bancos.

EDIÇÃO UTILIZADA

É a Francisco Adolfo de Varnhagen que devemos a primeira edição (1839) do *Diário* de Pero Lopes de Sousa. Essa edição, no entanto, baseou-se numa cópia incompleta do original, na qual não constava uma parte significativa da viagem – o próprio Varnhagen tratou de preencher essa lacuna na terceira edição da obra (1861). Utilizamos a 6ª edição, cujo texto é idêntico ao fixado em 1861, além de vir acrescido de um prefácio de Capistrano de Abreu e das preciosas notas do oficial da Marinha brasileira Eugênio de Castro.

SOUSA, Pero Lopes de. *Diário de navegação de Pero Lopes de Sousa.* Estudo crítico pelo comandante Eugênio de Castro; prefácio de J. Capistrano de Abreu. Edição da Comissão Brasileira dos Centenários Portugueses, 2 vols., 1940, p. 187-191.

BIBLIOGRAFIA

FREITAS, Jordão de. "A expedição de Martim Afonso de Sousa (1530-1533)". In: *História da colonização portuguesa no Brasil.* Rio de Janeiro, vol. III, 1924, p. 97-166.

RODRIGUES, José Honório. *História da História do Brasil. Historiografia colonial.* 2. ed. São Paulo: Ed. Nacional, 1979.

VARNHAGEN, Francisco Adolfo de. *Analyse du journal de la navegation de la flotte qui est allée à la terre du Brésil en 1530-1532 par Pedro Lopes de Sousa.* Paris: Imprimerie de Fain et Thunot, 1840.

——. *Diário de navegação de Pero Lopes de Sousa.* Rio de Janeiro: Typografia de L. dos Santos, 1867.

——. "Biografia de Pero Lopes de Sousa". In: *Revista do Instituto Histórico Geográfico Brasileiro,* vol. 5 (1843), p. 352-354, vol. 6 (1844), p. 118-122.

Ulrich Schmidel

A expedição de Martim Afonso de Sousa e a conseqüente fundação da vila de São Vicente, em 22 de janeiro de 1532, trouxe muitas e sérias preocupações para Carlos V, rei de Espanha. Era evidente que o inexpressivo vilarejo de Iguape, fundado por Castela em 1527, na costa atlântica, muito próximo do limite fixado pelo Tratado de Tordesilhas, não era capaz de competir com a bem organizada e poderosa povoação criada pelos irmãos Sousa e que tal desequilíbrio de forças, cedo ou tarde, colocaria em causa a soberania espanhola no extremo sul da América austral.

Tendo em vista essa delicada situação, a Coroa espanhola resolveu dar início à colonização de fato da região do Prata. Para tanto, organizou uma expedição composta por 14 embarcações de grande porte e 2.650 homens, 150 dos quais estrangeiros (alemães, holandeses e saxões). O comando dessa vultuosa empresa marítima coube ao fidalgo d. Pedro de Mendonça, que embarcou com o título de Adelantado y Capitán-general de la Provincia del Río de la Prata.

Entre a tripulação de um dos 14 navios da frota de D. Pedro, encontrava-se Ulrich Schmidel, um soldado alemão nascido em Straubing (Baviera). Schmidel, que acabaria por ficar 20 anos (1534-1554) perambulando pelo âmago da América do Sul, legou à história um precioso relato de suas aventuras. Do Rio de Janeiro, no entanto, onde arribou em março de 1535, o agente germânico quase nada deixou registrado. Como veremos na narrativa que se segue, nessa altura da viagem, os conflitos a bordo das embarcações eram demasiado graves e provavelmente não deixaram tempo ao bávaro para tecer considerações sobre o meio circundante.

Estando tudo preparado, a frota, composta de 14 embarcações, pôs-se a caminho. Após aproximadamente dois meses de navegação, chegamos a uma ilha habitada somente por pássaros. Eram em tão grande número que se podia matá-los a golpes de bastão. Ficamos três dias nessa ilha deserta, de seis milhas de comprimento por seis de largura, situada a 500 milhas do nosso ponto de partida, Santiago. No mar que a rodeia, chegamos a ver peixes voadores, baleias e uma espécie de peixe muito grande e muito redondo, denominado *schaubhut,* devido a um grande círculo que envolve a sua cabeça. Nessas águas, encontramos também um peixe armado de um osso semelhante a uma faca – peixe que os espanhóis chamam espada –, um outro, denominado peixe-serra, cuja arma se parece com um serrote, e uma série de outras espécies notáveis pelo tamanho e pela forma, mas que não sou capaz de descrever aqui.

Fomos dessa ilha para uma outra, localizada a 200 milhas de distância e chamada Rio de Janeiro. Os índios dessa região – região que pertence ao rei de Portugal – são conhecidos pelo nome de tupis. Permanecemos aí cerca de 14 dias.

D. Pedro de Mendonça, nosso chefe, que há muito estava enfermo e impossibilitado de exercer o comando, fez-se substituir por Juan Osório, seu amigo, a quem nos obrigou a prestar juramento. Mas, passados alguns dias, esse tal Osório foi acusado, diante de dom Pedro, de querer sublevar a armada contra ele. Mendonça ordenou a quatro oficiais – Juan de Ayolas, Juan Salazar, Jorge Lujan e Lázaro Salvaischo – que esfaqueassem o traidor e expusessem publicamente o seu cadáver. Em seguida, ele proclamou que faria o mesmo a todo aquele, fosse quem fosse, que se declarasse partidário de Osório. Essa morte foi uma cruel injustiça. Osório era probo, corajoso, intrépido, liberal com seus companheiros de armas e muito bondoso.

EDIÇÃO UTILIZADA

O relato de Ulrich Schmidel foi publicado pela primeira vez em 1567, em língua alemã, na coleção editada em Frankfurt, por Sigismund Feyerabend e Simon Hüter, coletânea dividida em duas partes que, além da narrativa de Schmidel, trazia o *Weltbuch* (1534), de Sebastian Franck, diversos relatos portugueses das Índias Orientais e o relato de Hans Staden. Sebastian Franck. Desde então, a obra conheceu inúmeras edições e foi traduzida em diversas línguas, fazendo parte de importantes coleções de narrativas de viagem, como as organizadas por Theodore de Bry, Levinus Hulsius e Ternaux-Compans. Utilizamos a edição organizada por d. Luis L. Dominguez para a Hakluyt Society, comparando-a com as também excelentes edições organizadas por Samuel A. Lafone Quevedo (1903) e Edmundo Wernicke (1938).

SCHMIDEL, Ulrich. *The conquest of the River Plate (1535-1555). I. Voyage of Ulrich Schmidel to the rivers La Plata and Paraguay.* Londres: Halduyt Society, 1891, p. 4-6.

BIBLIOGRAFIA

ASHER, A. *Bibliographical essay on the collection of voyages and traves edited and published by Levinus Hulsius and his successors.* Londres e Berlim: A. Asher, 1839.

KLOSTER, W. e SOMMER, F. *Ulrico Schmidel no Brasil Quinhentista.* São Paulo: Sociedade Hans Staden, 1942.

QUEVEDO, A. Lafone (org., trad. e notas). *Viaje de Ulrich Schmidel al Rio de la Prata (1534-1554).* Buenos Aires: Calvaux & Cia, 1903.

RIBEIRO, João Coelho Gomes. "Ulrich Schmidel, notícia biográfica". In: *Revista do Instituto Histórico Geográfico de São Paulo,* vol. 10 (1905), p. 29-38.

WERNICKE, Edmundo (org., trad. e notas). *Derrotero y viaje a Espana y las Indias.* Santa Fé: Instituto Social, Universidad Nacional del Litoral, 1838.

Nicolas Barré

Em outubro de 1550, os homens de negócio da França Atlântica organizaram, na cidade de Rouen, uma grande festa brasílica para receber o rei Henrique II e sua esposa Catarina de Médicis. Determinados a despertar nos monarcas o interesse pela América austral, esses ricos comerciantes e armadores não mediram esforços na preparação do exótico festim, chegando a importar dos trópicos cinco dezenas de tamoios a fim de recriar uma tribo indígena em solo francês.

O evento, reforçado por uma feliz conjunção de fatores – a pressão de poderosos comerciantes normandos, a necessidade de desenvolver o recém-criado porto de Havre, o desejo de expandir a Marinha francesa etc. –, rapidamente produziu bons resultados. Em 1551, Henrique II enviou o cartógrafo Guilherme Le Testu para explorar a costa brasileira. De volta à França, em 1552, Testu não cansou de destacar o quão estratégica era, comercial e militarmente, a posição da baía de Guanabara, insistindo nas vantagens de se colonizar o lugar.

O apelo do cartógrafo não caiu no vazio. Em julho de 1553, a causa ganha um importante defensor: o cavaleiro da Ordem de Malta, Nicolau Durand de Villegaignon. Próximo do rei, amigo do almirante Coligny e detentor de excelentes relações com destacados membros da nobreza, Villegaignon não teve dificuldades para angariar um vasto leque de contribuições – do rei inclusive. Essas dádivas permitiram ao cavaleiro de Malta armar uma esquadra de três navios de 200 toneladas, recrutar cerca de 600 homens – muitos dos quais nas prisões de Rouen e Paris – e partir para o Brasil.

No dia 14 de agosto de 1555, depois de sério percalço inicial – uma violenta tempestade obrigou o cavaleiro de Malta a buscar abrigo na Inglaterra e, dias depois, a fazer reparos no porto de Dieppe, onde houve inúmeras deserções –, os navios fizeram vela em direção ao Rio de Janeiro. No dia 10 de novembro, as embarcações entraram na baía de Guanabara e com elas o projeto de se edificar nessa parte do globo a França Antártica.

A história da malograda execução desse projeto é bastante conhecida, sobretudo a querela religiosa que eclodiu no meio dos colonizadores – exaustivamente descrita por Jean de Lery, André Thevet, Jean de Crespin e, mais tarde, por Paul Gaffarel. Importa aqui destacar que, entre os 600 homens recrutados pelo cavaleiro de Malta, estava o piloto Nicolas Barré, um protestante convicto, apoiante de primeira hora da empresa colonizadora idealizada por Villegaignon.

*Barré, que morreria mais tarde na tentativa de colonização da Flórida, enviou a alguns amigos em Paris duas cartas narrando as suas aventuras na França Antártica, ambas publicadas pela primeira vez em 1557 (*Copie de quelques lettres sur la navegation du chevalier Villegaignon, *Paris: Martin, le Jeune). A primeira, referente ao período de 12 de julho de 1555 a 1° de fevereiro de 1556, dá notícias da travessia do Atlântico e descreve as primeiras impressões da terra e dos nativos; a outra narra as desavenças entre os católicos e os reformados da França Antártica. O leitor encontrará a seguir um fragmento da primeira missiva.*

No dia 10 de novembro, chegamos ao rio Guanabara, rio que mais parece um lago. O local encontra-se exatamente sob o Trópico de Capricórnio. Pusemos o pé em terra cantando louvores e ações de graças ao Senhor. No lugar, encontramos de 500 a 600 selvagens, todos nus e armados de arcos e flechas. Esses nativos disseram-nos, na sua língua, que éramos bem-vindos, ofereceram-nos alguns presentes e aclamaram-nos como aqueles que iriam defendê-los dos portugueses e de outros dos seus inimigos capitais.

A baía é bela e fácil de fixar na memória, pois sua entrada é estreita e fechada de ambos os lados por duas altas montanhas. No meio da dita entrada (que tem cerca de meia légua), há uma rocha, com mais ou menos 100 pés de comprimento e 60 de largura, sobre a qual o senhor Villegaignon, prevenindo-se contra os inimigos, construiu um forte de madeira e instalou a sua artilharia. O rio referido é tão espaçoso que todos os navios do mundo poderiam aí ancorar com segurança; sua superfície é cheia de belas ilhas, todas cobertas de verdes bosques. Em uma dessas ilhas, situada em frente ao forte, foi colocado o restante dos homens e da artilharia. Optou-se por instalá-los nesse espaço, porque temia-se que, caso fossem transferidos para a terra, os selvagens empreendessem um ataque contra os homens e roubassem as mercadorias.

O solo local produz somente milho miúdo, que em nosso país é conhecido pelo nome de *trigo sarraceno.* Desse cereal e de uma raiz chamada *maniel,* cuja folha em muito se assemelha à da *Paeonia,* os nativos extraem uma espécie de vinho. Essa raiz, que serve ainda para a produção de uma farinha mole tão boa quanto o trigo, dá origem a uma árvore da altura do sabugueiro. Cheguei a ver também uma erva, chamada petume, que os nativos, após limpá-la e extrair-lhe o suco, transformam num alimento capaz de sustentar um homem por oito ou nove dias. Duas espécies de frutas, que experimentei, eram maravilhosamente boas: uma, denominada *ananás,* vem de uma planta semelhante ao aloés; trata-se de uma fruta espumosa, muito doce, mas de difícil digestão. A outra, de nome *pacoma,* é uma espécie de figo, muito leve e agradável, cuja árvore é dotada de umas folhas semelhantes àquelas da *Lapathum aquaticum.* A terra produz, ainda, favas grandes e pequenas, ambas muito boas para comer, e uma quantidade pouco significativa de cana-de-açúcar. Também em pequena quantidade são os limões e laranjas aqui encontrados, pois os habitantes locais são extremamente negligentes no seu cultivo. Quanto às plantas medicinais, encontrei somente a beldroega, o mirto e o manjerico. Todo o resto é tão selvagem e grande que, se mestre Jean, o herbanário, aqui estivesse, ficaria, sem dúvida, bem embaraçado.

Creio que talvez consigamos encontrar algum metal nessas plagas. Afinal, a 50 léguas rio acima, os portugueses encontraram prata e cobre. A terra circundante é cortada por belos riachos de água doce, água das mais salubres que eu já bebi. O ar é temperado, tendendo mais para o calor que para o frio. O verão começa no mês de dezembro, quando o sol está sob o trópico. Durante essa estação, todas as tardes chove e troveja durante três horas; no restante do dia faz, como dizem os nativos, o mais belo tempo do mundo. Eis o que tenho a dizer sobre a fertilidade da terra e sobre a salubridade e a disposição do ar. Resta falar dos habitantes, das suas condições de vida e dos seus costumes.

Tudo me leva a crer que esses nativos são o povo mais bárbaro e estranho que existe sobre a terra. Eles vivem sem conhecimento de nenhum deus, sem inquietude de espírito, sem lei e sem nenhuma religião. Tal como os animais, estão à mercê dos seus instintos. Tanto os homens como as mulheres andam completamente nus. A língua que falam é muito rica em sons, mas desprovida de numerais. Assim, quando eles querem expressar cinco, mostram os cinco dedos da mão.

Essa nação mantém-se em estado de guerra contra outras cinco ou seis. Quando fazem um prisioneiro, oferecem-lhe como esposa a mais bela jovem da tribo; essa relação é mantida por um certo número de luas, número previamente indicado através de uma corda fixada no pescoço do inimigo. Expirado o tempo, os nativos fazem uma grande quantidade de vinho de milho e bebem-no até a exaustão com os amigos convidados para a cerimônia. Nessa ocasião, o prisioneiro é espancado até a morte com um porrete de madeira e, posteriormente, dividido em pedaços, que são assados na brasa e comidos com grande prazer.

A alimentação regular desses selvagens é composta por serpentes, crocodilos, sapos e lagartos, os quais são tão estimados por eles como os galos, lebres e coelhos são por nós. Seus domínios têm a extensão de cem léguas e seus principais inimigos são os *ouitachas,* os *ouyamas,* os *margais,* os *taliarbas* e os portugueses.

No referente às uniões, os homens são livres para se ligarem a quantas mulheres desejarem e elas para deixarem os seus maridos quando lhes aprouver. Eles gostam muito das nossas vestimentas, das nossas armas e de tudo o mais que vem do nosso país, desprezando, porém, o ouro, a prata e as pedras preciosas, tão estimados por nós. As armas que utilizam são o arco e a flecha com ponta de osso. Para navegar, servem-se de umas canoas de 30 ou 40 pés de comprimento. A possibilidade de essas pequenas embarcações virem a naufragar não os preocupa, pois são exímios nadadores. Os bens que mais valorizam são: uns colares brancos feitos com pequenos moluscos, a plumagem de alguns pássaros (com a qual ornam o corpo) e o pau-brasil, utilizado para fazer as referidas embarcações. As árvores dessas plagas crescem até uma altura inacreditável e têm uma folhagem semelhante à dos buxos. Cheguei a ver árvores de cem pés de altura e seis de diâmetro.

Creio que se Deus não tiver piedade desses selvagens, eles dificilmente serão convertidos ao cristianismo, e isso sobretudo em razão do seu detestável hábito de comerem-se uns aos outros. Eles vivem em comunidades de 500 a 600 membros e constroem cabanas compridas, denominadas *mapalia,* onde habitam de boa vontade todos aqueles que pertencem a uma mesma linhagem. O algodão é aqui muito utilizado, sobretudo para a confecção de uns leitos suspensos muito confortáveis. Nesse tipo de leito, que parece feito de plumas, temos dormido desde a nossa chegada. Em cada aldeia, tem mais valor aquele que tiver capturado e matado o maior número de inimigos. Tudo entre esses homens é comum, mas quando eles nos trazem alguma coisa, é necessário dar algo em troca, caso contrário ficam extremamente sentidos.

Eis meus irmãos, o que pude, até esta data, recolher e registrar da nossa viagem.

EDIÇÃO UTILIZADA

Não tivemos acesso à mencionada edição de 1557. Ternaux-Compans, no entanto, assegura que a versão preparada por ele, em meados do século XIX, é em tudo similar à primeira.

BARRÉ, Nicolas. "Lettres sur la navegation du chevalier de Villegaignon". In: TERNAUX-COMPANS, Henry. *Archives de voyages ou collection d'anciennes relations inédites ou très rares de lettres, mémoires, itinéraires et autres documents.* Paris: Arthus Bertrand, Libraire-Éditeur, s/d, tomo 1, p. 102-112.

BIBLIOGRAFIA

CRESPIN, Jean de. *Histoire des martyrs, persécutez et mis à mort pour la vérité de L'Évangile.* Genève: Pierre Aubert, 1619.

GAFFAREL, Paul. *Histoire du Brésil Français au XVIème siècle.* Paris: Maisonneuve, 1878.

HEULHARD, A. *Villegaignon, roi d'Amerique. Un homme de mer au XVIème siècle.* Paris: E. Leroux, 1897.

LÉRY, Jean de. *Viagem à Terra do Brasil.* Belo Horizonte: Editora Itatiaia; São Paulo: Editora da Universidade de São Paulo, 1980.

PEILLARD, Leonce. *Villegaignon, vice-amiral de Bretagne et vice-roi du Brésil.* Paris: Perrin, 1991.

READERS, Georges. "Villegaignon, vice-amiral de Bretagne au Brésil". In: *Actes du Cinquantenaire de ta création en Bretagne de l'enseignement du Portugais.* Paris: Presses du Palais Royal, 1977.

THEVET, André. *As singularidades da França Antártica.* Belo Horizonte: Editora Itatiaia; São Paulo: Editora da Universidade de São Paulo, 1978.

Olivier Van Noort

*Em 1598, uma recém-criada companhia de comércio de Roterdam armou dois navios de alto bordo (*Maurice *e* Henri Frédéric*) e dois iates (*Concord *e* L'Espérance*) para uma expedição de corso ao Pacífico. À frente dessa esquadra, cujo objetivo era atacar e saquear o maior número possível de possessões espanholas na região, estava o capitão Oliver Van Noort (1568-1611). Esse experiente navegador de Utrecht, que angariara respeito e renome no cumprimento de inúmeras missões náuticas, tornar-se-ia o primeiro marítimo da nação holandesa e o quarto do mundo – precedera-o Fernão de Magalhães, Francis Drake e Thomas Cavendish – a dar a volta ao globo terrestre.*

As quatro embarcações lideradas por Noort zarparam do porto de Roterdam em 13 de setembro de 1598, rumando para a costa da Inglaterra. Nesse litoral, o capitão recolheu o piloto que navegara com Cavendish na sua viagem de circunavegação, um inglês de nome Melis. Esse piloto e mais três dezenas de homens morreriam na costa africana, nomeadamente na ilha do Príncipe (golfo da Guiné), onde a esquadra holandesa entrou em combate com soldados portugueses que guardavam o local.

Da ilha do Príncipe, as embarcações batavas, carentes de gêneros, mas supridas de água, rumaram para a costa do Brasil, esperando aí obter os refrescos necessários para prosseguir viagem. No dia 6 de fevereiro de 1599, a frota avistou Cabo Frio e, no dia 9, lançou ferro na entrada da baía de Guanabara. Noort permaneceria somente três dias ancorado no lugar, pois o governador-geral do Brasil, d. Francisco de Sousa, então em visita à cidade, não se mostrou muito simpático aos corsários holandeses.

A 9 de fevereiro, por volta do meio-dia, entramos no Rio de Janeiro, lançando âncora fora da baía; porém, nosso cabo rompeu e a embarcação percorreu 14 braças em direção a duas ilhas situadas ao norte. O vento leste soprava bastante forte quando o Dobaert, que estava à frente, entrou e deitou âncora a nove braças do castelo que se acha na costa norte da barra, defronte à qual está localizada a cidade. Há ali um estreito que, uma vez ultrapassado, permite entrar num mar espaçoso onde deságuam alguns rios.

O general despachou um escaler com um piloto, chamado Barent Jansen, e dois marinheiros. Esse piloto disse que havia passado pela cidade há quatro ou cinco anos, que era bem conhecido no local e que poderia facilmente obter as provisões de que necessitávamos. Contudo, em razão da impetuosidade do estreito, ele não conseguiu chegar à terra.

Na manhã do dia seguinte, veio até nós uma grande canoa, tripulada por sete ou oito homens, entre os quais um português, chamado Pierre Tacq, que falava um bom flamengo. Esse homem desembarcara na cidade em companhia do governador da Bahia e de mais 200 ou 300 soldados que o acompanhavam. Disse-nos que tinha sido enviado pelo governador para descobrir que tipo de homens éramos. Respondemos que éramos flamengos e que desejávamos obter algumas frutas e provisões em troca de dinheiro ou mercadorias, ou seja, que desejávamos negociar com eles. Depois que o general se mostrou amigável, o português voltou para a praia prometendo que, tão logo desembarcasse, daria parte de tudo ao governador.

No dia 10, depois do meio-dia, o mesmo Pierre Tacq voltou a bordo trazendo somente umas 50 ou 60 laranjas – demonstração evidente da má vontade do governador para conosco. O general e o conselho de guerra consideraram que a intenção dos portugueses era a de eternizar as negociações, intenção que foi confirmada por Tacq ao advertir-nos de que, se não o prendêssemos a bordo, nada obteríamos da parte do governador. O general e o conselho de guerra resolveram, então, detê-lo no navio, juntamente com um mestiço e mais dois escravos que o acompanhavam. A seguir, despacharam uma canoa com quatro tripulantes para levar uma carta do português dirigida ao governador. Nessa carta ele pedia ao governante que enviasse, ainda na mesma noite, uma esquadra carregada de frutas para serem trocadas por dinheiro ou mercadorias.

Na manhã seguinte, próximo de nós, não vimos canoa nem coisa alguma. Divisamos somente alguns indivíduos em uns batéis que iam da fortaleza para a cidade. Na tentativa de angariar algumas frutas necessárias para a nossa manutenção, três escaleres, tripulados por 60 ou 70 homens, foram enviados ao lado sul de uma angra, próxima de uma alta montanha, chamada Pão de Açúcar. O português que estava detido a bordo garantiu que ali encontraríamos o que procurávamos.

Chegando à terra, verificaram os nossos que se tratava de uma emboscada: os dois homens despachados para verificar mais de perto o local foram aprisionados e muitas flechas foram disparadas contra os escaleres, ferindo sete ou oito soldados. O navio *Concord*, que escoltava os botes, foi obrigado a retirar-se devido aos disparos vindos da fortaleza que vigiava a baía. Dois desses disparos, um dos quais atingiu a cabeça de um homem, despedaçaram os cabos principais de enxárcia. Após esse contratempo, os escaleres, desfalcados dos dois homens que foram levados presos para o Rio de Janeiro, voltaram a bordo.

O general escreveu, então, uma carta ao governador, perguntando-lhe se não queria trocar os nossos homens por aqueles que mantínhamos prisioneiros. A carta foi levada por um escravo que nadou até a terra. Quase ao cair da noite, os da fortaleza aproximaram-se de nós, agitando uma bandeira de paz. Sem demora, mandamos também um escaler com uma bandeirola branca e em português.

Perguntaram-nos para onde queríamos que eles levassem os nossos soldados aprisionados. Respondemo-lhes que o melhor local seria a bordo dos navios, pois desejávamos também entregar os deles. À noite, houve uma terrível tempestade de sul e os nossos navios correram sério risco de serem atirados contra os rochedos.

No dia 12, pela alvorada, vimos uma bandeira branca no lugar prefixado. O general mandou ao local um escaler com gente nossa e um português mestiço. Com ele voltou nosso piloto Barent Jansen. Nessa ocasião, os portugueses nos dirigiam palavras amistosas e asseguravam que nos venderiam frutas e leitões em abundância. Mas o português que prendêramos avisou-nos para não acreditarmos em tais promessas.

Logo em seguida, o general enviou para a terra o português e alguns escravos que ainda se encontravam presos em nosso navio, ordenando ao quartel-mestre que não largasse a fateixa. Por causa da agitação marítima, o barco não conseguiu chegar à praia. Um dos nossos cabos de esquadra, um tal Guilherme Potter, de Delft, pôs-se nu e, sem que ninguém lhe ordenasse, nadou para a terra em companhia do português. Chegando à praia, foi imediatamente capturado por uns índios que, sob as ordens dos portugueses, saíram do mato e lançaram-se sobre ele. À vista desse fato, o nosso escaler, largando a fateixa, tratou de fugir, abandonando o cabo aprisionado. Nesse mesmo dia, o general ordenou que fosse dado um tiro de canhão, como sinal para levantar âncoras. Saímos, então, para fora da barra com a maré.

EDIÇÃO UTILIZADA

O relato de Olivier Van Noort conheceu, desde sua publicação em língua flamenga, no ano de 1601, inúmeras edições. Serviu-nos de base a edição em francês, publicada na cidade de Amsterdã em 1602. Informa-nos o pesquisador P. A. Tiele que essa edição é semelhante à segunda edição em flamengo, mais completa que a primeira e superior às edições, em alemão e em latim, preparadas pelos irmãos De Bry. Essas, ainda segundo Tiele, oferecem uma versão truncada do relato.

NOORT, Olivier Van. *Description du penible voyage fait entour de l'univers ou globe terrestre.* Amsterdã: Chez Comeille Claessz, 1602, p. 5-7.

BIBLIOGRAFIA

BERENGER, M. *Collection de tous les voyages fait autour du monde par les différentes nations de l'Europe.* Lousane: Pierre Heubach & Comp., 9 vols., 1788.

HAKLUYT, Richard. *Purchas his Pilgrimes.* Londres: Hakluyt Society, 1868.

TAUNAY, Afonso de Escragnolle. *Visitantes do Brasil Colonial.* São Paulo: Companhia Editora Nacional, 1944.

TIELE, P. A. *Mémoire bibliographique sur les journaux des navigateurs neerlandais.* Amsterdã: M. Israel Publishing Departament, 1968.

Bartolomé Garcia de Nodal e Gonçalo de Nodal

Naturais de Pontevedra, na Galícia, os irmãos Nodal não se furtaram às tradições de sua região e, desde muito cedo, dedicaram-se às lides marítimas. O primogênito, Bartolomé, nascido em 1574, começou a servir nas naus de Sua Majestade com 16 anos. No decorrer de sua extensa e movimentada carreira, participou de missões de diversos tipos: das simples missões de patrulha nas armadas de guarda-costas a expedições de considerável relevância política e militar. Gonçalo, quatro anos mais novo, começou a singrar os mares com 12 anos e por diversas vezes serviu ao lado do irmão.

Em 1618, esses experimentados marinheiros, juntamente com um selecionado grupo de pilotos e um experiente cartógrafo, foram convocados pela Coroa espanhola para empreenderem uma viagem exploratória à Terra do Fogo, uma viagem destinada a procurar uma passagem segura para os mares do Sul e a efetuar o reconhecimento do estreito de Magalhães.

As embarcações, duas bem armadas caravelas de 80 toneladas, partiram de Lisboa em 27 de setembro de 1618. A tripulação, cerca de 80 homens, era composta exclusivamente por portugueses, quase todos embarcados à força – o destino, esclarecem-nos os irmãos Nodal numa nota ao leitor, *era tão remoto e incerto que ninguém iria de livre vontade. Depois de passarem pelas Canárias e pela ilha de Santiago (Cabo Verde), as caravelas rumaram para a cidade do Rio de Janeiro, lançando âncora na baía de Guanabara em 15 de novembro de 1618. Os irmãos Nodal permaneceram na cidade 16 dias (1° de dezembro), dias plenos de trabalho e problemas.*

No dia 15 de novembro, entramos no Rio de Janeiro para consertar o mastro da almiranta, que tinha rompido. Quando ancoramos, já era noite. O governador Rui Vaz Pinto enviou um alcaide, acompanhado de uma outra pessoa, para se informar sobre os nossos navios. Mandamos avisar que eram navios do Rei Nosso Senhor e que, pela manhã, explicaríamos o porquê da nossa presença ali.

No dia seguinte, o capitão Bartolomé Garcia de Nodal, comandante das caravelas, foi à terra falar com o governador. O capitão Gonçalo de Nodal ficou encarregado de aproveitar a maré e conduzir as embarcações porto acima e também de tomar conta da tripulação para que não houvesse fuga. Logo que os navios ancoraram, o governador veio a bordo para conduzir a tripulação ao cárcere, principalmente aqueles que tinham embarcado a contragosto. Essa atitude fez com que todos fossem de bom grado. O capitão Gonçalo acompanhou-os e tratou de animá-los, dizendo que não ficassem aflitos, pois logo seriam retirados dali. Por fim, o capitão recomendou ao carcereiro que tratasse bem os homens e que não os metesse no cadafalso. Recomendação que muito lhes agradou.

Depois de termos entrado com as caravelas e de termos dado conta ao governador do problema referente ao mastro, foi determinado que uma peça semelhante fosse retirada de um dos navios mercantes que estava no porto. Embora tudo caminhasse a bom ritmo, não foi possível resolver o assunto com o proprietário.

Nesse meio-tempo, subiram a bordo alguns pilotos flamengos e portugueses, dizendo que em caso algum poderíamos deixar o porto sem providenciar novas pontes para as caravelas. Apesar de termos garantido que repararíamos as ditas pontes, eles tanto insistiram sobre esse ponto que acabaram por levar à casa do governador pessoas experimentadas no assunto, as quais, após conversarem com outras que haviam sido chamadas pelo próprio governador, concluíram que os navios não poderiam partir naquelas condições, pois além de estarem repletos de buracos, eram muito rasos. Isso de fato era verdade. Nossas embarcações, apesar de serem as melhores do mundo, tinham as cobertas muito baixas e qualquer balanço do mar lançava água no seu interior. Os marinheiros sofriam constantes incômodos com essa situação, pois não havia arca nem roupa que não estivesse constantemente molhada. O governador, apoiado pelos da terra, advertiu-nos dos perigos de tal inconveniente, chamando a atenção para o fato de que toda a tripulação estava meio amotinada.

Aceita a sugestão, iniciamos um diálogo para saber em quantos dias seria possível fazer as tais pontes: uns diziam dois meses, outros um mês; e isso apesar de haver, nas imediações, madeira de excelente qualidade e em abundância. Ficamos escandalizados com esses prazos e decidimos que, no dia seguinte, após a missa, o capitão Gonçalo de Nodal partiria para a floresta, acompanhado dos carpinteiros, dos calafates dos navios, de mais dois calafates da terra, de 20 homens da tripulação e de nove negros, a fim de recolher a madeira necessária. Pretendíamos, caso essa madeira fosse obtida em um único dia, iniciar o trabalho de mastreação imediatamente, embora cogitássemos que seria difícil obter permissão para tal. Assim, no sábado, dia 17, tomamos a iniciativa de procurar o vigário e solicitar-lhe autorização para trabalhar nos domingos e nos dias de festa.

No domingo, depois de ter ouvido a missa matinal, celebrada por um dos nossos capelães, o grupo liderado pelo capitão Gonçalo de Nodal partiu em busca da madeira, que foi encontrada a cerca de uma légua e meia de distância. Na noite do mesmo dia, com exceção de uns 20 paus que só posteriormente foram recolhidos, toda a madeira que era necessária já tinha sido cortada e a canoa e as duas chalupas retornaram completamente cheias. Na segunda-feira, começamos a trabalhar. Apesar do grande calor que se fazia sentir, tudo foi feito com tanta destreza que, dez dias depois, os reparos estavam prontos. Foi uma das tarefas mais significativas que realizamos no decorrer da viagem.

No dia 16, o governador, lançando mão de um documento de Sua Majestade que fora enviado através da Coroa de Portugal e que recomendava o máximo cuidado para com as tripulações que se achassem em terra, disse-nos que era da sua competência cuidar dos nossos marujos e que, não sendo o cárcere suficientemente seguro, ele decidira enviá-los para trás das grades – o que era o mesmo que dizer para o calabouço. Como os homens estavam ainda mais amotinados e precisávamos urgentemente de trabalhadores, julgamos que o melhor seria utilizar o método do *ladrão fiel* e reconduzi-los às embarcações. Uma vez a bordo, eles seriam vigiados e impedidos de ir à terra. Seriam também aproveitados nas lides dos navios: os de mais confiança, sob a inspeção de um oficial, encarregar-se-iam da aguada e os outros, do lastro. No dia 21 de novembro, o capitão Bartolomé Garcia de Nodal dirigiu-se ao cárcere e disse aos homens: *Irmãos, o governador comunicou-me que, por razões de segurança, irá colocá-los no calabouço; eu desejo, pela honra do Rei Nosso Senhor e pela minha, confiar em todos e levá-los comigo para os navios.* Com essas palavras, o capitão obteve deles o compromisso de não cometer nenhuma falta e de trabalhar nas embarcações.

Foi Deus que, nesse preciso momento, permitiu que tantos marinheiros se oferecessem para o trabalho. Eles chegaram mesmo a implorar que os deixássemos embarcar, dizendo que o fariam em troca de qualquer coisa. Os que hesitavam eram logo abordados por outros dispostos, em troca de roupa apropriada para o mar e de algum dinheiro, a substituí-los. Assim ocorreu com um marinheiro da almiranta que, por estar enfermo, cedeu o seu lugar a um outro e recebeu autorização para ficar.

Quando saímos para o mar, ficaram em terra sem licença somente três marinheiros da almiranta e um da nau capitânia. Esta perdeu ainda mais três homens que ficaram presos em terra. Esses sete marujos, contudo, foram facilmente substituídos: na almiranta entraram um grumete, um calafate e um marinheiro; e na capitânia entraram quatro bons e fortes marinheiros provenientes de alguns navios mercantes que se encontravam no porto – cerca de 16 embarcações, entre grandes e pequenas.

Quando fizemos vela do porto do Rio de Janeiro, contávamos com o mesmo número de marujos que possuíamos ao sair de Lisboa, porém, seguíamos muito mais contentes e seguros, pois tínhamos deixado os condenados às galés e nos livrado dos marujos insatisfeitos, que fugiram quando ancoramos. Esses homens mantinham a tripulação da capitânia em constante sobressalto. Na almiranta, ao contrário, os marujos jamais tiveram pensamentos maus. O contentamento era geral e a viagem foi preenchida com muita música, dança e cantoria. O comandante, nos tempos livres, fazia com que os marujos tomassem armas e os ensinava a limpá-las e a usá-las. Entre os marujos reinava um clima pacífico e, quando havia algum excesso, o contramestre intervinha e ameaçava levar o caso até o capitão; ameaça que muito efeito tinha sobre os rebeldes, pois eles temiam ser transferidos para a outra embarcação.

Os capitães não confiavam nem um pouco nesses homens e, embora procurassem ocultar esse fato, mantinham sempre as armas, a pólvora e as balas trancadas em seus camarotes. Só quando das referidas lições de tiro as armas eram distribuídas entre a tripulação, a seguir, recolhia-se tudo. A propósito dessa e de outras atividades que eram desenvolvidas a bordo, seu objetivo era o de manter os marujos constantemente ocupados, evitando-se, assim, que a ociosidade os levasse a imaginar coisas ruins.

No dia 24 de novembro, sábado, Martim de Sá, um cavalheiro da Ordem de Cristo, retornou de sua fazenda. Vinha com ele, além de seu filho, Salvador Corrêa de Sá, cavaleiro da Ordem de Santiago, alguns outros cavalheiros, dois frades beneditinos e mais de 40 índios remadores. Quando nos viu, ele veio de encontro ao nosso navio, subiu a bordo e ofereceu-nos, em nome de Sua Majestade, dinheiro e tudo o mais que precisássemos. Depois, dirigindo-se aos marujos, estimulou-os a empreender a viagem da melhor maneira, acrescentando que, se alguém tencionava ficar em terra sem autorização, não o fizesse em hipótese alguma, pois mal os navios partissem, ele pessoalmente iria caçar os desertores, capturá-los e enforcá-los sem piedade. Destacou, por fim, que seria impossível aos que ficassem encontrar esconderijo seguro onde quer que fosse, pois os gentios que atuavam sobre seu comando tratariam de encontrá-los. Martim de Sá é um homem de muito valor e extremamente temido; todos na terra o tratam por *senhor*.

No domingo, logo ao amanhecer, selecionamos alguns homens de confiança e, juntamente com os oficiais que iam trabalhar nas pontes, ouvimos missa. Nessa ocasião, fomos convidados para comer na casa do governador, convite que, apesar do muito trabalho que nos esperava, foi impossível recusar. A casa ficava tão próxima do lugar de ancoragem dos navios que, do seu interior, era possível não só acompanhar o que se passava nas embarcações, como também estabelecer comunicação com a chalupa. No meio da refeição, vimos sair do navio um bote com três moços; um deles desceu em terra levando um pacote oculto sob uma capa. Comunicamos o ocorrido ao governador, que imediatamente ordenou a um dos seus criados que fosse buscar o rapaz. Pouco tempo depois, o jovem foi trazido em nossa presença, juntamente com o misterioso embrulho. Tratava-se de um pedaço de toucinho roubado. O infrator logo denunciou quem lhe tinha dado o embrulho.

Voltamos a bordo e, no mesmo dia, instauramos uma investigação. Descobrimos, então, que quatro homens estavam tentando organizar um motim. Teríamos enforcado os culpados se o filho de Martim de Sá não tivesse pedido pela vida de um tal Marco Antônio, o cabeça do grupo.

Fomos, assim, obrigados a condenar os revoltosos às galés: o tal Marco Antônio a oito anos, e dois de seus cúmplices a quatro. Achamos por bem absolver um dos rapazes, pois ele, além de bom marinheiro, não estava muito implicado na trama. Entregamos os prisioneiros e uma cópia dos autos ao governador para que este os enviasse a d. Fernando Alvia de Castro, provedor geral das Armadas de Sua Majestade em Lisboa, que os remeteria para a Junta de Guerra das Índias.

No dia 29 de novembro, Martim de Sá presenteou os enfermos que tínhamos a bordo com algumas provisões: uma vitela viva, dois pães de açúcar de grandes dimensões, muitas frutas da terra (laranjas, limas doces, limões) e uma canoa de lenha – esta foi devidamente distribuída entre as embarcações. Quando estávamos para partir, veio até nós um marinheiro e pediu para embarcar. Como se tratava de um homem proveniente das naus de Martim de Sá, tratamos de pedir-lhe autorização. Ele não só autorizou, como ainda exortou o rapaz a cumprir condignamente tão elevada missão.

No sábado, mediante um pagamento, encarregamos os senhores Gaspar Maciel e Juan Abaris Madris, moradores de Viana que estavam de partida para a Europa em duas naus, de fazer chegar à Sua Majestade alguns despachos. Parte desses despachos seria entregue em Pontevedra, pois devia ir, na demanda de Bayona, para o governador da cidade, o licenciado Domingos Nunes de Araújo, que trataria de encaminhá-los à Corte. A parte restante deveria seguir para d. Fernando Alvia de Castro, em Lisboa. Entregamos também ao governador do Rio de Janeiro uma carta endereçada ao senhor vice-rei do Peru e outra destinada ao governador de Buenos Aires, esta última dava conta de nossa viagem e deveria ser remetida posteriormente para Lima.

No mesmo dia, 1º de dezembro de 1618, deixamos o porto do Rio de Janeiro e ganhamos o mar.

EDIÇÃO UTILIZADA

Utilizamos a primeira edição da obra em língua espanhola (1621) e, como auxiliar, a excelente edição (1911) preparada por Sir C. Markham para a Hakluyt Society.

NODAL, Bartolomé Garcia de; NODAL, Gonçalo de. *Relation del viaje que por orden de su Mad. y Acuerdo del Real Consejo de Indias hizieran los capitanes B. G. de Nodal, y G. de Nodal.* Madri: Fernando Corrêa de Montenegro, 1621, folhas 4-12.

BIBLIOGRAFIA

MARKHAM, Clements Forbes. *Early spanish voyages to the strait of Magellan.* Tradução, edição, prefácio, introdução e notas por Sir Clements Markham. Londres: Hakluyt Society, 1911.

Richard Flecknoe

O poeta inglês Richard Flecknoe (1600?-1678) entrou para a história menos pelos seus méritos e mais pelo fato de ter sido criticado e ridicularizado por dois literatos famosos: John Dryden e Andrew Marvell. O primeiro qualificou-o, em 1682, de imperador em todos os domínios do disparate *e o último, que chegou a conhecê-lo em Roma (1646), teceu comentários cáusticos sobre a sua pretensão, arrogância e impertinência. Para além dessas opiniões pouco abonadoras, quase nada sabemos sobre a vida desse vate e aventureiro que, em busca de mecenas que satisfizessem o seu insaciável desejo de ver tudo, como uma vez explicou, circulava pelas cortes da Europa adulando membros da nobreza.*

Flecknoe nasceu em Londres, provavelmente no início do Seiscentos. Joseph Gillow, seu biógrafo oficial, assegura que foi educado num colégio jesuíta e entrou para a Companhia, abandonando-a poucos anos depois. Rose Macaulay, ao contrário, diz que o viajante era um devoto, sem, contudo, ter chegado a tomar votos. A verdade é que Flecknoe nunca se referiu ao fato de ser padre e não parece ter se comportado como tal. Mais do que o proselitismo, interessava-lhe viajar pelo mundo e conhecer novas terras.

Foi como viajante que, depois de passar por Bruxelas, Paris, Marselha, Gênova, Roma, Provença e Hyères, desembarcou em Cascais (Portugal), no ano de 1648, e foi nessa qualidade que, em outubro do mesmo ano, rumou para o Brasil na embarcação que conduzia o recém-nomeado governador do Rio de Janeiro, Sebastião de Brito Pereira. Flecknoe entrou na baía de Guanabara em janeiro de 1649, de onde partiu oito meses mais tarde. Vejamos o que tem para nos dizer sobre a cidade e seus arredores esse vate menor que se gaba de ter sido o primeiro turista a pisar em terras brasileiras.

Seguimos a nossa rota para o Rio de Janeiro sempre atentos, pois a costa, de 35 braças de fundo, é tida como muito perigosa. Cruzamos o Cabo Frio – assim chamado em razão do frio excessivo que aí se faz sentir, apesar de achar-se numa zona tórrida – e chegamos à bacia do porto de São Sebastião, onde deitamos ferro nas proximidades de uma ilhota. Completamos a viagem, incluindo a passagem pela África, em menos de três meses; uma viagem com quatro naus e mais de 400 homens. Durante toda a travessia, perdemos apenas um homem.

Uma vez ancorados, os nossos marujos iniciaram uma pescaria com anzol e capturaram uma espécie de peixe que, se não fosse a ausência das orelhas, pouco se distinguiria do nosso peixe-cabra. Esse peixe tinha o ventre axadrezado e inflava como bexiga ao ser retirado da água. Segundo os portugueses, ele é terrivelmente venenoso. Ainda segundo eles, o mar das redondezas está cheio de outros espécimes que, de tão venenosos, tornam a água insalubre. Eu próprio pude verificar esse fato ao banhar-me. Comumente, quando o fazia em outras regiões, experimentava uma sensação revigorante; aqui, ao contrário, saí do mar tonto e maldisposto.

Nesse meio-tempo, o forte avisou a cidade da nossa presença e fomos rodeados por diversas embarcações portuguesas de pequeno porte, embarcações que traziam saudações e, especialmente, provisões frescas e frutas do país. À tarde, chegaram os pilotos encarregados de conduzir-nos até o interior da baía. Levantamos âncora sob uma leve brisa que soprava durante todo o dia: da terra, pela manhã, e do mar, ao entardecer.

A entrada da baía é ladeada por dois grandes rochedos, separados um do outro por algumas milhas; um deles é denominado Pão de Açúcar. Ao avançarmos para além do forte que defende a baía, deparamos com a mais sedutora paisagem do mundo: um lago, com umas 20 milhas de extensão, todo salpicado de ilhas verdejantes de diversos tamanhos. À esquerda, a umas três milhas do forte, num local onde a baía oferece segurança para a ancoragem de milhares de naus, foi edificada a cidade.

Ao desembarcar, descobri que os padres da Companhia tinham providenciado minhas acomodações, disponibilizado dois mulatos ou negros para me servirem e mandado preparar, nas cozinhas da sua residência, a minha dieta. Tudo isso não sei se por ordem do rei, por recomendação do governador (que viera conosco) ou por simples caridade dos bons padres. O certo é que, por dinheiro algum, eu ficaria tão bem instalado, ainda porque a cidade não conta nem com albergues, nem com hospedarias. Estas paragens são, em geral, freqüentadas por mercadores e marinheiros. Os primeiros hospedam-se nas casas dos seus correspondentes; os últimos permanecem a bordo dos seus navios. Homem algum, até então, empreendera tal travessia por simples curiosidade.

DO BRASIL EM GERAL

O Brasil, confinado entre o oceano e os rios Amazonas e Prata, é um vasto continente, muito maior do que a Europa. O seu clima é quente e, devido às chuvas abundantes e contínuas, úmido; à exceção dos dois rios que o limitam, não existem outros caudais que possam produzir umidade por evaporação. O acesso ao país é feito através de apenas quatro ou cinco portos (num dos quais me encontro), pois o restante da costa é acidentada e coberta por densas florestas de centenas de quilômetros. Parece que esta terra está destinada a ser habitada por muitos homens, muitos mais do que aqueles que a habitaram até então.

DA CIDADE

A cidade de São Sebastião está situada numa planície de algumas milhas de comprimento, limitada nas suas extremidades por duas montanhas. Próximo ao mar, na saída do lago, estão instalados os jesuítas; no extremo oposto, os beneditinos. A cidade antiga, como testemunham as ruínas das casas e a igreja grande, fora construída sobre um morro. Contudo, as exigências do comércio e do transporte de mercadorias fizeram com que ela fosse gradativamente transferida para a planície. Os edifícios são pouco elevados e as ruas, três ou quatro apenas, todas orientadas para o mar. A uma ou duas milhas da cidade, estende-se uma grande planície, cuja vegetação ora é rasteira, ora florestal e ora campestre. Para além desse plano, descortina-se uma região tão diversa das nossas que nem uma só árvore, ou planta, ou pássaro, ou qualquer outro animal apresenta semelhança com os da Europa. Por esse motivo, falarei um pouco de cada uma dessas particularidades.

DA TERRA

A terra é quase toda coberta de matas e, com o solo virgem desde a criação do mundo, produz, sem nenhuma cultura, árvores frondosas e enormes, algumas das quais com sete ou oito braças de diâmetro e mais de 70 ou 80 de altura. Com elas os brasileiros, utilizando um único tronco, fazem canoas e barcos de duas ou três toneladas.

O pau-brasil, madeira que deu origem ao nome da terra, é quase um arbusto se comparado com outras árvores e em muito se assemelha ao nosso pilriteiro maior. O país, como referi, é quente e úmido, razão pela qual se formam brejos de mais de 20 ou 30 milhas. Nesses alagadiços, não se vê uma única árvore, pois o solo é demasiado frágil para suportar o peso de suas estruturas grandiosas.

DAS ÁRVORES FRUTÍFERAS E DAS PLANTAS

No tocante às frutas, excetuando o limão, que cresce por toda parte, a banana é o fruto mais comum. Ela cresce numa árvore que, em um ano, atinge uma altura semelhante a da ameixeira ou a da cerejeira. Essa árvore é toda verde e tem o tronco formado pelo imbricamento das folhas que se separam no alto e caem como plumas. Cada folha tem cerca de seis pés de comprimento por dois de largura; a fruta nasce na parte superior, em cachos de 40 unidades, envolta numa pele que, ao amadurecer, se torna amarela; o paladar e a cor lembram o nosso abricó, todavia, ela é mais consistente e mais saborosa.

O cajueiro, cuja folhagem se assemelha à da nossa castanheira, é uma espécie de árvore do tamanho da macieira. Seu fruto, que adere à árvore por meio de uma castanha muito saborosa quando cozida, é parecido com o nosso figo verde e tem um caldo refrescante, excelente para aplacar a sede. O único inconveniente são os ligamentos da polpa, tão ásperos que agarram nos dentes e são difíceis de engolir.

A goiabeira é uma árvore mais ou menos das mesmas dimensões da anterior; o seu fruto é redondo e verde como as nossas ameixas. No seu interior, encontra-se uma polpa vermelha, do tamanho de uma bola de bilhar, cujo gosto lembra o de uma pasta de morango.

O mamão é outra fruta bastante comum nessas plagas. Ele cresce no alto da árvore, em cachos de 20 unidades, como grandes pêras verdes. Nunca amadurecem o suficiente para serem comidos crus, mas fornecem uma ótima conserva. As laranjas, os limões (os quais suspeito terem sido transplantados) e as limas – uma espécie de híbrido de laranja e limão, de gosto agridoce e muito redonda – são abundantes e excelentes.

Na terra, cultiva-se, ainda, uma árvore cuja raiz, depois de moída e livre do seu suco venenoso, fornece uma farinha que substitui aquela proveniente do trigo. Quando fresca, essa farinha se parece com o miolo do pão; quando envelhecida, assemelha-se à aveia socada. Embora a cidade receba pão de trigo de Portugal e das Ilhas Ocidentais, os habitantes parecem preferir o produto dessa raiz, pois ele está sempre presente nas refeições.

O ananás é, sem dúvida, a melhor e a mais saborosa das frutas que o país produz. Ele cresce como uma alcachofra, suas folhas são espessas e dentadas como as das sempre-vivas e seu caule e sua casca, escamosos. Uma vez descascado, seu tamanho é o de um melão comum e sua cor, dourada. Fatiado e molhado no vinho, não há quem não aprecie o seu delicioso sabor. Há, também, melões nessa região, melões de dois tipos: um verde e um amarelo. Provavelmente eles foram transplantados da Europa, mas hoje são melhores que os nossos. As batatas, as cenouras e os nabos, muito comuns por aqui, são idênticos aos nossos.

Para concluir, cabe ainda fazer referência a uma árvore não-frutífera, chamada *pinto,* da qual se extraem grandes vantagens. Ela cresce preferencialmente em áreas úmidas; do seu tronco, feito de nós como o da cana, saem galhos superpostos que atingem uma altura elevada; sua folhagem verde, espessa e fibrosa é utilizada para todo tipo de tecelagem; a fibra mais grosseira serve para a cordoalha, a média para o fio e a mais fina para a seda.

DOS ANIMAIS

Os animais são todos muito diferentes dos nossos. O quati apresenta alguma semelhança com a nossa lebre, mas é maior, não tem orelhas e seu dorso é mais grosso; junto à cauda, ele apresenta um tom avermelhado mais intenso do que no resto do corpo. O tatu não difere muito da raça de porcos menores; contudo, possui a pança maior e o focinho mais comprido.

A preguiça, assim chamada devido à morosidade dos seus movimentos, é o animal com a aparência mais monstruosa que já vi: seu corpo é todo coberto de escamas como o do rinoceronte, mas a sua flexibilidade se assemelha à da serpente. Nem mesmo o demônio deve ser tão assustador. Sua lentidão é tanta que, segundo dizem, ela não avança mais do que um passo por dia.

Existem, no Brasil, muitos animais selvagens, entre os quais a onça, o tigre e o leopardo; quanto aos domésticos, o carneiro, o porco, a cabra e o boi são os mais comuns. Esse último grupo de animais foi provavelmente importado da Europa, contudo, eles adaptaram-se muito bem ao país, especialmente o boi, utilizado tanto para o corte como para tocar engenhos de açúcar. Os padres da Companhia possuem, não muito longe do Rio, uma propriedade que conta com mais de 20 mil cabeças.

Há também, no país, em grande quantidade, o *buggus,* uma espécie de macaco geralmente preto, com focinho branco e a cauda em espiral, voltada para dentro. Esses animais exalam um odor suave e, quando são acusados de alguma travessura, fazem mimos tão enternecedores que não há remédio senão perdoá-los. Mas, dos primatas, a variedade mais encantadora é a dos sagüis, o animal mais lindo criado pela natureza. Seu tamanho é o de um pequeno esquilo, sua juba é de pêlo longo e sua cauda, em penacho, de cor dourada. As mãos assemelham-se às dos negros, assim como o rosto; os dedos são diminutos e o aspecto petulante. Se esse pequenino pudesse adaptar-se na Europa, estou certo de que todos os nossos bichos de estimação seriam relegados para segundo plano e ele reinaria soberano em nossas casas.

DAS AVES

As aves são tão belas que poderíamos afirmar que a natureza aprendeu aqui os seus matizes antes de pintar as nossas. Conquanto os pássaros da Arábia sejam chamados *aves do Paraíso,* merece o Brasil o nome de *Paraíso das aves.*

Entre todas, a mais bela é a arara. Ela tem o tamanho de um falcão e parece um jardim de tulipas, pois cada uma de suas penas ostenta cores diversas, cores que, quando vistas ao sol, ofuscam a vista pelo brilho e variedade. Tive uma e ensinei-lhe a palrar como um papagaio; a voz, porém, saía em tom tão grosso e avolumado, que era impossível conter o riso ao ouvi-la.

Há, no Brasil, um outro pássaro, chamado *canadá,* que só na cor difere da arara: o dorso e a parte externa das asas são azuis e a parte interna e o peito, amarelo-ouro. Alguns exemplares são pretos de azeviche e apresentam o ventre cor de aurora, franjado de vermelho; outros há ainda que são inteiramente escarlates.

O pássaro mais comum nessas plagas é o papagaio, do qual há centenas de qualidades. Os periquitos, que andam em bandos como os estorninhos, são vendidos a bom preço e são muito apreciados como alimento.

Durante a minha estada, tive os aposentos sempre repletos de animais e pássaros. Dois sagüis, que trazia sempre comigo, e que apelidara de meus leões de bolso, tinham por hábito, na hora das refeições, sair do seu esconderijo e roubar a comida das minhas mãos e boca. Esse comportamento muito enciumava a minha arara, que não cessava de importunar-me com carícias, ora fitando-me com ternura, ora palrando, ora trepando nas minhas costas. Possuí muitos outros animais, mas infelizmente morreram todos durante a viagem. Os sagüis não suportaram a mudança de ares e a arara morreu afogada.

DOS INSETOS E DOS ANIMAIS INFERIORES

Quanto aos insetos, há no Rio de Janeiro um gênero de caranguejo bastante curioso. Ele é do tamanho de uma pulga d'água, tem uma garra comprida que o obriga a fazer sempre movimentos circulares e vive soterrado nos bancos de areia, como o marisco entre os rochedos.

Outro inseto peculiar é o louva-a-deus, cuja forma, semelhante à de um pequeno graveto, é admirável. De suas vértebras saem pares de pernas sobre as quais saltita, sendo esse o seu único sinal aparente de vida. Apanhei um exemplar dessa espécie e amarrei-o no meu quarto. Não consegui perceber como ele se alimentava. Cheguei mesmo a espetá-lo com uma agulha, mas não notei qualquer reação. Um belo dia, ele desapareceu não sei como.

O que mais me molestou foi uma espécie de poeira animada que, insensivelmente, se aloja nos nossos pés, se transforma num verme do tamanho do bicho de queijo e, se não for cuidadosamente removido, deixa centenas de ovos no local. Durante mais de um mês, sofri tormentos por causa dele e me vi impossibilitado de caminhar, tendo de ser transportado numa rede de um lado para o outro. Logo que se apossou dos meus pés, coçar-me se transformou no meu maior prazer, tamanha era a comichão que me consumia; depois de algum tempo, passei a sentir uma dor como jamais sentira.

DOS SELVAGENS OU INDÍGENAS DO BRASIL

Se, como quer João Batista de Porta, pudéssemos associar a cada povo um animal que melhor ilustrasse as suas características, diríamos que esses brasileiros são como asnos: indolentes, fleumáticos e só aproveitáveis para o labor e para a escravidão, daí a natureza não ter dotado este país de nenhum animal de carga.

Fisicamente, os nativos são mais corpulentos que robustos: seu tronco é grosso, suas pernas curtas, seus olhos pequenos, sua pele morena e doentia, suas feições irregulares e seus cabelos negros, lisos e muito oleosos.

Tanto os homens como as mulheres andam geralmente nus, usando apenas um pequeno trapo para esconder as partes genitais – o que, de resto, ninguém desejaria ver, já que aquilo que está à mostra é bastante repugnante. São todos cristãos, o que me faz imediatamente pensar na seguinte frase: o Senhor salva a todos, homens e animais. Essa máxima, para essa gente que não possui inteligência bastante para cultivar vícios engenhosos nem temperança suficiente para evitar os mais brutais, é, sem dúvida, adequada. Digo isso baseando-me naqueles que vivem entre os portugueses. Quanto aos demais, imagino que a diferença seja a mesma que há entre os animais domésticos e os selvagens.

No tocante à ferocidade desses nativos, não acreditei em tudo o que me disseram. Creio ser verdade que eles devoram uns aos outros e que na sua língua não constam as palavras deus, lei e rei. Contudo, se fossem de fato ferozes como contam os habitantes locais, certamente não teriam entregado tão mansamente suas terras aos portugueses, nem permitiriam que estes desfrutassem dela sem qualquer transtorno.

Mas voltando aos selvagens domesticados, durante a minha estada na cidade, aluguei quatro deles para uma viagem ao interior do país. Enquanto dois me carregavam na rede, os outros corriam ao lado. Essa rede é feita de algodão e tem o tamanho de um lençol; suas pontas são franzidas e amarradas por uma corda forte a uma grande vara, que os homens levam no ombro. Aquele que vai no seu interior pode, servindo-se de uma almofada, sentar-se ou deitar-se em qualquer posição.

Os portugueses, quando utilizam tal meio de transporte, fazem-se acompanhar de um negro carregando um guarda-sol aberto para abrigá-los do calor. As mulheres, sempre acompanhadas de duas aias negras que as ajudam a subir e descer, protegem-se dos olhares do vulgo servindo-se de uma rica colcha colocada sobre a rede.

Fiz uma viagem de mais ou menos 20 milhas, transportado numa dessas redes. Por esse transporte, os meus selvagens receberam uma pequena remuneração, além é claro da comida, que consistia num punhado de farinha de pau – uma farinha fabricada com a raiz de uma certa árvore. Quanto a mim, tive de contentar-me em comer a tal farinha e algum peixe que os meus criados pescavam nos rios da região. O pescado era cozido numa fogueira e, depois de temperado com alguns limões selvagens que apanhávamos nas redondezas, era saboreado por todos.

À noite, amarrávamos nossas redes em duas árvores e dormíamos até o amanhecer. Mais ou menos de dois em dois dias, era possível encontrar, ao longo da estrada, uma roça (propriedade campestre) de algum português, onde, em troca de dinheiro, obtinham-se hospedagem e alimentação.

Um dos maiores prazeres que tive durante essa excursão foi contemplar, no meio da floresta, árvores inteiras cobertas por macacos e papagaios. Os primeiros caçavam os últimos e ambos produziam um alarido ensurdecedor.

Também dignas de serem vistas eram as macacas com seus filhotes dependurados no pescoço ou montados nas costas. Os indígenas, quando querem apanhar um desses filhotes, costumam flechar as macacas, pois, quando elas tombam, os filhotes, ainda inaptos para usar as próprias pernas, deixam-se capturar facilmente.

DOS RECURSOS DO PAÍS

Deixando de lado essa minha excursão, voltarei a falar das riquezas do país. A principal é o açúcar, creio mesmo que a única que merece ser mencionada. Não que o país não possua outras riquezas, mas quando se tem em abundância um bem de que os outros povos necessitam, todo o resto é dispensável.

O país não produz nem vinho, nem sal e nem trigo, falta que atribuo não somente à diferença de clima, mas também a algumas medidas políticas adotadas por Portugal; medidas interessadas em evitar que o Brasil produza certos gêneros vitais e se torne demasiado independente.

No referente ao açúcar, seu fabrico segue os seguintes passos. Os canaviais, que crescem tão alto quanto o trigo e possuem uma folhagem de um verde suave, não necessitam de outro cuidado senão o de serem cortados de dois em dois anos pela raiz, a fim de que o broto volte com pujança. A colheita é realizada em junho e as canas transportadas para o engenho em molhos de alguns pés de altura.

O engenho, tocado por juntas de bois ou por água, é formado por dois cilindros chapeados de ferro, cujo movimento esmaga a cana e cospe fora o bagaço. A garapa, que tem a cor de âmbar, escorre até os caldeirões através de umas calhas e, uma vez fervida, é transvasada para tinas de esfriar, recebendo aí o tratamento que a torna branca.

Na época da colheita, o trabalho nessas propriedades é incessante. O ofício mais perigoso é, sem dúvida, aquele de colocar as canas no moinho; se por descuido um dedo é apanhado pela engrenagem, todo o corpo é puxado para dentro e esmagado. Por essa razão, os negros têm sempre ao lado um machado e estão prontos para sacrificar uma mão ou um braço se o pior lhes suceder.

DAS ESTRELAS E DO CÉU DO OUTRO HEMISFÉRIO

Terminarei este tratado sobre o Brasil com algumas palavras sobre as estrelas deste hemisfério guarnecido de constelações para nós desconhecidas. O Cruzeiro ou Cruz é uma delas. Formada por cinco ou seis estrelas de grande magnitude, ela é dotada de um brilho cintilante, brilho que ainda mais se destaca em virtude de uma grande nuvem que a circunda e de uma faixa negra que a corta ao meio. Observei ainda, durante meses, uma outra nuvem, semelhante à mencionada, e concluí que se tratava de uma característica do firmamento daqui: enquanto o nosso é todo azul, este se cobre de negro, o que torna o povo local mais melancólico do que o da Europa. O curioso é que eu fui o único que notei essa característica. Fato que me surpreende bastante, na medida em que as duas nuvens que circundam o Cruzeiro já foram observadas e apelidadas *Nubes Magellanicae* – de Magalhães, que as descobriu.

Mas, basta de falar sobre o Brasil. Se me demorei tanto nessa terra, foi porque não a pude deixar antes. Uma vez satisfeita a curiosidade, nada mais me prende aqui. No dia 8 de agosto, oito meses depois da minha chegada, partirei na almiranta de dom Rodrigo d'Alancastro, que nobremente me convidou para compartilhar da sua mesa e da sua câmara.

EDIÇÃO UTILIZADA

O relato de Richard Flecknoe foi publicado pela primeira vez por volta de 1654, a expensas do próprio autor. O *National Union Catalog* menciona a existência de uma segunda edição, datada de 1657, à qual não tivemos acesso.

FLECKNOE, Richard. *A relation of ten years travells in Europe, Asia, Affrique, and America.* Londres: Printed for the Author, ca., 1654, p. 64-81.

BIBLIOGRAFIA

BOXE R, Charles R. "Three englishmen in Colonial Brazil", 1588-1644. In: *Boletim da Sociedade Brasileira de Cultura Inglesa,* n° 3, vol. 4, 1949.

GILLOW, Joseph. *A literary and biographical dictionary of the English catholics from the breach with Rome, in 1534, to the present time.* Londres: Burns & Oates; New York Catholic pub. Soc. Co., 1885-1902.

MACAULAY, Rose. *Ingleses em Portugal.* Porto: Livraria Civilização Editora, 1950.

RODRIGUES, José Honório. "Visitantes do Brasil no século XVII". In: *Revista de História,* separata do vol. 37, 1959.

TAUNAY, Afonso de Escragnolle. *Visitantes do Brasil Colonial.* São Paulo: Companhia Editora Nacional, 1944.

Edward Barlow

Em 1624, os holandeses fundaram a Companhia das Índias Ocidentais e iniciaram uma série de investidas no sentido de conquistar uma porção da costa brasílica. Indiretamente, essa ameaça criou condições favoráveis para um aumento da participação inglesa nos então chamados negócios do Brasil. A partir dessa data, e com cada vez mais freqüência, os navios britânicos marcaram presença nos portos brasileiros – navios cujas tripulações, não raro, contavam com um forte contingente de marinheiros portugueses.

Beneficiando-se dessa tolerância lusitana para com os ingleses, Abraham Jacob, um comerciante londrino estabelecido em Lisboa, obteve, em 1663, permissão para enviar ao Brasil um navio de 400 toneladas e 34 canhões carregado de mercadorias, o Queen Catherine. *A bordo dessa embarcação, capitaneada por um tal John Shaw, viajava Edward Barlow (l642-?), um marinheiro inglês, nascido em Manchester, que desde os 17 anos servia nas embarcações da Coroa britânica.*

Barlow partiu de Lisboa em data desconhecida, arribando na ilha da Madeira provavelmente entre março e abril de 1663. Em 11 de maio, o navio em que viajava, depois de ser carregado com 500 pipas de vinho, fez vela em direção ao Rio de Janeiro, ganhando a baía de Guanabara em meados de julho de 1663. Durante cinco meses, a embarcação permaneceu ancorada no porto carioca, cinco meses descritos pelo marinheiro Barlow numas poucas mas curiosas páginas.

Depois de enfrentarmos intensas chuvas, ventos contrários e muita umidade, cruzamos finalmente a Linha do Equinócio, a exata metade do mundo. Daí rumamos para sul até o 23° de latitude, onde alteramos nosso curso para oeste, direção em que supúnhamos estar a terra do Brasil. Após dois dias de navegação, notamos que a água havia mudado de cor e parecia mais turva, apresentando, como pudemos verificar, oito braças de profundidade. Duas ou três horas mais tarde, avistamos esta parte do mundo chamada América. Saímos um pouco ao norte de Cabo Frio e, tomando a costa como guia, rumamos para o sul. No dia seguinte, chegamos à entrada do porto do Rio de Janeiro.

Lançamos âncora entre umas ilhas situadas na embocadura do porto. Pouco tempo depois, um bote aproximou-se do nosso navio e os seus tripulantes perguntaram-nos de onde éramos. Aproveitamos a oportunidade e compramos desses homens dois ou três cestos de laranjas, as quais, após serem distribuídas, em muito animaram os marujos, fatigados que estavam após 11 semanas de tediosa navegação desde a ilha da Madeira.

No dia seguinte, fomos rebocados, através de um estreito situado entre uma ilha e um mosteiro, até a frente da cidade, onde lançamos âncora. Uma vez ancorados, tratamos de desembarcar todo o nosso vinho. Infelizmente, para grande prejuízo dos mercadores, 50 pipas tinham avariado durante a viagem e deixado vazar todo o conteúdo. Após a operação de desembarque, fomos novamente rebocados, desta feita para a parte traseira da cidade, lugar comumente destinado aos grandes navios.

Durante todo o tempo em que estivemos no Rio de Janeiro, não nos foi possível comer pão. Tivemos, antes, de contentar-nos com farinha, uma substância que os habitantes locais produzem a partir da raiz de uma planta.

O processo de preparação dessa tal farinha é o seguinte: dois ou três anos após o plantio, a raiz é arrancada da terra e espremida até liberar todo o líquido venenoso que possui; feito isso, ela é colocada para secar e depois moída, adquirindo a aparência de uma serragem de madeira branca. O sabor dessa substância é semelhante ao de um pedaço de pau seco, o que, no entanto, não nos impediu de a comermos durante os cinco meses em que ficamos no Rio de Janeiro e durante os quatro meses que duraram a nossa viagem de volta para casa. Essa dieta era complementada com carne de vaca, que, uma vez por semana, era distribuída entre a tripulação. Para beber, satisfizemo-nos com água.

Com o intuito de aproveitar o melhor possível o tempo que faltava para podermos carregar o navio e iniciar o nosso caminho de volta para casa, pusemos em marcha alguns trabalhos de preparação para a viagem. Primeiramente, querenamos o nosso navio, limpamo-lo, restauramo-lo cuidadosamente e arfamo-lo sobre a água; em seguida, recolhemos uma quantidade de lenha suficiente para o fogo, para as obras de reparação e para outros trabalhos que se fizessem necessários; tudo estando pronto, começamos a carregar a embarcação com açúcar.

Nesse meio tempo, o governador pediu ao nosso comandante que ajudasse os seus homens a lançar à água um amplo navio pertencente ao rei de Portugal, que há três anos vinha sendo construído no local e que finalmente tinha sido acabado. No dia de Natal, que aqui é comemorado dez dias antes do nosso, fizemos a primeira tentativa, mas foi impossível levá-la a bom termo. Foi somente na véspera do nosso Natal, logo pela manhã, que conseguimos realizar com sucesso a operação.

Pouco tempo depois desse ocorrido, chegou ao porto do Rio de Janeiro, carregado de negros, um navio holandês proveniente de Angola. A intenção dos mercadores flamengos era vender, na cidade, o seu produto, mas o governador, alegando a falta de uma licença, não permitiu que isso fosse feito.

Continuamos a carregar o navio com açúcar até que ele estivesse completamente cheio. Embarcamos cerca de 900 caixas desse produto, mais meia caixa de tabaco e uma pequena quantidade de couro. Posteriormente, trouxemos para bordo água e provisões e recebemos os sete passageiros que deveríamos levar para Lisboa, dos quais quatro eram frades ou padres da Igreja Católica. No dia 18 de janeiro de 1663, estando tudo preparado, deixamos a cidade do Rio de Janeiro. Ao passar pelo forte, situado na entrada do porto, nós o saudamos com alguns tiros de canhão, como fizéramos quando da nossa chegada.

Antes de seguirmos adiante, penso que seria interessante descrever para o leitor a situação do lugar e alguns costumes do país. Os habitantes locais, ao menos os mais importantes, são portugueses. Eles, contudo, possuem uma infinidade de servos e escravos que fazem todo o trabalho necessário. Os naturais do país, os índios, têm uma cor castanha-escura, cabelos longos e pretos e uma compleição medíocre. Andam totalmente nus, salvo por um pequeno pedaço de pano que cobre as partes genitais.

O país produz, em abundância, o melhor açúcar que tive oportunidade de ver; produz também um bom tabaco e muito pau-brasil, utilizado para tintura. Os bois são muito comuns e muito baratos, assim como os perus selvagens e os peixes; todavia, as cabras e os carneiros são em pequeníssimo número. Os habitantes locais dedicam-se, algumas vezes, à pesca da baleia, da qual extraem o óleo. Nas águas da redondeza, os tubarões de uma espécie menos violenta, denominada tubarão-martelo, abundam.

Quanto às frutas, as laranjas, os limões, as limas, as abóboras, as bananas e os abacaxis crescem quase sem nenhum cultivo; o coco não é muito comum nessa região, mas a goiaba, um fruto semelhante à pêra e excelente no combate à diarréia, pode ser encontrada por todo lado.

As raízes não são muitas; as cebolas, por exemplo, inexistem, sendo, por isso mesmo, um excelente artigo para se trazer e comercializar na cidade. Também pouco utilizados são os cereais; somente o feijão, um feijão colorido, muito diferente daquele que conhecemos na Inglaterra, é consumido com freqüência. Encontrei aqui muitas bugigangas feitas de bálsamo negro, como rosários e outras miudezas do gênero.

As redondezas da cidade são cobertas por florestas e cortadas por riachos, daí a presença de muitos animais selvagens, como os leopardos e os tigres, e de uma infinidade de pássaros, como os papagaios, os periquitos e as araras. Estas últimas são grandes e cobertas de penas de todas as cores; os papagaios são geralmente verdes, possuindo somente uma pequena mancha de outra cor na cabeça ou no peito.

Há muitos macacos na região, um deles, um animalzinho muito bonito, semelhante a um leão e do tamanho de um filhote de gato, desperta especial interesse. Também curioso é um animal, cujo movimento é tão lento que, durante um ano, não chega a andar mais de uma milha. Todas essas criaturas, se transportadas para a Inglaterra, poderiam ser vendidas por bom dinheiro.

No que se refere ao clima, o inverno daqui é o nosso verão. E mesmo durante esse inverno, excetuando os dias de chuva, o clima é mais quente do que aquele que temos durante o verão.

Todos os anos, uma frota de navios portugueses, carregada com produtos da Europa, é enviada para o Brasil. Essa frota abastece três cidades da costa: a Bahia, capital da colônia e lugar de residência do vice-rei, Pernambuco e o Rio de Janeiro. Quando voltam para a Europa, os navios vão carregados de açúcar, tabaco e pau-brasil, produtos que muito enriquecem Portugal e sem os quais ele seria um reino pobre.

EDIÇÃO UTILIZADA

Utilizamos a única edição disponível do relato de Barlow, organizada por Alfred Basil Lubbock a partir dos originais depositados na biblioteca de Sydney Lodge. Dessa edição foram tiradas somente 100 cópias.

BARLOW, Edward. *Barlow's Journal.* Londres: Hurst & Blackett, Ltda., 1934, vol. 1, p. 83-86.

BIBLIOGRAFIA

BOXER, Charles R. "Three englishmen in Colonial Brazil", 1588-1644. In: *Boletim da Sociedade Brasileira de Cultura Inglesa,* n° 3, vol. 4, 1949.

——. *Salvador de Sá and lhe struggle for Brasil and Angola, 1602-1608.* Londres: Athlone Press, 1952.

——. "English shipping in the Brazil trade, 1640-65". In: *The Mariner Mirror,* n° 3, vol. 37, julho, 1951.

COURSE, A. G. *A seventeenth-century mariner.* Londres: F. Miller, 1965.

RODRIGUES, José Honório. "Visitantes do Brasil no século XVII". In: *Revista de História,* separata do vol. 37, 1959.

François Froger

Em 1693, um renomado oficial da Marinha francesa, M. de Gennes, propôs a Luís XIV estabelecer uma colônia-presídio no estreito de Magalhães. O monarca, que respeitava Gennes pelos muitos e bons serviços que havia prestado à Coroa, foi receptivo à proposta e, em 1695, pôs à disposição do navegador seis navios de alto bordo e 784 homens para que levasse adiante o projeto.

Em 1695, engajou-se voluntariamente nessa empresa o engenheiro François Froger, que na época tinha somente 19 anos. O jovem marinheiro francês – como consta no prefácio do seu relato – desde muito cedo alimentava o desejo de ver países estrangeiros e, mais ainda, de praticar certas coisas que sabia somente em teoria. Desse modo, quando surgiu a oportunidade de realizar uma tão bela viagem, ele não pôde fugir à fortuna.

A frota comandada por M. de Gennes zarpou de La Rochelle em junho de 1695 e, antes de chegar ao estreito – onde as coisas correram da pior maneira –, arribou na Madeira (21 de junho), em Cabo Verde (3 de julho), na baía de Todos os Santos (4 de novembro) e no Rio de Janeiro (30 de novembro). Nessa cidade, os navios permaneceram ancorados quase um mês (27 de dezembro de 1695). Conta-nos Froger que o então governador Sebastião de Castro Caldas impôs inúmeras restrições à entrada da frota na baía de Guanabara e, o que é pior, procedeu de uma forma pouco ética nas relações comer-

ciais que manteve com a tripulação. Por essas e por outras razões, o jovem engenheiro, como veremos, simpatizou pouquíssimo com os cariocas.

No dia 27, zarpamos e, no dia 28, preparamo-nos para navegar em direção ao Rio de Janeiro. No dia 29, dobramos o Cabo Frio e, às oito horas da manhã do dia 30, como acreditávamos estar próximos do porto, disparamos um tiro de canhão para advertir que tínhamos necessidade de um piloto. Navegamos de um bordo ao outro até as três horas da tarde, sem notícias e sem conseguir encontrar a embocadura. Resolvemos, então, ancorar a três léguas da terra e enviar a nossa canoa ao longo da costa em busca de uma entrada. Os portugueses de Santa Ana tinham-nos informado de que havia, na entrada do porto, uma grande rocha em forma de pão de açúcar. Mas, em vez de uma, nós vimos duas rochas bastante separadas uma da outra, o que nos confundiu.

Nossa canoa passou a noite ancorada na embocadura do rio, sob os canhões dos fortes que a tinham detido. Ao nascer do dia, um oficial, que se encontrava na canoa, foi ao encontro do governador da cidade. Às seis horas da tarde, ele retornou dizendo que Sua Excelência relutava em nos deixar entrar no porto, pois soubera que na nossa tripulação havia muitos doentes. Na verdade, essa restrição devia-se muito mais ao fato de que os habitantes locais não estavam acostumados a ver navios de outras nações e temiam que fizéssemos guerra contra eles. Nossa presença apavorou-os a tal ponto que, oito dias antes, quando da chegada da nossa corveta, todas as mulheres da cidade, bem como os bens de maior valor, foram removidos para o campo.

No dia 2, às seis horas da manhã, preparamo-nos para navegar em direção à cidade; às nove horas, um oficial veio a bordo e nos fez ancorar ao alcance dos canhões das fortalezas, instaladas dos dois lados do rio; em seguida, ele foi relatar a situação ao governador, não sem antes prometer que faria o possível para nos enviar um piloto.

Nesse intervalo de tempo, um vento forte começou a soprar e a nossa âncora deslizou, o que nos obrigou a navegar, pois estávamos sendo arrastados em direção a um banco de rochas situado no meio do rio. Sem atentar para o perigo que corríamos, os fortes, como tinham recebido ordens para nos deter, julgaram que queríamos aproveitar a oportunidade para entrar no porto e, com o objetivo de nos obrigar a lançar âncora, dispararam de 12 a 15 tiros de canhão nos nossos mastros. Essa atitude de braveza em muito se deveu ao fato de eles saberem que precisávamos entrar no porto e, conseqüentemente, não iríamos responder ao fogo. Nós conseguimos ancorar e, um quarto de hora depois, um oficial passou pelo nosso navio e deixou um piloto e um médico encarregado de visitar os doentes. Esse mesmo oficial disse-nos que poderíamos levantar âncora, pois iria ao forte comunicar as ordens do governador. Contudo, como fizemos vela antes de ele lá chegar, recebemos mais dez tiros de canhão, tiros que abriram um buraco no nosso pavilhão, destruíram uma das portinholas do *Sainte Barbe* e passaram entre os nossos mastros sem ferir ninguém. Ancoramos o *Séditieux* a menos de uma légua da cidade; o governador, todavia, não permitiu que o *Soleil d'Afrique* e o *Gloutonne* entrassem. Segundo ele, o rei de Portugal tinha dado ordens expressas para que nunca fosse permitida a entrada no porto de mais de três navios de guerra estrangeiros.

Na noite seguinte, o *Soleil d'Afrique*, que ainda se encontrava na embocadura, foi arrastado pela corrente em direção ao já mencionado banco de pedras. Como nenhuma de suas âncoras conseguia pará-lo, a tripulação, com o intuito de chamar por socorro, disparou vários tiros de canhão e pôs fogo em todos os mastros. Enviamos, então, nossas chalupas, as quais conseguiram afastá-lo de um perigo que lhe seria fatal. No mesmo dia, ele navegou em direção à ilha Grande, situada a 20 léguas da cidade, e o *Flute* foi ancorar numa pequena baía, próxima da embocadura do rio, onde aguardou que a corveta saísse do porto para poder entrar. O senhor de Gennes protestou junto ao governador contra a forma de tratamento que havíamos recebido quando da nossa chegada e descreveu as situações de perigo a que tinham sido submetidos os navios do rei. Ele se escusou, alegando que a população ficara alarmada e que a situação fugira ao seu controle; disse ainda que, agora que já estávamos ancorados, ele faria por nós tudo o que estivesse ao seu alcance.

No dia 4, desembarcamos nossos doentes num pequeno burgo em frente à cidade, na outra margem do rio. No dia 5, o governador enviou um piloto, que nos fez ancorar a um quarto de légua da cidade. Não agradecemos esse favor à Sua Excelência, pois vinha demasiado tarde.

No dia 15, entrou no porto um navio proveniente da baía de Todos os Santos. Nos dias 17 e 18, ancoraram duas embarcações carregadas de negros, vindas da costa de Angola. No dia 20, untamos o navio. No dia 22, o *Felicité* fez vela para a ilha Grande para que o *Gloutonne* ocupasse o seu lugar no porto e fosse abastecido como convinha. Aí chegando, o navio foi carregado com alguns quintais de biscoito feitos com uma farinha que trouxéramos da Europa, com carne salgada, farinha de mandioca ou tapioca, arroz, milho, aguardente e outros víveres que foram trocados por algumas mercadorias da Gâmbia. Essa troca nos foi profundamente desvantajosa, pois, como o governador tinha proibido que os habitantes negociassem conosco, fazendo ele próprio as vezes de vendedor e comprador, fomos obrigados a pagar pelas mercadorias um preço superior ao praticado na Europa. Isso ilustra bem a má-fé dessa nação, que conta com mais de três quartos de judeus entre a sua população. Vendemos, ainda, alguns negros que trazíamos. Somente os mais robustos foram conservados, pois eram necessários, para substituir a parte da tripulação dizimada pela doença da Gâmbia, cerca de 50 homens.

Ficamos neste porto até o dia 27 de dezembro. O local é, sem contestação, um dos mais seguros e agradáveis da América. Antes de desaguar no mar, o rio forma uma grande baía onde os barcos permanecem como se dentro de uma bacia; a sua profundidade é boa e os ventos são quebrados pelas montanhas que o envolvem; o banco de rochas, situado na embocadura, por obrigar as embarcações a navegarem nas proximidades de um dos fortes que comandam a costa, contribui muito para a segurança do porto.

A duas léguas da embocadura do rio, está a cidade de São Sebastião, sede de um bispado e do governo da província. Situada na costa ocidental do mesmo rio, sobre uma bela planície rodeada de altas montanhas, a cidade é bem construída e suas ruas são retas. Nas suas duas extremidades, sobre pequenas colinas, foram edificadas duas magníficas casas, uma pertencente aos jesuítas e a outra aos beneditinos. Nenhuma fortificação foi levantada no lado montanhoso, cabendo a um pequeno forte, localizado à beira-mar, embaixo do convento dos jesuítas, a defesa da cidade.

Seus habitantes são limpos e de uma circunspecção comum aos de sua nação; são ricos e apreciam muito o comércio. Em geral, são possuidores de numerosos escravos e de famílias inteiras de índios, mantidas a contragosto nos engenhos. Os escravos ocupam-se da quase totalidade dos trabalhos da casa, o que torna os habitantes moles e efeminados, ao ponto de serem incapazes de se abaixar para apanhar um alfinete. O excesso é tão comum entre eles que, não somente os burgueses, mas também os religiosos, podem manter relações com mulheres públicas sem temerem ser alvos da censura e da maledicência do povo. A impureza não é a única falta comum a esses frades ímpios. Eles vivem na mais absoluta ignorância e pouquíssimos sabem latim. Temo que nos façam assistir, em breve, ao incêndio de uma nova Sodoma. Por todo o Brasil, podem ser encontradas legiões de franciscanos, carmelitas e beneditinos. São poucos, contudo, os religiosos que se ocupam da conversão dos pobres índios, que não pedem mais do que serem instruídos à luz do Evangelho. Neste vasto país, somente uns oito ou dez bons padres capuchinhos franceses e alguns quantos jesuítas se empenham realmente nessa santa missão.

Eu não posso deixar de relatar uma pequena aventura vivida por um rapaz da nossa esquadra. Esse jovem teve uma desavença com um habitante local e foi obrigado a lançar mão de sua espada para se defender. A situação, porém, complicou-se e ele, vendo-se só no meio de um numeroso grupo de portugueses, resolveu bater em retirada. Como a porta do convento dos carmelitas estava aberta, ele entrou, na esperança de que aí encontraria abrigo seguro. Qual não foi o seu espanto quando um dos caridosos religiosos da casa desferiu-lhe um golpe de sabre na cabeça, golpe cujas marcas ele carregará para o resto da vida. A esse frade vieram juntar-se outros que, a bastonadas, levaram o jovem até os habitantes. Esses ficaram horrorizados com o procedimento dos monges e tiveram pena do rapaz. Isso que relato sobre esses religiosos de duvidosa conduta não deve em nada ofender aqueles que cumprem o seu dever, afinal, os ataques feitos aos libertinos só colaboram para aumentar o respeito que se deve ter pelos que buscam uma ocasião para mostrar o seu zelo e verter o seu sangue pela glória de Jesus Cristo.

A terra desse rio é fértil em pastagens, tabaco e cana. Esta, usada não só para fazer um excelente açúcar, mas também uma aguardente que nós chamamos *guildive,* nasce de um tanchão cheio de nós, com folhas semelhantes àquelas dos caniços, e cresce em regos, como o trigo. Depois de colhida, ela é transportada para um moinho e devidamente moída. O suco daí extraído escorre por canos até as caldeiras onde o açúcar é produzido e refinado – processo que lembra o refino do salitre.

A terra é também muito fértil em arroz, milho e mandioca. Nascida de um tanchão, a mandioca é uma raiz que dá origem a um pequeno arbusto de quatro a cinco pés de altura e cuja plantação, quando crescida, em muito se assemelha à do cânhamo. Essa raiz, que substitui o pão em boa parte da América, é grossa e longa como a cenoura. Para se obter a farinha, tritura-se a raiz e retira-se o seu suco, que, por ser um poderoso veneno, é derramado num buraco cavado no solo para evitar que os animais o bebam. A maior parte dos portugueses come essa farinha tal como ela é; outros fazem com ela umas pequenas bolachas, cozidas sobre placas de ferro próprias para esse fim.

Os legumes e as frutas são abundantes na região. A couve, a cebola, o alface, a beldroega, o melão, a melancia, a abóbora, a uva e muitas outras frutas, nossas conhecidas na Europa, aí crescem perfeitamente bem. Já as naturais do país são a laranja, a banana, o ananás, a batata-doce, o inhame, o coco, a goiaba e várias outras. Com algumas delas podem-se produzir excelentes doces.

O ananás cresce como uma alcachofra e é parecido com uma grande pinha; suas folhas são longas, grossas, armadas com pequenos espinhos e em forma de coroa. Essa fruta é a melhor de toda a América. A batata-doce e o inhame são raízes muito parecidas com o tupinambo. A batata tem um gosto semelhante ao da castanha e em geral é comida grelhada. O inhame é insípido, mas muito mais saudável e grosso do que a batata. Ambos são excelentes na sopa.

Os cocos crescem em árvores parecidas com as palmeiras. Essa fruta é muito espessa e tudo nela é aproveitável. Ela é coberta por uma estopa com a qual se pode calafetar os navios – os resultados são melhores do que quando se usa o cânhamo; retirada essa estopa, encontra-se uma grossa noz, dura e oval, com a qual é possível fazer xícaras e outros utensílios; grudado à referida noz há um fruto branco, com um dedo de espessura e um gosto semelhante ao da avelã; o interior desse fruto é cheio de um líquido fresco, muito parecido com o soro do leite. Essa fruta, como se vê, é suficiente para sustentar um homem. Não é, pois, por acaso, que os índios não se dão ao trabalho de levar víveres quando se deslocam para uma região onde há coqueiros.

A goiaba é um pouco maior do que uma noz verde, a sua polpa é vermelha, muito pedrosa e com um sabor que lembra o do pêssego. A árvore que dá esse fruto parece com as nossas ameixeiras.

Há, na cidade, uma grande quantidade de bois, porcos, ovelhas, aves domésticas e animais de caça; contudo, o preço que se pede por eles é extremamente elevado. A frota que vem todos os anos de Portugal costuma trazer vinhos, farinha, óleo, queijos, tecidos e inúmeras outras mercadorias que são necessárias na cidade; quando volta para a Europa, ela leva açúcar, couros e óleo de peixe, sobre o qual o rei de Portugal cobra elevados impostos. Outrora, a região produzia tabaco em grande quantidade, hoje em dia, essa produção está proibida, sob alegação de que prejudica o comércio da baía de Todos os Santos. Também proibida está a produção de vinho e trigo, a fim de favorecer o comércio com a Europa. Os habitantes locais, a bem da verdade, poderiam passar sem tais mercadorias, como fazem os habitantes de São Paulo, cidade situada na Capitania de São Vicente. A história desses homens, os paulistas, é bastante peculiar e merece alguns comentários.

A cidade de São Paulo, localizada a dez léguas do litoral, foi formada a partir da união de salteadores de todas as nações, os quais, pouco a pouco, formaram uma espécie de república onde, por lei, não se reconhece um governador. Nessa república, circundada por altas montanhas, não se pode nem entrar nem sair senão por um pequeno desfiladeiro. Tal passagem é fortemente guardada, pois os paulistas além de temerem o ataque dos índios, com os quais estão constantemente em guerra, receiam que seus escravos fujam. Armado de arcos, flechas e espingardas, armas que manipulam com uma destreza inigualável, o povo da cidade costuma sair em grupos de 40 ou 50 indivíduos e atravessar todo o Brasil até o rio da Prata ou mesmo até o Amazonas. Quatro ou cinco meses depois, quando retornam à cidade, esses grupos trazem consigo mais de 500 escravos, tocados como um rebanho bovino. Depois de domesticados, esses cativos são empregados no cultivo da terra ou na exploração do ouro. A propósito desse metal, os paulistas costumam encontrá-lo em tão grande quantidade que o rei de Portugal, a quem eles enviam o quinto, tira anualmente de 800 a 900 marcos.

Eles pagam esse imposto não por medo, já que são mais poderosos que o rei, mas sim em razão de um costume herdado de seus pais, que, não estando ainda bem estabelecidos nos seus domínios, para se furtarem à dominação dos governadores, alegaram cuidar melhor do que esses dos interesses reais. Segundo dizem os habitantes locais, eles não são súditos do rei, mas sim tributários; situação que lhes permite livrarem-se desse jugo quando a ocasião for propícia.

No dia 25, levamos para bordo os nossos doentes, que pareciam, exceto quatro ou cinco, bastante bem dispostos. O comandante do lugar onde estavam era um senhor honrado e isento das maneiras interessadas dos portugueses. Ele tratou os nossos doentes com caridade paternal e lhes deu, por sua própria conta, ovos, doces de frutas, vinho e tudo o mais que necessitavam. Chegou mesmo a oferecer-se para hospedar, até a nossa volta, alguns pacientes em sua casa.

No dia 27, fizemos vela e, prontos para responder a um possível ataque ao *Salut*, passamos entre os fortes com os canhões destapados e os pavios acesos. Não tínhamos mais necessidade deles e eles reconheceram tal fato. Ao passarmos, notamos que os soldados estavam todos de guarda sobre os parapeitos e demonstravam estar felizes com a nossa partida; certamente não suportavam mais as vigilâncias contínuas que tiveram de fazer durante o período em que ficamos ancorados no porto. O governador estava tão inseguro com a nossa presença que convocou todos os habitantes da região e, mal deixamos a cidade, iniciou a construção de um forte, sobre uma pequena ilha que comanda o porto; por sinal, a mesma que os franceses tinham habitado quando esse rio foi descoberto.

No dia 29, às sete horas da tarde, após muita calmaria, navegamos em direção ao canal que dá acesso à ilha Grande.

EDIÇÃO UTILIZADA

O relato de Froger foi publicado pela primeira vez em Paris, no ano de 1698, por Michel Brunet. Desde então a obra conheceu mais de oito edições, tanto em francês quanto em inglês. Utilizamos a quarta edição francesa, cujo texto é idêntico ao da primeira.

FROGER, François. *Relation d'un voyage fait en 1695, 1696 e 1697 aux côtes d'Afrique, détroit de Magellan, Brésil, Cayenne et Isles Antilles.* Amsterdã: Chez les Héritiers, D'Antoine Schelte, 1699, p. 65-85.

BIBLIOGRAFIA

FAZENDA, José Vieira. *Antiqualhas e memórias do Rio de Janeiro.* Rio de Janeiro: separata da *Revista do Instituto Histórico Geográfico Brasileiro,* tomo 86, vol. 143, 1921, p. 198-205.

RODRIGUES, José Honório. "Visitantes do Brasil no século XVII". In: *Revista de História,* separata do vol. 37, 1959.

TAUNAY, Afonso de Escragnolle. *Rio de Janeiro de antanho. Impressões de viajantes estrangeiros.* São Paulo: Companhia Editora Nacional, 1942.

Journal d'un voyage

A voracidade com que as lavouras da América do Sul consumiam mão-de-obra escrava deu ensejo à organização, durante os séculos XVII e XVIII, de inúmeras companhias comerciais dedicadas ao tráfico negreiro. Sempre incapazes de suprir a eterna carência de braços desse mercado, essas companhias sucederam umas às outras. Durante boa parte do século XVII, o comércio com a costa ocidental da África foi monopolizado pela Companhia das Índias Ocidentais. Em 1673, foi a vez da Companhia do Senegal assumir o compromisso de introduzir mil negros por ano nas ilhas da América. Depois dela, em 1685, organizou-se a Companhia da Guiné e, em 1701, a partir de um acordo celebrado entre as Coroas da Espanha e da França, a Companhia do Assiento, que passou a deter o monopólio do abastecimento de escravos para a América meridional.

O autor do Journal d'un voyage, *do qual se desconhece a identidade, pertenceu a essa última empresa comercial, provavelmente na qualidade de agente. No seu diário, ele narra, a um amigo parisiense, as aventuras que viveu no percurso entre La Rochelle e Buenos Aires, com demoradas passagens pela costa da Guiné e por alguns portos brasileiros – Bahia e Rio de Janeiro, nomeadamente.*

O agente comercial deixou La Rochelle no dia 14 de julho de 1702, a bordo do navio L'Aigle. *Viajava ao seu lado M. Haïs ou Hays (referido no diário como* M...*), encarregado pela Companhia de* *administrar a Oficina de Buenos Aires. Depois de uma viagem sem sobressaltos até a costa africana, o* L'Aigle, *que vinha acompanhado de uma embarcação capturada aos ingleses (*Coventry*), ancorou no porto de Cabinda, não sem antes travar uma demorada batalha com três embarcações (duas portuguesas e uma inglesa) que lá se encontravam. Perto de três meses despende o narrador no litoral africano, partindo para o Brasil, no bergantim* Notre-Dame de l'Epine de France, *em 25 de janeiro de 1703. A viagem correu bastante mal e os passageiros chegaram à baía de Todos os Santos (abril de 1703) literalmente esfomeados. Na capital da colônia, a qual descreve com bastante detalhes, o agente da Companhia, sempre com M. Hays ao lado, permaneceu mais de um mês, rumando posteriormente, a bordo de uma sumaca alugada, para o Rio de Janeiro. O francês deixou-se ficar um mês nessa cidade (10 de julho a 12 de agosto de 1703), uma estada relativamente curta mas suficiente para que o visitante se apaixonasse por uma bela nativa e subornasse o então governador Francisco de Castro Morais.*

No dia 10 de julho, um bom vento de nordeste conduziu-nos até o interior do porto do Rio de Janeiro, onde lançamos âncora. Nossos dois superiores foram à cidade travar conhecimento com os habitantes e tentar conseguir uma casa. Aproveito esse intervalo para dar-lhe algumas notícias.

Nessa manhã, entramos na baía juntamente com cinco navios que vinham de Lisboa. A entrada do porto pareceu-me bastante bem guardada. Ela é defendida por duas fortalezas, entre as quais é necessário passar, o que torna um ataque à cidade tarefa de difícil execução. Ao menos, é isto que posso adiantar sem uma análise mais detida.

Fomos obrigados a passar a noite a bordo. Aqui não é como na França: não há nem albergues, nem quartos de aluguel. Perde-se um bom tempo para conseguir uma casa, sobretudo quando não se é conhecido no lugar. M... encontrou hoje (dia 11) um amigo, aqui estabelecido há dez ou 12 anos, que lhe ofereceu quarto e alimentação. Esse mesmo amigo ajudou-nos gentilmente a encontrar uma casa de aluguel, na qual eu e o senhor R... ficamos hospedados. Asseguro-lhe de que esse favor não foi de pouca monta, pois, sinceramente, penso que, em oito dias, não teríamos conseguido o que conseguimos sem a sua intervenção. Esse prestativo senhor, que deixou o seu país movido pelo desejo de fazer fortuna, é natural da região de Provença. Foi no trajeto de Marselha para Lisboa que ele conheceu M... Aparentemente, seu esforço para fazer fortuna não foi em vão, pois ele goza da fama de ser muito rico. De resto, dizem também tratar-se de um homem da melhor qualidade. Ele espera poder voltar ao seu país dentro de um ou dois anos, sem dúvida para desfrutar dos bens que acumulou. Tomara que, até lá, ele seja capaz de levar uma vida moderada. A morte surpreende-nos antes de realizarmos os nossos mais caros projetos, assim sendo, melhor seria não fazê-los. Diga-me se essa colocação não é digna de um filósofo.

No dia 12, minhas obrigações impediram-me de sair. No dia 13, pela manhã, fomos fazer a indispensável visita de cortesia ao senhor governador. O amigo de M... acompanhou-nos e serviu-nos de intérprete. Sua Excelência tudo nos prometeu e, depois do presente que lhe oferecemos, ficou obrigado a cumprir as suas promessas. O secretário recebeu a prenda e só posteriormente comunicou ao seu mestre. Às cinco horas da tarde, fui passear por uma grande, bela e longa rua da cidade, mas a minha *caça* foi infrutífera.

No dia 14, fretamos uma cômoda câmara num navio que se dispôs a partir para o rio da Prata. Trata-se de uma embarcação de grande porte, capaz de comportar uns 30 canhões. O capitão espera fazer vela dentro de três semanas.

No dia 15, um português, recém-chegado da colônia de Sacramento, no rio da Prata, contou-nos que o senhor Roux, capitão do *L'Aigle*, chegara a Buenos Aires no começo do mês de março e que o governador não lhe permitira vender o seu carregamento de negros. Contou-nos também que o *L'Aigle* tinha se chocado com o banco de Mortis, no rio da Prata, e que o capitão fora obrigado a querenar o navio na ilha de S. Gabriel, a menos de dois tiros de canhão da colônia portuguesa. Por fim, assegurou-nos que, quando partiu, o senhor Roux preparava-se para fazer vela em direção à Martinica. Confesso que essa última notícia me afligiu bastante. Os nossos infortúnios estariam completos, caso chegássemos ao rio da Prata e o *L'Aigle* já tivesse partido com o carregamento. Seria um prejuízo imenso para a companhia e a culpa seria imputada a M... E sabe lá Deus como acabaria esse negócio. Certo é que M... seria muito prejudicado.

No dia 16, voltei a empreender uma caminhada e dirigi-me aos jesuítas. O caminho era longo e sempre a subir. Embora tivesse permanecido um ano ou mais dentro de um navio e não estivesse com boa disposição, não fiquei muito cansado. Amanhã, irei ao convento dos beneditinos. Depois dessa visita, terei visto praticamente tudo o que há para ver por aqui.

Não obstante o sol estar a mais de 40º de nós, o calor que se faz sentir é muito forte. Tive a impressão de que, na Bahia, o sol estava mais próximo umas 200 léguas, mas o clima era mais ameno. A mesma coisa acontece freqüentemente na Europa. O calor, às vezes, chega a ser maior em agosto do que em junho, apesar de o sol estar mais distante naquele mês.

Nesta noite, irei jantar na casa do amigo de M... É importante que eu faça boa figura. A bem da verdade, o jantar não é o que mais me atrai. Desejo colocar algumas questões inadiáveis a esse senhor. Um de seus irmãos, membro da Ordem de Santo Agostinho, também estará presente. Tratá-lo-ei da mesma maneira.

O convento dos beneditinos, assim como o dos jesuítas, tem a sua graça. Ambos merecem ser vistos. Contar-lhe-ei tudo numa próxima oportunidade.

A prudência dos portugueses é grande. Hoje, vi uma coisa que, além de ser bastante divertida, prova esse fato. A 50 passos da casa do governador, na mesma rua, dois portugueses iniciaram uma discussão. Rapidamente, a querela tornou-se mais grave e ambos puxaram as suas espadas. No mesmo instante, todos os indivíduos que estavam nas proximidades começaram a gritar com todas as suas forças: *tena man, tena man,* pega, pega. Antes que os opositores se aproximassem um do outro, já estavam separados. Essa prática seria bastante útil na França, penso mesmo que seria mais útil do que aqui. Mas cada povo com os seus costumes: os portugueses esgrimem para dar nas vistas; os franceses estocam-se para ferir.

Estes senhores que governam as colônias só têm em conta os seus interesses. O governador desse local não contraria essa regra. Dirigimonos a ele, eu e M..., e pedimos permissão para embarcar rumo à colônia de São Sacramento, a bordo do navio que se dispusera a fazer vela com esse destino. Sua Excelência respondeu-nos que, se dependesse somente dele, poderíamos fazê-lo de imediato, mas que, infelizmente, o seu Rei o tinha proibido terminantemente de deixar sair do porto do Rio de Janeiro qualquer navio estrangeiro que rumasse para aquela colônia do sul. Também disse que os navios portugueses foram proibidos de levar estrangeiros para esse destino. Ainda segundo ele, apesar de o rei de Portugal ter lhe recomendado que protegesse e auxiliasse os franceses, a primeira ordem não podia ser contrariada. Em qualquer outro ponto ele atender-nos-ia com prazer, pois tinha grande apreço pela nação francesa. Tentamos de todas as maneiras explicar-lhe que, caso não chegássemos a Buenos Aires antes da partida do *L'Aigle*, ficaríamos completamente sem recursos. Mas ele permaneceu irredutível. Nossa abordagem foi inadequada? Se ele persiste na sua posição, o que será de nós? Eu tinha de alguma maneira previsto que isso iria acontecer. Deveríamos primeiro ter entregado ao governador o nosso presente e só depois avançado com o pedido. Estou quase certo de que tal procedimento teria removido todos os empecilhos e de que teríamos saído muito mais felizes do encontro. Será necessário fazer uma nova tentativa, utilizando todos os meios ao nosso alcance. Temo que isso saia mais caro do que imaginamos. *Omnia cum pretio Romae.* Creio que o dinheiro tem aqui o mesmo poder de persuasão que tinha em Roma, nos tempos de Juvenal. É inútil, nessa cidade, passar despercebido, por isso, todas as nossas esperanças estão agora depositadas no tal presente.

No dia 1º de agosto, após algumas consultas, resolvemos dar 40 moedas de ouro ao secretário do governador. Amanhã, o senhor Bonnechere realizará essa operação. Depois de amanhã, voltaremos à carga para averiguar quais os efeitos da nossa oferenda. Ela levará seguramente o senhor governador a refletir melhor sobre a questão. Estou certo de que não o encontraremos tão fiel às ordens de Sua Majestade. No dia 2, as moedas de ouro foram entregues e, melhor de tudo, aceitas. E, como se sabe, quem recebe se compromete.

No dia 3, constatamos o sucesso da nossa operação. Sua Excelência não só concordou em atender a todos os nossos pedidos, como ainda foi extremamente obsequioso. O ouro persuade mais do que qualquer argumento; não há dificuldade que ele não remova. Que pensa você? Na Europa não ocorre a mesma coisa? Parece-me que aí, tanto como aqui, o metal precioso faz com que muita gente tenha razão. Mas eis o que realmente importa: o navio está carregado e, logo que soprar o primeiro vento favorável, partiremos.

Devo confessar que há belas brasileiras. Uma delas, nossa vizinha, é de uma beleza incomparável. Ela tem alguma coisa de tão tocante e surpreendente que, a primeira vez que a vi, fiquei meio aturdido. E quem não ficaria, diante de tão bela figura? Como a nossa casa estava separada da dela apenas por uma rua e sua sacada localizava-se precisamente em frente à nossa, pude observá-la com freqüência. Tudo levava a crer que ela cederia de bom grado às minhas investidas, contudo, apesar das aparências, não tive muita sorte nessa aventura. Mas, a bem da verdade, foi melhor assim, pois, além de ser já véspera da nossa partida, o que eu iria dizer a uma pessoa que não pode compreender-me? Na situação em que me encontro, seria aconselhável criar laços difíceis de serem desfeitos? Confesso que ela me encantou e que me empenhei em conquistá-la. Todavia, aonde teria me levado esta conquista? O amor é um péssimo guia, mas é quase impossível evitá-lo. Grandes homens perderam-se por sua causa e eu não me creio mais sábio do que eles.

No dia 5, comprei um estrado para cama e um belo e grande cofre. Ah, se eu pudesse enchê-lo de piastras! Seguramente, ficaria contente com a minha viagem. Mas é hora de trabalhar e não de sonhar com isso. Fiz essas compras aqui, pois asseguraram-me de que não encontraria tais artigos em Buenos Aires. E são coisas sem as quais não é possível ficar. No dia 6, a falta de um bom vento impediu-nos de partir. O vento é um senhor de maus modos e adora fazer-se esperar. Ele tem maneiras insuportáveis, às quais ninguém se habitua. São vícios antigos, impossíveis de serem corrigidos. Se ele resolver soprar em nosso favor, ficaremos bem contentes. No dia 8, continuamos à espera do vento. No dia 9, tivemos nossa audiência de despedida com o governador. No meu íntimo, estava certo de que seríamos dispensados dessa corvéia.

O governador do Rio de Janeiro responde perante ao da baía de Todos os Santos. Essa sua inferioridade hierárquica faz dele uma autoridade mais acessível. E convenhamos, todo homem é homem.

No dia 10, voltei a encontrar a minha encantadora vizinha. Tentei evitar essa situação, mas acabei por sucumbir. Ela estava em companhia de algumas damas sentadas de cócoras sobre uma esteira. Ao aproximar-me, elas levantaram-se e eu acomodei-me ao pé delas. Iniciamos uma conversação, mas que conversação! Nunca me senti tão embaraçado. A maneira como conduzi a nossa conversa faria rir qualquer pessoa. Expressei-me numa boa *língua franca* e respondi a coisas que nem tinha entendido. Em ocasiões como essa, é necessário correr riscos e tirar o melhor partido possível da situação. Eu não as entendia e, certamente, elas também não me entendiam, porém, havia nisso tudo uma coisa de verdadeiro. Por mais estranha, por mais bárbara que fosse a minha linguagem, nada escapava à encantadora pessoa a quem especialmente eu me dirigia. E quem desejaria mais atenção? Seria por mera simpatia? Estariam os nossos pensamentos em estreita relação? Ou será que o seu coração, assim como o meu, servia-lhe de intérprete? A razão escapa-me, mas parece que todas essas coisas deram o seu contributo. Seja como for, fiquei em estado de grande excitação. Entretanto, a prazerosa sensação de estar ao pé da pessoa amada não poderia durar indefinidamente. Despedi-me e estava em vias de retirar-me, mas nesse exato momento uma dama chegou e enredou-me numa conversa por mais de meia hora. Quando finalmente consegui dizer adeus, essa dama, a mãe e as irmãs de *mi señora* estavam todas acomodadas sobre a esteira e a encantadora anfitriã, sozinha, levou-me até a porta. Já tínhamos conversado muito; contudo, tomamos gosto pela companhia um do outro e sentamo-nos em frente às outras pessoas, separados somente por uma mesa instalada no meio do cômodo, prolongando um pouco mais esses momentos. Procurei, então, da maneira mais encantadora e delicada possível, dar a conhecer-lhe a natureza dos meus sentimentos e interrogá-la a respeito dos seus. Porém, não fui capaz de fazê-lo.

As palavras faltavam-me e acabei por divagar acerca de uma infinidade de outras coisas. Certamente, a minha agitação e o meu ardor revelaram aquilo que tentava comunicar. Ela, por sua vez, parecia aprovar os meus sentimentos e, ouso dizer, alimentar as minhas esperanças. Ao aperceber-me disso, senti-me o mais feliz dos homens. Embriagado por uma felicidade quimérica, não me dei conta de que caíra numa armadilha. Meu estado era digno de pena, mas julgava-me digno de inveja. Arrebatado e orgulhoso da conquista, deixei a minha amada fazendo juras de amor eterno.

Foi assim que nos iludimos mutuamente. Não lhe pareço digno de pena? Eu mesmo, no momento em que escrevo essas páginas, ainda não consegui compreender como tudo se passou. Acho que o juízo e a razão tinham me abandonado completamente. Essa é a única explicação para o fato de eu ter alimentado semelhantes ilusões e assumido tal compromisso. Confesso que, quando penso no assunto, não entendo o meu comportamento ridículo e indigno. Nunca tinha feito nada tão extravagante.

Partirei daqui a 15 dias e não pretendo voltar a ver a minha vizinha. Se o fizer, merecerei ser chamado de cachorro, pérfido e traidor. Na situação em que me encontro, mais vale sofrer do que ver a minha honra posta em causa por aqueles que vierem a saber da minha aventura.

Hoje, dia 11, continuo fiel às minhas determinações. Creio mesmo que assim permanecerei até partir. Do vento, porém, nem sinal.

No dia 12, pela madrugada, o vento soprou de noroeste e embarcamos. Agora, longe do perigo, nada tenho a temer. Amanhã faremos vela.

No dia 13, encontrávamo-nos já a 30 léguas do Rio de Janeiro, sem poder sequer avistar a terra. Nossa viagem, se mantivermos o mesmo ritmo, não será longa. Cerca de 250 léguas separam o Rio de Janeiro do rio da Prata. Em geral, oito a dez dias são suficientes para percorrer essa distância. Contudo, não iremos assim tão rápido, pois, no mar, estamos sujeitos a alguns imprevistos.

O navio parece bom e forte, construído com madeira do Brasil, isto é, com uma madeira tão dura que o ferro quase não consegue penetrar. Uma única câmara bastou para nós. Os leitos foram distribuídos de modo a não nos impedir de fazer as nossas refeições no local. O castelo de proa é razoavelmente grande e permite um bom passeio por toda a sua extensão. O capitão alojou-se abaixo de nós. Seu quarto, ou antes, seu beliche está armado sobre o tombadilho, assim, caso venha a chover, ele perceberá antes de nós.

Pelo que temos observado, o capitão é um homem bom e muito prestativo, que nos atende em tudo. Até então, temos feito as nossas refeições em separado, cada um com a sua marmita, como convém, mas se o capitão não se opuser, passaremos a comer todos juntos. Os portugueses, como é sabido, alimentam-se muito mal e tencionamos alterar esse hábito. Basta de jejum, é hora de compensar tal penúria! O vento anda um pouco fraco, mas tudo corre bem.

Julgo ser hora de apresentar algumas observações que consegui recolher acerca da cidade do Rio de Janeiro. Salvo erro, a cidade está situada sob o Trópico de Capricórnio, a 23°25' de latitude meridional. Embora o número de fortalezas não seja excessivo, o lugar é incomparavelmente mais fortificado do que a Bahia. Isso se dá graças à estreiteza da embocadura que dá acesso ao porto e à cidade, embocadura que obriga os navios a passarem muito próximo da fortaleza de Santa Cruz. Essa situa-se a norte, do lado oposto ao da cidade. Dizem que possui 80 peças de canhão, 20 das quais colocadas ao nível da água. Vi essa bateria somente de passagem e não posso dizer quantas são as peças que a compõem. Pelo que pude observar, o forte foi construído sobre uma rocha plana, em forma de ponta, que não é muito elevada, mas é extraordinariamente aprumada; de tal modo que as chalupas só conseguem aí chegar através de um pequeno ancoradouro que a rocha forma no interior da baía. Em frente à fortaleza de Santa Cruz, há um outro forte, denominado São João. Um pouco adiante, do mesmo lado da cidade, sobre uma língua de terra que ajuda a formar o porto, acha-se um terceiro forte, denominado Villegaignon. Esse comanda todos os navios que se encontram no porto e os protege do vento noroeste. Conta-se que Villegaignon é nome do francês que descobriu esta terra. Esse homem, quando aqui chegou, encontrando os índios senhores de todo o país, resolveu retirar-se para essa espécie de ilha, juntamente com os poucos que o acompanhavam. Uma vez aí instalado, aguardou o retorno de um navio que tinha ido à França buscar socorros para combater os nativos e garantir o domínio do país, país que pela sua beleza e agradabilidade pareceu-lhe digno de ser habitado. Passado algum tempo, como não chegava nenhuma notícia do navio e os víveres começavam a faltar, ele resolveu abandonar essa que é uma das melhores e mais ricas regiões da América. Pouco tempo depois, os portugueses aqui se estabeleceram.

A baía é grande e toda rodeada por ilhas. Há pouco foram construídas duas fortalezas na ilha situada em frente à cidade: uma ao nível da água e outra um pouco mais acima; ambas comandam, de longe, toda a baía. Do lado do mar, sobre uma montanha bastante elevada, um pouco abaixo de uma igreja que outrora serviu de catedral, há outras fortalezas. Contudo, as quatro que descrevi são as mais importantes, não só pelo seu poder de fogo, como também pela sua localização.

O porto é bom e cômodo. Os navios podem ancorar muito próximo da terra e o mar, em geral, rola mansamente, o que permite um desembarque *com pés secos.* O vento noroeste, contudo, sopra da terra com muita intensidade, razão pela qual os navios precisam ser muito bem amarrados.

O Rio de Janeiro não é grande. Isso, porém, não se deve à falta de espaço. Na parte traseira da cidade há um prado bastante agradável, rodeado por montanhas. A rua mais freqüentada, onde se encontra o maior número de estabelecimentos comerciais e a residência do governador, é chamada pelos habitantes de rua Grande. Ela é bastante larga e muito comprida, abarcando mais da metade da cidade. O Convento dos Beneditinos, ou de São Benedito, como dizem os habitantes, cuja igreja é a mais bonita do lugar, está situado no fim dessa rua. No extremo oposto, acha-se o Convento dos Jesuítas, uma casa que se destaca tanto pela sua estrutura quanto pelos seus cômodos. Esse convento, que é todo talhado em pedra, foi construído sobre uma montanha de altura prodigiosa. O seu interior em nada fica a dever em magnificência ao seu exterior. A distribuição dos cômodos é harmoniosa e inteligente. Todos os belos quartos ocupados pelos padres são assoalhados. A botica mantida por essa casa é excelente:

bem decorada, asseada e provida de todos os tipos de drogas. Julgo não possuirmos, em França, nenhuma que se lhe compare. Essa botica dos padres abastece todas as outras da cidade. A igreja é pequena, mas bastante ornamentada. Na parte detrás do convento, está sendo construído um colégio.

Tanto a igreja dos beneditinos como a dos jesuítas só são acessíveis através de duas longas rampas de pedra, de declínio quase imperceptível. O trabalho e o tempo despendidos para tornar mais cômodo o acesso a esses lugares parecem ter sido imensos. A rampa dos jesuítas é talhada diretamente na mesma rocha onde a igreja foi construída e tem parapeitos dos dois lados. A dos beneditinos é bastante larga e murada dos dois lados em toda a sua extensão. No alto da rampa, em frente ao portal da igreja, há uma bela praça quadrada. A nave é ampla e muito bonita e a abóbada extraordinariamente elevada. A largura e as abóbadas das duas partes laterais do edifício são proporcionais àquelas da nave. O convento ainda não está acabado, mas, a julgar pelo desenho e pela parte já construída, será um edifício notável.

No meio da rua principal, do lado do mar, situa-se a casa do governador, que não é grande coisa. Há ainda muitas outras ruas menores, mas que não deixam de ser bonitas, bem traçadas e repletas de casas bem construídas.

O Rio de Janeiro, tal como se encontra, é uma das mais importantes colônias portuguesas e, talvez, a mais bem localizada. Contudo, a cidade seria muito diferente caso as minas não tivessem sido descobertas. Depois de tal acontecimento, que teve lugar em 1696, mais de 10 mil homens abandonaram a cidade. Tal deserção trouxe a fome para a região, pois boa parte dos que partiram se dedicava ao cultivo da terra. Quando abandonaram a região, esses homens deixaram as suas plantações desertas e as suas terras incultas. Daí a atual escassez de gêneros que atinge o Brasil, pois, além do Rio de Janeiro, as minas despovoaram igualmente a baía de

Todos os Santos, Pernambuco e todas as outras colônias da costa. É bem provável que, este ano, elas enviem para Portugal açúcar e tabaco em menor quantidade. Há carência de tudo no país, tanto para a população negra como para a branca. Até mesmo a mandioca, que faz as vezes de pão nessas plagas, está em falta. Quando estávamos na Bahia, a farinha era vendida a um preço bastante elevado e mesmo assim era difícil encontrá-la. No Rio de Janeiro, a situação é ainda pior: a escassez do produto é maior e os preços mais elevados. Três dias depois da nossa chegada, pagamos três escudos a fanga, o que corresponde mais ou menos a quatro alqueires de Paris.

Os portugueses, em geral, são bastante civilizados, muito afáveis e de fácil trato. Não falo aqui, obviamente, da gente miúda, cuja insolência e atrevimento são indescritíveis. Creio mesmo que não há povo mais vicioso nem mais intratável: mentiroso, velhaco, brigão, teimoso, insubordinado, injurioso, sujo, em suma, a mais indigna canalha que se pode imaginar. Os homens de bem, por sua vez, são acusados, e não sem razão, de serem vaidosos, arrogantes e cruéis para com os seus subordinados. Conta-se, a propósito disso, que um capitão de navio golpeou mortalmente um marujo pelo simples fato de esse ter sido pouco cortês. A maioria desses homens é totalmente avessa ao trabalho, preguiçosa e muito inclinada à volúpia. Nem mesmo os padres e monges estão isentos desses vícios. A luxúria, especialmente, tornou-se tão familiar entre eles que sequer se dão ao trabalho de ocultá-la. Dizem publicamente, e sem que ninguém fique escandalizado, que o padre prior, o padre tal, o monge tal mantém um relacionamento amoroso com a senhora tal. Esse comportamento desregrado e libertino é semelhante ao dos religiosos italianos e espanhóis.

As mulheres são muito reservadas, raramente saem de casa e não vêem praticamente ninguém. Asseguraram-me, e isso é a mais pura verdade, de que tanto as damas de distinção quanto aquelas senhoras que estimam a sua reputação só vão à missa nos dias de festa. As poucas que encontramos nas ruas e nas igrejas andam sempre cobertas com um manto – uma espécie de echarpe. Elas tomam extremo cuidado também para que os seus pés não sejam vistos. Quando alguma delas não cumpre essa exigência, incorre num grave crime e a sua reputação é colocada em causa. Como são diferentes os homens! As coisas inocentes e permitidas em alguns lugares, em outros, pela força do hábito, são tidas como criminosas. Mas em todos os lugares há mulheres de todas as espécies. A minha vizinha, ao que parece, não era das mais escravas dos costumes.

EDIÇÃO UTILIZADA

O *Journal* conheceu somente duas edições: uma em 1723 e outra em 1730, ambas na cidade de Amsterdã. Optamos por traduzir a primeira, ainda que não exista nenhuma diferença significativa entre as duas.

ANÔNIMO. *Journal d'un voyage sur les costes d'Afrique et aux Indes d'Espagne.* Amsterdã: Chez Paul Marret, 1723, p. 263-295.

BIBLIOGRAFIA

PERNOUD, RÉGINE. *America del Sur en el siglo XVIII.* México: Fondo de Cultura Económica, 1990.

TAUNAY, Afonso de Escragnolle. *Rio de Janeiro de antanho. Impressões de viajantes estrangeiros.* São Paulo: Companhia Editora Nacional, 1942.

Jonas Finck

Durante os dois séculos que se seguiram à pioneira viagem de Vasco da Gama (1497-1498), a atividade missionária na Índia foi predominantemente católica. Os países protestantes, embora possuíssem feitorias na região – os holandeses em Pulicat (1609), Sadras (1647) e Nagapatam (1660); os ingleses em Masulipatam (1622), Madras (1639), Cuddalore (1683) e Calcutá (1683); e os dinamarqueses em Tranquebar (1620) e Serampore (1676) –, mostraram-se pouco inclinados ao proselitismo de além-mar, reservando suas forças para a conversão das almas do Velho Mundo.

Em 1705, o rei luterano Frederico IV, da Dinamarca, resolveu alterar esse estado de coisas. Depois de infrutíferas pesquisas no seu país, o monarca localizou, na vizinha Alemanha, dois religiosos, Bartholomaeus Ziegenbalg e Henry Pluetschau, dispostos a estabelecer uma missão protestante em Tranquebar. Os germanos desembarcaram nesse território em julho de 1706 e, após superarem muitas dificuldades iniciais, conseguiram formar uma pequena mas empenhada congregação. Em 1709, o zelo dos pietistas germanos foi recompensado e a missão ganhou uma importante parceira: a Society for Promoting Christian Knowledge, instituição inglesa, fundada em 1698 com o objetivo de divulgar, em diferentes partes do mundo, a Bíblia e a literatura cristã.

A SPCK não enviou missionários à Índia. Desprovida de voluntários dispostos a pregar em tão remota parte do mundo, a instituição optou por anualmente despachar para Tranquebar uma generosa quantia em dinheiro e algumas mercadorias. Em 1711, a Sociedade superou-se e remeteu para os pietistas uma prensa completa – a primeira instalada em território indiano – e um tipógrafo amador alemão de nome Jonas Finck. Esse tipógrafo e missionário, munido da referida prensa e de 250 cópias em português do Evangelho de São Mateus, deixou a Inglaterra entre abril e maio de 1711, dirigindo-se para os Açores e daí para a costa da África. A travessia do Atlântico foi bastante morosa e a embarcação só chegou ao Rio de Janeiro em 17 de agosto. Nessa cidade, onde permaneceu cerca de dois meses (até 20 de outubro), o missionário teve a infelicidade de presenciar o ataque do capitão francês Duguay-Trouin, que depois de saquear a urbe e cobrar um polpudo resgate dos seus habitantes, virou-se para o lado das embarcações inglesas e criou muitos e sérios problemas para Finck.

Senhor Reverendo, espero encontrar o senhor e todos os meus amigos e protetores com boa saúde. O fato de esta carta ter sido remetida de São Sebastião poderá parecer-lhe um pouco estranho, contudo, a narrativa que se segue lançará alguma luz sobre esse ponto.

Presumo que o senhor tenha recebido uma carta datada do dia 15 de maio, enviada de Porto-Santo, a 33° de latitude norte. Nessa missiva, entregue a um navio inglês que se dirigia para a Carolina, eu relatava as ocorrências que tiveram lugar durante o nosso percurso entre a Inglaterra e Porto-Santo, quando rumávamos para a Linha do Equinócio, entre as ilhas Canárias e a costa da África. Quanto mais nos aproximávamos da linha, mais sentíamos os efeitos da calmaria. O navio ficou quase um mês à espera do vento, sem andar nem para a frente nem para trás. O calor tornou-se insuportável, particularmente no dia 8 de junho, a 12° de latitude norte, quando o Sol se posicionou exatamente sobre as nossas cabeças. Os refrescos que trazia comigo foram, então, úteis e oportunos.

No dia 14 de julho, ultrapassamos a Linha do Equinócio e dirigimo-nos para sudeste. No dia 10 de agosto, pensamos ter avistado a costa do Brasil, mas logo percebemos tratar-se de um engano. Tínhamos, sim, alcançado o cabo de São Tomás. Lançamos âncora na ilha de Santa Ana, a pouca distância do cabo. Permanecemos alguns dias nesse local e aí recolhemos algumas frutas e peixes, provisões que, após quatro meses de navegação, começavam a se fazer necessárias. Nos dias 15 e 16 de agosto, navegamos ao longo da costa de Cabo Frio e, no dia seguinte, alcançamos o Rio de Janeiro. Fomos, porém, obrigados a permanecer do lado de fora do porto, próximo ao forte de Santa Cruz, pois os portugueses quiseram obter maiores informações acerca do nosso navio e avaliar se a sua presença não traria nenhum prejuízo para o comércio local. Durante a nossa permanência nesse porto, fomos informados de que, 15 dias antes de chegarmos, dois navios ingleses que rumavam para as Índias Orientais, o *Mountague* e o *Litchfield*, tinham lançado âncora aqui, antes de seguir viagem em direção ao cabo da Boa Esperança. As tripulações dessas embarcações estavam muito doentes. A febre intermitente grassava entre os homens e quase metade deles já estava contaminada. O capitão de um dos navios acabou mesmo por falecer e foi enterrado neste lugar.

No dia 18 de agosto, entramos no porto e lançamos âncora, após termos saudado o forte com cinco tiros de canhão, os quais não foram respondidos. Não posso deixar de assinalar que, durante a nossa longa e tediosa viagem, a bondade de Deus impediu que perdêssemos muitos homens. Enquanto outros navios vêem as suas tripulações dizimadas por doenças diversas, nós tivemos somente três baixas e alguns poucos doentes com escorbuto. Esperava poder narrar em detalhes tudo o que se passou durante a nossa travessia, mas o meu diário, bem como o resto dos meus papéis, teve um triste destino, do qual falarei mais adiante.

Até aqui, o Senhor tem nos ajudado e mantido afastados de nós muitos perigos que o engenho e a razão parecem desconhecer. Um homem, quando submetido às condições em que me encontro, tem a oportunidade de aperfeiçoar a sua capacidade de orar, de aprender a ser paciente e resignado e, sobretudo, de aprender a confiar inteiramente na infinita bondade e no imenso poder de Deus, que nos ampara precisamente nos momentos em que vacilam as forças humanas. A ajuda divina tem sido muito necessária, pois o navio em que viajo está repleto de hereges e desordeiros. O caráter da maioria dos meus companheiros é muito bem descrito no salmo LXXIII, o qual narra a terrível desgraça que se abate sobre aqueles homens que se orgulham dos seus pecados e não fazem questão de ocultá-los. Esse salmo marcou-me profundamente, fornecendo-me sempre matéria para reflexão. Quanto ao governador Collet, devo dizer que, desde o momento em que lhe fui apresentado, ele foi extremamente gentil e fez de tudo para me ajudar no cumprimento da minha missão.

Dois dias depois da nossa chegada, o governador convidou-me para acompanhá-lo à cidade, convite que prontamente aceitei. Pedi-lhe, no entanto, que me autorizasse a desembarcar como seu oficial e não como simples passageiro; pedido ao qual ele não se opôs. Constatei, mais tarde, que tal precaução era realmente necessária, pois o povo dessa cidade é terrivelmente idólatra e supersticioso. Além disso, como o senhor bem sabe, aqui, como em qualquer território português, a Inquisição é flagrante e o povo tão subjugado pela autoridade de Roma, que todo cuidado é pouco. Quando da nossa chegada, cerca de cem indivíduos estavam sendo enviados para Portugal, onde seriam julgados pelo Tribunal do Santo Ofício. A maioria deles era suspeita de *judaísmo*. A despeito disso, ocorreu-me a idéia de distribuir entre eles umas cópias, em português, do Evangelho de São Mateus. Mais à frente, darei notícia do fim que tiveram essas cópias.

Não posso falar do estado da religião nessa parte do mundo, sem sentir um pouco de compaixão por esse povo perdido na escuridão e mergulhado na ignorância. O clero é tão inculto que, entre dez desses homens de Deus, é com dificuldade que se encontra um capaz de ler o Missal em latim. Ainda que admitamos que os religiosos possam ser bons e prestáveis sem saber latim, julgo que o conhecimento de tal língua em muito os ajudaria a ter acesso à sabedoria contida na Divina Escritura. O povo, em geral, está engolfado na devassidão e tem como única preocupação encontrar ouro e prata. Os jesuítas mantêm um colégio na cidade, instalado num prédio bastante imponente. Tive oportunidade de conversar diversas vezes com esses religiosos. Eles habitualmente separavam um dos membros da ordem, em geral o mais graduado na língua latina, para funcionar como porta-voz, enquanto os outros apenas escutavam. Eu, sempre que podia, encaminhava a conversação para a teologia prática, sem tocar em aspectos controversos. Mas eles preferiam abordar a teologia de uma maneira escolástica. Disse-lhes, porém, que nem o local nem a hora eram propícios para discutir tão controverso assunto. Quando manifestei o desejo de adquirir um exemplar, em língua portuguesa, da obra *Christian pattern,* de Thomas A. Kempis, notei que nenhum deles tinha ouvido falar desse autor. Coisa que muito espanto me causou, pois esse tratado é universalmente conhecido e aprovado por todas as nações cristãs da Europa. Ao ouvir o nome Thomas A. Kempis, os jesuítas perguntaram se eu não me referia a São Tomás de Aquino e à sua vasta obra. Aliás, nesse país, encontrei poucos livros que merecessem ser comprados.

Há cerca de 8 mil escravos negros na cidade, todos vivendo em condições miseráveis. Esses cativos, desde que aprendam o Pai Nosso e sejam borrifados com água benta, são facilmente aceitos na Igreja Católica. Todos trazem, pendurados no pescoço, como sinal da sua fé cristã, imagens de Santo Antônio, de São Francisco etc.

No dia 24 de agosto, o governador do Rio de Janeiro foi informado de que uma frota de 15 navios tinha sido vista perto da costa do Brasil. Uns não acreditaram na notícia, outros mostraram-se preocupados, pois temiam que fossem navios franceses, que vinham vingar a derrota sofrida há um ano pelos seus compatriotas. Nesse confronto, os portugueses fizeram aproximadamente 800 prisioneiros, entre os quais o general que comandava a operação. Esse general foi, posteriormente, assassinado a sangue-frio e mais de 500 soldados não suportaram a crueldade dos portugueses, vindo a falecer. Os restantes, como pudemos observar, viviam num estado deplorável. Foi com grande satisfação que esses homens receberam o nosso navio, pois tinham esperança de que pudéssemos ajudá-los.

Os portugueses, diante das notícias, começaram a preparar-se para a defesa, pensando que o cerco só teria lugar no dia 1º de setembro. Contudo, mal tinham começado a fazê-lo, quando o forte de Santa Cruz disparou alguns tiros de canhão para avisar que o inimigo se aproximava. A frota francesa, composta por 15 velas, levou uma hora para entrar na embocadura do rio e, duas horas depois, lançou âncora no lugar mais seguro do porto.

No dia seguinte, o almirante Duguay-Trouin desembarcou 3.500 soldados, dividindo-os entre uma pequena ilha, de um lado da cidade, e a terra firme, do lado oposto. Assim distribuídos, os franceses atacaram os oito fortes portugueses. Quanto a nós, não tivemos tempo nem de levantar âncora; o capitão Austin mandou que os cabos fossem cortados e que o navio, o mais rápido possível, fosse removido para longe do fogo inimigo. O navio afastou-se, então, cerca de quatro milhas da frota francesa. Foi somente nessa altura que retornei a bordo junto com o capitão Collet. No dia seguinte, o governador desceu à terra novamente para obter alguma informação sobre o cerco francês. Dessa feita não o acompanhei, pois resolvi permanecer onde a Providência me colocara, aguardando pacientemente que saíssemos da delicada situação em que nos encontrávamos.

Devo, agora, deixar de lado os franceses e o seu cerco para relatar algumas coisas que aconteceram no nosso navio, coisas que podem surpreender um homem de bem e que me causaram mais desgosto do que todas as privações e adversidades que enfrentei durante essa longa e tediosa viagem. Seis dos nossos homens, desavergonhadamente, arrombaram a fechadura do cômodo onde estavam guardados os pertences da companhia e se apoderaram de todo o dinheiro que encontraram. O produto do roubo foi levado para uma pinaça num horário em que todos os homens do navio dormiam profundamente, inclusive os que estavam de vigia. Tanto o meu dinheiro como aquele designado para a Missão de Tranquebar tiveram o mesmo destino, pois estavam guardados no mesmo lugar. Agora, infelizmente, ele se encontra nas mãos dos piratas. O roubo causou-me profundo descontentamento, pois, além de ter sido levado a cabo pelos nossos próprios homens, ocorreu num momento em que ainda não sabíamos que fim teria o cerco da cidade de São Sebastião. Este incidente provocou no navio uma desordem indescritível. O capitão Austin e seus oficiais redigiram imediatamente um protesto, que foi também assinado por mim. A cópia segue anexa à minha carta.

Após essa pequena digressão, retorno ao cerco de São Sebastião. Esperávamos que os sitiados organizassem uma poderosa ação defensiva, pois estavam bem aparelhados para tal. Havia na cidade uma tropa formada por mais de mil soldados, além de 2 mil marinheiros, 4 mil cidadãos e 8 mil negros, perfazendo um total de 15 mil homens. Não obstante essa numerosa guarnição, abastecida com tudo o que era necessário, os portugueses renderam-se após oito dias de bombardeamento e deixaram a cidade, repleta de ouro e prata, à mercê do inimigo. Eles chegaram mesmo a pôr fogo em três dos seus próprios navios de guerra, sendo que um quarto afundou após se chocar com a terra. Vários outros navios, a maioria dos quais mercantes, foram postos a pique pelos franceses. As baixas de ambos os lados foram poucas, quase não se ouviu falar em mortes. No dia 11 de setembro, os franceses tomaram a cidade e no dia seguinte a saquearam. Eles ameaçaram transformá-la num amontoado de entulhos, mas os portugueses conseguiram evitar essa tragédia pagando a soma de 15 mil libras.

Durante todo esse tempo, os franceses não nos incomodaram e aceitaram-nos como observadores do desastre que se abatia sobre os portugueses. Não podíamos supor que eles nos fariam uma incômoda visita, à qual não pudemos fazer qualquer oposição, pois estávamos cercados por todos os lados. No dia 13 de setembro, os oficiais do nosso navio deliberaram o que fazer naquelas circunstâncias. O governador Collet retornou a bordo e, juntamente com seu filho, capitulou, sendo imediatamente considerado prisioneiro de guerra. O capitão Austin fez o mesmo e o comando do seu navio foi assumido por um capitão francês e 20 homens. Logo que tomaram posse do navio, os franceses iniciaram a pilhagem e nada escapou à fúria desses homens, nem mesmo as provisões que se encontravam no depósito. Ainda lancei um último e triste olhar em direção aos meus livros, que, num segundo, desapareceram. Salvo o que trazíamos em nossos bolsos, nada, absolutamente nada, foi deixado para trás. Tendo em conta a situação em que nos encontrávamos, confesso que foi um verdadeiro milagre os saqueadores não terem revistado os nossos bolsos ou mesmo nos deixado completamente nus.

No dia seguinte, fomos feitos prisioneiros e levados para os navios inimigos. Fui transferido para o *Brillant*, navio do vice-almirante. Antes de partir, porém, tive o cuidado de fazer uma lista dos bens que ainda possuía: um paletó, uma camisa, uma gravata, uma Bíblia e um exemplar, em latim, do *True christianity*, de Arndt. Quando da minha transferência, fui informado de que, antes de sermos remetidos para a França, passaríamos pela Martinica. Esse e outros imprevistos, somados às dificuldades por que tinha passado, lançaram-me num estado de dúvida e perplexidade. Exatamente no momento em que me esforçava para me concentrar nas coisas de Deus, vi-me incapaz de aprofundar esses apontamentos de que ora me ocupo. Como o senhor bem sabe, o demônio não perde nenhuma oportunidade para tirar partido das nossas aflições, alimentando em nossa alma os sentimentos de descrença e revolta contra Deus.

Como pôde morrer assim, no nascedouro, uma missão que parecia contar com os favores da Providência Divina? Por que razão tantos bens, conseguidos graças à caridade de algumas almas bem intencionadas e destinados a sustentar a difícil missão de conversão dos infiéis ao cristianismo, foram parar nas mãos de homens que os utilizarão para outros fins? Essas e outras dúvidas assaltavam a minha alma sempre que pensava sobre a lamentável situação em que me encontrava. Quando examinava o meu estado, julgava que não ia suportar o peso do sofrimento e, apesar do grande interesse que tinha pela minha missão, fui acometido por um violento conflito de pensamentos. Contudo, no meio de toda essa agitação, encontrei um raio de luz no fundo do meu coração obscurecido por nuvens negras e sombrias e, nos versos do salmo XVIII, no qual o salmista pede ao senhor que o ajude a suportar o dia do infortúnio e que o conduza, quando esse dia passar, para um lugar melhor, encontrei algum consolo. À medida que me lembrava das Escrituras, a minha esperança, pouco a pouco, foi voltando e acabei por me convencer de que a adversidade é o melhor mestre para nos ensinar a auto-resignação e a submissão ao poder divino – qualidades indispensáveis para aqueles que querem fazer algo de bom neste mundo corrompido.

Durante o meu confinamento no navio inimigo, desfrutei de um tratamento bastante satisfatório. O capitão do *Brillant*, uma pessoa instruída, que adorava conversar em latim, foi muito gentil comigo. Após uma semana como prisioneiro, correu um rumor de que o capitão Collet entrara em acordo com o almirante francês e que seguiria viagem para as Índias Orientais no seu próprio navio. Assim que ouvi esse boato, escrevi uma carta ao capitão com as seguintes questões: se ele tinha esperança de que os franceses lhe entregassem a prensa que trazíamos e o material que a acompanhava; se eu poderia oferecer aos franceses uma pequena soma para resgatar esses bens; se havia possibilidade de ele comprar a minha liberdade e levar-me para as Índias Orientais. Pus essas coisas num papel e pedi que esse fosse enviado para o navio do capitão Collet. Contudo, o capitão francês, em cujas mãos eu estava, foi extremamente civilizado e permitiu que um bote me conduzisse até o navio do capitão, para que eu pudesse, pessoalmente, discutir com ele esse assunto. O governador Collet, mal ouviu a minha proposta, apressou-se em prometer que faria tudo que estivesse ao seu alcance para obter a minha liberdade e levar-me, a mim e aos meus bens, para bordo do seu navio; isso caso ele conseguisse comprá-lo de volta dos franceses. Rapidamente, porém, surgiu um novo problema, que me pareceu incontornável. O governador comunicou-me que, em razão das muitas perdas e desastres que sofrera até aqui, ele resolvera rumar diretamente para Bencoulee e assumir o seu cargo, sem tocar em Madras ou qualquer outro forte inglês da costa. Essa notícia abalou seriamente as minhas esperanças que há pouco tinham sido renovadas. Entretanto, após alguma meditação, comuniquei ao senhor Collet a seguinte decisão: caso ele obtivesse a minha liberdade e os meus bens de volta, seguiria com ele até o cabo da Boa Esperança e permaneceria aí enquanto não encontrasse, com a graça de Deus, um navio inglês ou alemão que me levasse até o meu destino final. As coisas ficaram assim decididas e eu retornei ao meu confinamento.

No primeiro dia de outubro, recebi boas notícias. Muito antes do que esperava, o governador Collet enviou um barco para retirar-me do confinamento e conduzir-me até o *Jane*, navio que ele havia adquirido com todos os bens e acessórios e estava pronto para seguir viagem em direção às Índias Orientais. O dia em que deixei o navio francês *Brillant* e ocupei a minha câmara na fragata *Jane*, talvez tenha sido o dia mais feliz da minha vida. Logo que embarquei, o senhor Collet disse que me levaria até

Madras e que não cobraria nem a minha passagem nem a minha alimentação. Comunicou-me, também, que ele conseguira arrancar dos franceses a prensa, os livros, os papéis e os outros utensílios que me pertenciam, bens avaliados em 300 libras, sob a alegação de que o navio *Jane* e sua carga tinham sido comprados a *custo de produção*. Como parte desse acordo, o filho do capitão fora enviado na qualidade de prisioneiro para a França e só seria libertado quando a dívida fosse saldada. Por fim, o senhor Collet disse-me que, devido ao grande apreço que nutria pela honorável Sociedade e pelos seus nobres desígnios nas Índias Orientais, cobraria somente metade da soma referida (150 libras), a qual ele esperava que fosse rapidamente saldada, de modo a amortizar as grandes perdas que tivera durante a viagem.

Pergunto agora: não é perceptível o dedo de Deus em toda essa situação? De minha parte, confesso que estou mais convencido de que o Senhor Deus permitirá que a nossa missão seja coroada de sucesso; uma missão que até aqui contou com a feroz oposição do *inimigo das almas*.

Quero aproveitar para agradecer, em especial, àqueles amigos de Gosport e Portsmouth, pois as abençoadas contribuições que deles recebi são, atualmente, o único dinheiro de que disponho. E isso porque, antes da minha partida da Inglaterra, entreguei esse dinheiro nas mãos do senhor Collet que, não obstante as perdas que teve durante a viagem, assegurou-me, há pouco, que me devolverá tal soma em Madras. Assim, esse acabou por ser o único dinheiro que escapou da fúria do inimigo.

Quanto às cópias do *Evangelho de São Mateus* já referidas, elas foram recolhidas pelos franceses e, posteriormente, distribuídas entre os portugueses daqui. Depois da minha libertação, tive oportunidade de conversar diversas vezes com alguns padres e monges da cidade. Julguei por bem oferecer-lhes algumas obras em latim, entre as quais o *Enchiridon Precum* e o *Arnditius de Vero Christianismo*. No momento, disponho dos seguintes bens: (I) uma prensa; (II) material de impressão; (III) papéis;

(IV) cartas; (V) livros; (VI) livros para o reverendo Lewis, capelão do forte São Jorge. Esses foram os bens que consegui recuperar. Além deles, tenho em meu poder a letra de madame Dolben (10 libras), a ser paga pelo governador Harrison e pelo senhor Edward Fleetwood, e a letra do senhor Hoare, a ser paga pelos senhores Francis e John Cook. Temo, contudo, que terei alguma dificuldade para recebê-las, pois as cartas de recomendação que as acompanhavam foram lançadas ao mar por ordem do capitão Austin.

Espero, com a graça de Deus, zarpar em alguns dias, logo que tivermos embarcado as provisões compradas dos franceses. Recebemos deles um passe com validade de sete meses. O capitão Austin e outros oficiais ingleses foram feitos prisioneiros e remetidos para a França. Por esta razão, o governador Collet foi obrigado a contratar uma nova tripulação, o que foi feito aproveitando alguns homens provenientes de um navio inglês capturado pelos franceses. O governador foi obrigado, também, a entregar ao almirante francês uma lista completa dos indivíduos que levávamos a bordo.

EDIÇÃO UTILIZADA

A carta de Jonas Finck – endereçada ao capelão do rei Frederico VI, M. W. Boehm, então em visita à Inglaterra – encontra-se na 3ª parte da coletânea de documentos relativos à missão de Tranquebar, editada uma única vez em 1718. Os documentos presentes na primeira parte, traduzidos para o inglês pelo próprio M. Boehm, vieram a público em 1709 e os da segunda parte em 1710.

ZIEGENBALG, Barthomaeus (et alii). *Propagation of Gospel in the East.* 3. ed. Londres: Joseph Downing, 1718, 3ª Parte, Carta I, p. 1-17.

BIBLIOGRAFIA

BEYREUTHER, Erich. *Bartholomaeus Ziegenbalg*. Madras: Christian Literature Society on behalf of the Federation of Evangelical Lutheran Churches in India, 1855.

FIRTH, C. B. *An introduction to Indian church history*. Madras: Christian Literature Society on behalf of the Federetion of Evangelical Lutheran Churches in India, 1961.

LEHMANN, Arnold. *It began at Tranquebar*. Madras: Christian Literature Society on behalf of the Federation of Evangelical Lutheran Churches in India, 1956.

PASCOE, Charles F. *Two hundred years of the SPC: An historical account of the Society for the Propagation of the Gospel in Foreign Parts, 1701-1900*. Londres: Society's Office, 2 vols., 1901.

John Young

Em 1739, o alto comando da Marinha inglesa, prevendo um conflito próximo com a Espanha e calculando que esse país não poderia manter uma guerra sem o ouro e a prata do Novo Mundo, resolveu armar uma poderosa esquadra com o fim de assenhorar-se das colônias que Filipe V possuía na América. Para o comando dessa missão guerreira foi nomeado o capitão George Anson, um oficial de carreira, com reconhecidos serviços prestados à Sua Majestade Britânica.

*Por razões que aqui não interessam, essa expedição foi deixada de lado e o capitão Anson teve de contentar-se em conduzir uma frota de cinco embarcações (*Centurion, Gloucester, Severn, Wager *e* Tryal*) numa expedição pelos mares do Sul. Essa malfadada empresa marítima, cujo objetivo era destruir o comércio espanhol no Pacífico e saquear uns quantos portos na costa do Chile e do Peru, correu mal desde o princípio. Para se ter uma idéia da desorganização que cercou os preparativos da viagem, basta dizer que o renomado capitão se viu obrigado a fazer vela com uma tripulação composta em grande parte por inválidos, marinheiros doentes, idosos e condenados.*

A frota zarpou da ilha de Santa Helena em setembro de 1740, ganhando o litoral de Santa Catarina em 17 de dezembro. Na passagem do Atlântico para o Pacífico, um dos navios da expedição, o Wager, *navio velho e malconservado, sofreu danos irreparáveis, perdeu contato com os demais vasos e, no dia 14 de março de 1741, naufragou nas imediações da Patagônia. Depois de uma série de conflitos e insubordinações, os sobreviventes dividiram-se em dois grupos: um pequeno número de marujos, sob o comando do capitão Cheap e do então guarda-marinha John Byron dirigiu-se para o norte, com a esperança de apossar-se de algum navio espanhol ou tomar algum porto chileno; um segundo grupo, liderado pelo artilheiro John Bulkeley e pelo carpinteiro John Cummins, embarcou no batelão que fora salvo do naufrágio e rumou para o sul, com o propósito de atravessar o estreito de Magalhães e abrigar-se no Brasil.*

Em 28 de janeiro de 1742, ultrapassados inúmeros obstáculos, 30 dos 70 homens do grupo liderado por Bulkeley e Cummins entraram na baía riograndense. Os náufragos foram muito bem acolhidos pelo governador e deixaram-se ficar na região cerca de dois meses. Alguns marujos, entretanto, esperançosos de retornar para a Inglaterra, resolveram partir para o Rio de Janeiro.

Os desafortunados marujos do Wager *chegaram à cidade no dia 12 de abril e aí permaneceram até 20 de maio de 1742. Desses trinta e poucos dias de visita, dias movimentados, como veremos, restaram dois testemunhos: um, assinado pelos líderes dos marujos que rumaram para o Brasil, John Bulkeley e John Cummins; outro, atribuído ora a autor desconhecido, ora a um certo John Young, tanoeiro do* Wager. *É esse último relato que o leitor encontrará a seguir.*

No dia 12 de abril, chegamos ao Rio de Janeiro. No dia seguinte, o governador mandou-nos buscar. Narramos-lhe, então, as nossas desastrosas aventuras. Ele escutou tudo com um ar de grande compaixão e prometeu que receberíamos de sua parte toda assistência que desejássemos. Havia, na cidade, um cirurgião holandês que falava perfeitamente o inglês; Sua

Excelência mandou chamá-lo e fez dele o responsável pelos nossos negócios, com o título e a autoridade de cônsul. Ordenou-lhe, em seguida, que nos arranjasse um alojamento e que nos desse, além de velas de sebo e lenha, oito vinténs por cabeça para as nossas necessidades.

Nosso cônsul cumpriu escrupulosamente as ordens do governador: fomos imediatamente instalados numa bela e ampla casa, recebemos todos os utensílios necessários e, tendo em conta o tempo que levaríamos para organizar a nossa vida doméstica, a cidade ofereceu-nos, no primeiro dia, o almoço e o jantar, ambos esplêndidos. A nossa situação não poderia ser mais agradável. Porém, essa calma logo seria abalada por algumas divisões que surgiram no seio de nosso grupo. O governador havia recomendado que, acima de tudo, vivêssemos em paz e evitássemos todos os conflitos que pudessem trazer inquietação para um povo que nos recebera com grande hospitalidade. Não tardamos em justificar a necessidade desse aviso.

Entre nós estava o segundo contramestre, um homem de caráter insuportável. Desde a nossa partida da ilha de Cheap, ele sempre estivera na companhia dos marinheiros. No Rio de Janeiro, cometemos o erro de permitir que ele partilhasse o nosso quarto. A partir desse momento, ele julgou-se mais oficial que todos os outros e pouco faltou para que se assumisse como nosso comandante. Seu temperamento desagradável e arrogante trouxe a desordem para o nosso meio. Dois dias após a nossa chegada, o cônsul deslocou-se conosco até a tesouraria para receber o dinheiro que nos fora destinado. O tesoureiro exigiu que um de nós assinasse o recibo, tarefa que coube ao membro mais graduado da tripulação, o nosso cirurgião. Desgostoso com o fato de não ter sido o escolhido, nosso arrogante contramestre encolerizou-se e começou a proferir um sem-número de impropérios. O cônsul, que não compreendia muito bem o que ele dizia, entregou o dinheiro ao cirurgião para que ele fizesse a partilha. Este escusou-se de fazê-lo, alegando que o segundo contramestre não o julgava digno de tal tarefa e que não era homem de discutir por tão pouca coisa. Assim, o cônsul foi obrigado a assumir o papel de pagador.

Ao iniciar o pagamento, o cônsul declarou que, apesar de o governador ter dito que cada homem receberia oito vinténs, era sua intenção distinguir os oficiais dos simples marujos, na medida em que estes últimos tinham a possibilidade de procurar trabalho na cidade, enquanto os outros não poderiam fazê-lo. Assim, ele daria seis vinténs a cada marujo e dez aos oficiais. Essa distinção encolerizou o segundo contramestre, pois, segundo ele, o valor deveria ser igual para todos. Notamos que o contramestre começava a aquecer e que as coisas poderiam acabar mal; sugerimos, então, que todos recebessem a mesma quantia. O cônsul, com um tom resoluto, respondeu que o dinheiro seria distribuído segundo as prescrições do governador e que aquele que estivesse descontente com a divisão poderia abrir mão de sua parte.

Mal o cônsul saiu, o segundo contramestre começou a insultar-nos da maneira mais ultrajante: chamou-nos de ladrões, de piratas e de todos os nomes injuriosos de que pôde se lembrar. Fartos de conviver com esse furioso, nós o forçamos a deixar o quarto que partilhávamos e a mudar-se para o alojamento dos marinheiros. Sua cólera tornou-se, então, incontrolável e, para desforrar-se, ele aproveitou a nossa ausência, forçou a fechadura do quarto e destruiu alguns dos nossos pertences. Ao voltarmos, encontramos uma imensa desordem. Quando iniciávamos a arrumação, dois amigos do contramestre adentraram pelo quarto e, após algumas ofensas, lançaram-se contra mim e o senhor Bulkeley. Vendo o que se passava, o carpinteiro tratou de chamar a guarda. Nesse meio-tempo, um dos agressores fugiu, mas o outro, um tal East, foi detido. Bulkeley pediu aos guardas que esse miserável fosse imediatamente preso. O oficial, porém, respondeu-lhe que, segundo as leis do país, o acusado não poderia ser detido se o queixoso não o acompanhasse até a prisão. Bulkeley aceitou de boa vontade a condição e eles se dirigiram para a prisão do governador. Logo que soube do ocorrido, o governador ordenou que Bulkeley fosse liberado e que o tal East permanecesse detido até nova ordem.

Ao retornar ao alojamento, Bulkeley encontrou-me aos murros com o contramestre e dois outros patifes. Logo que ele entrou na casa, esses celerados atacaram-no com fúria. A batalha ameaçava tornar-se sangrenta, quando chegou socorro e os velhacos fugiram. Julgamos que não era seguro permanecermos mais tempo expostos àquele tipo de insultos e resolvemos procurar o cônsul para que ele intercedesse. Ele veio ao nosso quarto, convocou todos os homens e repreendeu-nos severamente, dizendo que achava escandaloso que um pequeno grupo de homens do mesmo país, camaradas há muito, não pudesse viver em paz. Chamou a atenção, também, para o fato de que a nossa conduta poderia despertar o ódio e o desprezo dos habitantes locais, a quem tínhamos todo o interesse em agradar. O segundo contramestre, principal alvo dessas críticas, enfureceu-se novamente e, na impossibilidade de chamá-lo à razão, julgamos por bem mudar de alojamento.

O cônsul levou-nos para uma vila, a meia légua da cidade, onde alugamos uma casa por dez xelins ao mês. Achamos que, assim, os nossos problemas estavam terminados. No dia seguinte, todavia, dois emissários do contramestre vieram fazer-nos uma visita e perguntaram-nos, de maneira insolente, quais os motivos do nosso isolamento. Esses miseráveis bem que mereciam pagar pelo seu atrevimento. Nós, porém, optamos pela moderação.

Bulkeley dirigiu-se a eles com doçura e sabedoria e os convenceu a se retirarem. Embora não fôssemos homens de sofrer afrontas impunemente, vimo-nos forçados a ceder, pois estávamos num país onde proliferavam os assassinos e numa cidade onde se podia contratá-los a preços bastante módicos.

À noite, por volta das dez horas, três homens bateram fortemente na nossa porta e pediram que abríssemos. Nós, naturalmente, negamos o pedido, sob alegação de que era muito tarde, e dissemos a eles que voltassem no dia seguinte. Descontentes com a resposta, começaram a gritar que, antes do raiar do dia, seríamos obrigados a sair do nosso abrigo. Amedrontados com a idéia de que esses patifes tivessem ido à cidade buscar reforços para cercar-nos e cientes de que, se assim o fizessem, não teríamos como defender-nos, resolvemos partir para o campo e lá passar a noite. Quando nasceu o dia, dirigimo-nos ao cônsul e contamos-lhe o ocorrido. Ele tratou, então, de arranjar-nos uma outra casa, desta vez bem no centro da cidade, e de contar aos vizinhos a história do segundo contramestre, recomendando-lhes que nos defendessem caso fôssemos atacados. Com esse novo arranjo, pudemos descansar em paz e em segurança.

Alguns dias depois, o cônsul mandou chamar-nos para dizer que três dos nossos, segundo ele ouvira dizer, corriam sério perigo de vida e que era sua obrigação fazê-los partir num navio, ancorado na Bahia, que tinha como destino Lisboa. Os três homens em questão eram o senhor Bulkeley, o senhor Cummins e eu. Nosso generoso cônsul contatou o capitão do navio em questão e este aceitou levar-nos desde que tivéssemos um passaporte do governador e trabalhássemos a bordo para pagar as passagens. Aceitamos a oferta de bom grado, pois queríamos evitar novos aborrecimentos. O governador concedeu-nos um passaporte e a data da viagem foi fixada para o dia 20 de maio.

EDIÇÃO UTILIZADA

A autoria do *An affecting narrative* é bastante incerta. Tanto a capa da primeira e única edição em língua inglesa – que serviu de base para esta tradução –, quanto o prefácio à edição francesa não revelam a identidade do autor. Paulo Berger, na sua erudita *Bibliografia de Rio de Janeiro de viajantes e autores estrangeiros,* avança o nome de John Young. Berger certamente baseou-se nas indicações dadas pelo relato de Bulkeley e Cummins, no qual são reproduzidas as cartas que os náufragos trocaram com o governador do Rio de Janeiro, Gomes Freire de Andrade. Nessas, é mencionado por diversas vezes o nome do tanoeiro do *Wager*.

YOUNG, John. *An affecting narrative of the unfortunate voyage and catastrophe of his majestys ship Wager.* Londres: John Norwood, 1751, p. 142-152.

BIBLIOGRAFIA

BULKELEY, John e CUMMINS, John. *A voyage to the south seas, in the years 1740-1741.* Londres: Jacob Robinson, 1743.

CARVALHO, J. *Uma viagem aos mares do Sul nos anos de 1740-1741.* Rio de Janeiro: Cia. Brasil Editora, 1836.

FAZENDA, José Vieira. *Antiqualhas e memórias do Rio de Janeiro.* Rio de Janeiro: separata da *Revista do Instituto Histórico e Geográfico Brasileiro,* tomo 88, vol. 142, 1921, p. 58-63.

TAUNAY, Afonso de Escragnolle. "Os náufragos do Wager". In: *Revista do Instituto Histórico e Geográfico Brasileiro,* tomo 92, vol. 146, 1922.

L'Arc-en-Ciel

No dia 22 de abril de 1748, ancorava na entrada do porto do Rio de Janeiro o L'Arc-en-Ciel, *navio francês de 50 canhões, pertencente à esquadra de guerra do marquês d'Albert. O navio partira de Breste no dia 24 de janeiro com destino a Pondicherry, onde os franceses combatiam as tropas inglesas lideradas por lorde Clive. Devido ao mau tempo, a embarcação, na altura das Canárias, perdeu contato com a frota, chegando ao porto do Rio de Janeiro falto de víveres e com alguns doentes, como revela a correspondência do então governador Gomes Freire de Andrade (chamado pelo autor do relato de d. Fernando).*

Do capitão da nau, Bellisle Pepu (Pepier?), quase nada sabemos. A seu respeito, o governador mais não deixou que umas poucas linhas: Este oficial se inculca prático na guerra da conquista dos Países Baixos (...), contando achar-se também no sítio da praça de Friburgo, do círculo de Soávia. E presentemente declara que as potências beligerantes *[guerra de sucessão da Áustria]* estão unânimes na resolução de que El Rei nosso Amo seja mediador da paz. *Pura empáfia ou real conhecimento de causa? Impossível determinar. Certo é que Gomes Freire simpatizou com esse oficial francês que se dizia entendido nos negócios dos príncipes. Daí a tripulação do* L'Arc-en-Ciel *ter gozado de relativa liberdade de circulação na cidade, e isso apesar de serem franceses um povo que, desde a invasão de Duguay-*

Trouin, em 1711, não era muito bem-visto nem pela população nem pelas autoridades locais.

Foi essa liberdade que permitiu ao narrador, provavelmente um oficial da embarcação, recolher durante os 20 dias da arribada (22 de abril a 10 de maio de 1748) algumas informações curiosas sobre a cidade e seus habitantes.

A entrada da baía do Rio de Janeiro é formada por montanhas. Pouco antes dessa entrada, no lado direito, há um morro grande e muito elevado, em forma de pão de açúcar, ao pé do qual, caso o vento ou qualquer outra causa impeça a embarcação de atravessar o estreito que dá acesso ao porto, é possível lançar âncora.

Após ultrapassar um outeiro de mais ou menos meia légua, a embarcação penetra por uma passagem mais estreita do que aquela de Breste, defendida, à direita, por um forte de oito peças de canhão. Esse forte é separado da fortaleza de Santa Cruz por um pequeno canal feito na rocha, sobre o qual se instalou uma ponte de comunicação. A fortaleza de Santa Cruz, a mais importante do país, está situada sobre a ponta de um rochedo, num local onde todos os barcos que entram ou saem do porto são obrigados a passar a uma distância inferior ao alcance de um tiro de mosquete. A fortificação consiste numa compacta obra de alvenaria de 20 a 25 pés de altura, revestida por pedras brancas que parecem friáveis. Sua artilharia conta com 60 peças de canhão, de 18 a 24 polegadas de calibre, instaladas de modo a cobrirem a parte externa da entrada do porto, a passagem e uma parte do interior da baía. Cada uma das peças referidas foi colocada no interior de uma canhoneira, o que gera um inconveniente: mesmo diante de um alvo móvel, como um barco a vela, eles só podem atirar numa única direção.

A baía é, talvez, a maior e a mais cômoda que há no mundo. As montanhas que a envolvem protegem as embarcações dos ventos e impedem as agitações marítimas. Pode-se ancorar em toda a sua extensão, estando ela apta para receber infinitamente mais barcos do que a baía de Breste. É igualmente possível aquartelar aí navios de qualquer dimensão, especialmente em frente à ilha das Cobras, onde essa operação é feita com extrema facilidade pelas embarcações de guerra portuguesas que escoltam a frota do Brasil. Os barcos conseguem chegar tão perto da terra, que um único saveiro é suficiente para fazer o transporte de gentes e mercadorias.

A baía conta ainda com uma série de outras ilhas e ilhotas, que oferecem as mesmas comodidades da ilha das Cobras. Sobre tais ilhas, se o Rio de Janeiro tivesse um arsenal, poder-se-iam instalar excelentes armazéns e oficinas.

Do outro lado da passagem que dá acesso ao porto, em frente ao forte de Santa Cruz, foram instaladas, sobre uma barbeta, 20 peças de canhão de calibre 18. Essas, porém, segundo pude observar, estão demasiado afastadas do local por onde passam as embarcações e, em caso de necessidade, pouco podem fazer contra um navio inimigo. Sobre o mais baixo rochedo existente no interior da baía, a mais ou menos uma légua da terra, construiu-se um forte quadrado, guarnecido com 30 canhões de calibre 18 e 24. O fogo desses canhões pode não somente cruzar com o do forte de Santa Cruz e com o da bateria oposta, como também pode cobrir o ancoradouro em frente à vila e as duas passagens que se formam nesse local.

Em terra, avançando um pouco em direção à cidade, encontra-se a bateria de Nossa Senhora da Glória, formada por 10 canhões de pequeno calibre. Tanto essa como uma outra bateria, localizada em cima de uma península que forma, juntamente com a ilha das Cobras, uma espécie de rampa, são de pouca monta.

A ilha das Cobras, que mede dois tiros de fuzil de largura por um de pistola, talvez um pouco mais, teve as suas defesas extremamente reforçadas depois da conquista do senhor Duguay-Trouin. Essa ilha, hoje, além do forte de quatro bastiões, por ele mencionado, encontra-se completamente coberta de fortificações; estimo que sejam necessários cerca de 2 mil homens para aproveitar todo o seu potencial defensivo.

A perspectiva da cidade, a partir do Convento dos Beneditinos, continua tal qual a pintou o senhor Duguay-Trouin. O plano inserido nas suas *Memórias* descreve com bastante precisão a localização das três elevações que dominam a cidade, a saber: a dos beneditinos; a da Conceição, onde se situa o Palácio Episcopal; e a dos jesuítas, localizada para além do fim da cidade, do lado da entrada da baía. A essas três, pode-se acrescentar mais uma, situada em relação à dos jesuítas mais ou menos como a da Conceição em relação à dos beneditinos, ou seja, na parte detrás da cidade.

No fundo do Convento dos Jesuítas e próximo ao Palácio Episcopal, estão instaladas algumas baterias. Contudo, por negligência, essas baterias encontram-se em tão mau estado que, apesar de dominarem a cidade, não seriam de grande ajuda no caso de um ataque surpresa, pois seria necessário mais tempo para pô-las em serviço do que para executar o ataque. Penso que essas baterias poderiam ser utilizadas apenas contra a cidade, caso fosse tomada, e para defender o Convento dos Jesuítas.

A montanha ocupada pelo Convento dos Beneditinos não conta com nenhuma bateria. As duas peças de canhão de calibre 12 e sem reparo, instaladas numa escarpa em frente à ilha das Cobras, não merecem esse nome. Um desses canhões tem ainda a metade da boca arrancada, tal como o deixou o senhor Duguay-Trouin em 1711.

A cidade está localizada sobre um terreno plano e quase quadrado. O lado que dá para o mar tem cerca de 300 toesas de comprimento, começando no pé da montanha dos jesuítas e terminando na dos beneditinos. A largura seria a mesma, se não fosse a existência de duas montanhas: a da Conceição e a de Santo Antônio. No total, a cidade deve ter uma meia légua de perímetro. As ruas são mal pavimentadas, mas razoavelmente largas e retas. Em geral, as casas são medíocres e irregulares; quase todas têm somente um único andar.

Um canal de dois pés e meio de comprimento, coberto por cantarias, e uma trincheira, feita de pedras unidas por uma argamassa cinza e preta, são as únicas fortificações existentes na parte plana da cidade. O senhor Duguay-Trouin, nas suas *Memórias,* refere-se ao canal como sendo um *bom fosso.* Afora as péssimas baterias situadas nas elevações, o interior da cidade não conta com nenhuma peça de canhão. A sua defesa sustenta-se, pois, no valor dos habitantes locais.

As tropas regulares e a guarda dos fortes perfazem um total de aproximadamente 800 ou 900 homens de infantaria, homens bastante bem treinados. Há, entre eles, cerca de 100 granadeiros de boa aparência, encarregados da guarda do palácio do governador. Para esse fim, os soldados são escolhidos indistintamente em todas as companhias, divididos em destacamentos e submetidos à autoridade de um capitão e de um tenente ou um alferes. O uniforme dessa guarda, composta na sua grande maioria por filhos do país alistados a contragosto, é todo branco e vermelho.

A cidade conta também com alguns destacamentos de guarda costeira, contudo, o número de soldados nela engajados é extremamente reduzido. Os oficiais de uma e de outra tropa são, em geral, homens sem berço e sem mérito, nomeados ao sabor dos caprichos do governador. Quando da arribada do *L'Arc-en-Ciel*, um dos criados de quarto de dom Fernando, ainda prestando serviço ao seu mestre, já vestia, enquanto aguardava a incorporação, o uniforme de uma companhia de cavalaria.

Além das tropas, salvo os negros e os monges, que se fazem muito presentes no Rio de Janeiro, o número de homens livres e em estado de defender a sua pátria não ultrapassa os 2 mil. O número de negros, entretanto, é prodigioso. Só o trabalho das minas, chamadas Minas Gerais, empregou em 1748, segundo o registro de capitação da armada, 11 mil escravos.

Essas minas, chamadas *gerais* em razão da sua antiga abundância e das grandes obras que aí foram feitas outrora, começam a se exaurir.

Já muitas outras jazidas foram descobertas a 400 léguas do litoral, jazidas muito mais rendosas que as primeiras.

Todo habitante que explora as minas é obrigado a pagar cerca de 100 francos por cada escravo que emprega, além de pagar ao rei uma taxa sobre o produto e de ter de arcar com as despesas com material, ferramentas, subsistência dos trabalhadores etc.

Apesar de as novas minas ocuparem um número significativo de escravos, o Rio de Janeiro é um verdadeiro formigueiro de negros. Essa concentração funesta traz consigo o constante perigo de uma rebelião. Contra tal inconveniente, a solução encontrada pelos portugueses foi a de adquirir escravos de diferentes proveniências e utilizar a oposição entre seus caracteres para controlá-los. Em geral, os negros são capturados na costa vulgarmente chamada da Guiné e no reino de Angola. Os escravos provenientes da Guiné são, segundo a opinião dos portugueses, perspicazes, velhacos e preguiçosos; os de Angola são taciturnos, trabalhadores e honestos. Os primeiros não gostam dos últimos e vice-versa. Quando essas duas espécies inconciliáveis se misturam, uma não consegue nada empreender sem que a outra rapidamente não delate. É nessa antipatia natural que se funda a segurança pública.

Vê-se, no Rio de Janeiro, uma grande quantidade de mulatos. Nessa cidade, a cada dia que passa, o sangue mistura-se mais e mais, pois o clima e a ociosidade tornam o povo fortemente inclinado à libertinagem. O desprezo pela atividade produtiva, somado à aversão generalizada ao trabalho e à busca frenética de ouro e de diamantes, lançou a cultura das terras no mais completo abandono. Nem mesmo o índigo e o cacau o país produz.

Quase todo o comércio feito no Brasil depende dos produtos vindos da Europa. Em matéria de gêneros alimentícios, o país recebe de Portugal medíocres quantidades de farinha, de vinho do Porto e de especiarias, o suficiente para satisfazer a frugalidade portuguesa. O comércio de produtos de luxo é infinitamente mais significativo. Importa-se de tudo: estofos bordados a ouro e prata, galões, peças de seda, belos tecidos, telas finas e uma série de outras mercadorias da moda, produzidas, na sua maioria, pelas manufaturas francesas. Uma vez por ano, entre os meses de setembro e outubro, Lisboa envia para a sua colônia, sob escolta de três ou quatro navios de guerra, uma frota carregada com os produtos referidos. Essa frota, após distribuir a sua carga pela baía de Todos os Santos, Pernambuco e Rio de Janeiro, é carregada com ouro e alguns diamantes – provenientes dos direitos do rei ou pertencentes a alguns particulares interessados em remeter suas riquezas para Portugal – e volta a reunir-se na Bahia em dezembro ou janeiro, retornando daí para a Europa. Do país, os navios mercantes portugueses levam, além do ouro e da pedraria, somente tabaco, açúcar e algodão – esse último, ao que parece, produzido contra a vontade da metrópole.

O governo do Rio de Janeiro e o das Minas, atualmente nas mãos de dom Fernando Freire, formam um arcebispado. No Rio, sob o nome de Presidência, há uma Corte Soberana de Justiça que trata de todos os assuntos relativos à jurisprudência. O presidente dessa Corte ostenta, como emblema de austeridade, uma chibata engenhosamente presa pelo cabo no bolso de sua casaca. A cidade conta, ainda, com uma Repartição de Finanças e uma Casa da Moeda, onde são cunhados os dobrões, meio dobrões etc. Os inquisidores, denominados Cavalheiros da Inquisição, também se fazem presentes nessas plagas. Contudo, sua autoridade é bastante reduzida e os castigos que aplicam, moderados: prisões e multas somente. Os que cometem crimes graves são enviados para Lisboa e lá julgados com todo o rigor. Os Cavalheiros, em geral escolhidos entre os homens que gozam de um certo prestígio na sociedade, ostentam, como marca do seu ofício, uma pequena cruz de ouro e uma corrente do mesmo material.

É quase impossível, mesmo no interior das casas, contatar abertamente com as mulheres brasileiras. Pelo que pude observar, elas são muito brancas, pálidas e têm um jeito infantil, derivado da indolência tão característica de todos os naturais do país.

CARÁTER DOS PORTUGUESES DO BRASIL

Os portugueses do Brasil, possuidores negligentes do mais belo país que o sol ilumina, não retiram dele nenhum dos proveitos que um povo ativo e trabalhador retiraria. O ouro e as pedras preciosas são as únicas dádivas que esses colonizadores exigem dessa terra tão fecunda, terra que espera somente pelas ordens de seus mestres para prodigalizar tesouros mais úteis e mais naturais.

Inimigos, mais por princípio do que por temperamento, da atividade produtiva, mãe de todas as comodidades da vida, os portugueses parecem inclinados sobretudo à ostentação. Por essa paixão são capazes até mesmo de sacrificar os prazeres sensuais, apesar de, assim como os portugueses da Europa, eles só serem comedidos a contragosto.

A vida faustosa e frívola parece retirar a sua força de uma vaidade desmesurada. A libertinagem e o amor desordenado pelas mulheres, por sua vez, são, a meu ver, causados pela ociosidade e pelo clima terrivelmente quente que se faz sentir nessas plagas. Enfim, nada nesses portugueses do Brasil faz lembrar os seus antepassados do século XV, aqueles homens que, em meio a mil perigos, estabeleceram a rota para um novo mundo e deram ao resto da Europa o primeiro exemplo de como conquistá-lo.

OS BRASILEIROS NATIVOS

Os brasileiros são muito vermelhos e de pequena estatura; seus traços são delicados e seus cabelos, negros, longos e lisos. Na maior parte das vezes, eles preferem levar uma vida selvagem no meio das florestas do que se submeterem ao pesado jugo imposto pelos portugueses. Os poucos que habitam no Rio de Janeiro foram convertidos pelos jesuítas. Esses padres, que têm tido muito sucesso no trabalho de catequese, contam com um grande número de nativos nos seus colégios da costa.

RETRATO DE DOM FERNANDO FREIRE: CAPITÃO GERAL DO RIO DE JANEIRO E DAS MINAS

Apesar de dom Fernando já ter uma idade avançada e sofrer de gota, sua figura ainda se mantém assaz imponente. Seu ar é grave e altivo, mas sem afetação; sua conduta em nada se confunde com aquela de certos governadores portugueses que, inebriados pelos poderes do cargo que ocupam, se julgam pequenos soberanos. Dom Fernando, pondo de lado a arrogância e a cerimônia, adotou para com o capitão e os oficiais do *L'Arc-en-Ciel* maneiras francesas e tons polidos. Ele nutria um grande interesse pela França desde que servira em Flandres, durante a Guerra da Sucessão.

O capitão geral do Rio é, em suma, um homem culto e conhecedor dos interesses dos príncipes, um homem de conversa extremamente agradável e que fala muito bem o francês.

NOTA SOBRE A ARRIBADA DO *L'ARC-EN-CIEL* NO RIO DE JANEIRO

O *L'Arc-en-Ciel*, navio de 50 canhões, era comandado pelo senhor Bellisle Pepu, tenente com mandato de capitão. A embarcação fazia parte da esquadra do marquês d'Albert, da qual havia se separado em razão do mau tempo. Partindo de Breste no dia 24 de janeiro, ela avistou as montanhas da costa brasileira no dia 15 de abril e ancorou na entrada da baía do Rio de Janeiro no dia 22 do mesmo mês. Logo que chegou, o capitão enviou à cidade uma chalupa com um oficial encarregado de saudar o governador e explicar-lhe os motivos da nossa presença.

A entrada da baía é mais estreita que aquela de Breste. À direita, está situado o Forte de Santa Cruz, o mais importante do país. É este forte que responde às saudações que todos os navios devem às fortalezas do rei. O número de salvas varia de acordo com a nação, a qualidade do capitão e o tipo de embarcação. Segundo o nosso costume, o navio deve salvar em movimento e não depois de já ter ancorado. Toda fortaleza tem ordem para disparar, caso essa formalidade não seja cumprida.

É de se assinalar que a saudação do *L'Arc-en-Ciel* foi respondida tiro por tiro, e isso apesar de esse navio trazer hasteada uma simples flâmula. Segundo a *Ordenança de 1689*, *Livro 3*, *Título e Artigo 1º,* só é digna de tal resposta a embarcação que ostentar um pavilhão de almirante ou de vice-almirante; quanto às outras, o número de tiros deve ser proporcional à sua importância.

Dom Fernando Freire, capitão geral do Rio de Janeiro e das Minas, respondeu da melhor maneira às solicitações do navio francês e, durante os 17 dias de ancoragem, fez todos os esforços no sentido de ajudar os visitantes no que fosse preciso. Essa boa disposição de dom Fernando foi comprovada quando circulou na cidade o boato de que três navios de guerra da esquadra do vice-almirante Boscaven, que tinha feito vela em dezembro de 1747 com destino a Pondicherry, aproximavam-se da cidade. Constatou-se depois que eram três navios mercantes pertencentes à frota do Brasil. Esse incidente, no entanto, em nada tendo alterado as disposições favoráveis do capitão geral, malgrado a influência dos ingleses sobre os portugueses, veio reforçar a confiança de M. Bellisle, que deixou a cidade com as melhores impressões do governante português.

Nenhum acontecimento desagradável perturbou a estada do *L'Arc-en-Ciel* nesta colônia estrangeira, colônia que, vale recordar, poucos anos antes fora invadida por Duguay-Trouin e ainda se ressentia dos efeitos dessa sangrenta e bem-sucedida invasão.

A harmonia entre os superiores e a conduta pacífica dos subalternos são detalhes de não menos importância dessa feliz ancoragem. Isso graças, sobretudo, ao caráter afável do oficial comandante, que soube promover a conciliação e inspirar em todos sentimentos de amizade.

As despesas da arribada não foram pagas com o dinheiro do rei de Portugal. Foi necessário recorrer a um particular que, a juros de 10% e mediante a garantia de uma letra de câmbio a ser sacada junto ao cônsul em Lisboa, M. du Verne, bancou todos os gastos da embarcação francesa. Esse homem queria que o sacado fosse o embaixador da França e só com muito custo conseguimos demovê-lo dessa pretensão.

O *L'Arc-en-Ciel* zarpou do porto do Rio de Janeiro no dia 10 de maio, contudo, apanhado por uma calmaria, ficou detido, até o dia seguinte, do lado de fora da baía. No dia 11, aproveitando um vento de nordeste, ele fez vela em direção ao cabo da Boa Esperança.

ESPECIFICAÇÃO DA MOEDA DO PAÍS

Espécies	**Valor em Libras**	**Valor em Réis**
Dobrão	80	12.000
Meio Dobrão	40	6.400
Quarto de Dobrão	20	3.200
Dupla Pataca	4	640
Pataca	2	320
Meia Pataca	1	160
Quarto de Pataca	10 soldos	80
Vintém	2 s. 6 dinheiros	20
Meio Vintém	1 s. 3 d.	10

Obs.: O *réis* é moeda de cálculo que corresponde a um dinheiro e meio do país; não há, contudo, nenhuma moeda abaixo de meio vintém.

Os portugueses valorizam pouco o ouro e a prata estrangeiros. As moedas cunhadas na França sofrem aqui uma depreciação de um sexto e as piastras mexicanas e espanholas, de um sétimo.

NOTAS SOBRE OS VÍVERES

O gado grosso é bastante comum no Rio de Janeiro, já que os padres jesuítas se encarregam de cuidar da sua conservação e reprodução. Para formar os seus rebanhos, esses religiosos fazem capturar nos bosques os vitelos e as novilhas selvagens, depois mandam abater uma parcela dos primeiros e confinar o restante, juntamente com as novilhas, nos muitos currais que têm espalhados ao longo da costa do Brasil. Esse processo permite-lhes fornecer carne para todo o país.

A carne produzida, no entanto, por não ser vendida fresca, é bastante cara. Um boi inteiro custa cerca de 25 escudos portugueses e o pedaço, quatro soldos a libra. Quanto à qualidade da carne, apesar de os animais serem criados em regiões onde abundam os pastos e as bananeiras – árvores cujas folhas e caule são muito apreciados pelos bovinos –, ela é bastante inferior àquela que se vende na Bretanha.

A carne de carneiro é de péssima qualidade, pois os animais não são castrados. Esse descuido torna a carne seca e com um sabor tão insípido que mal se consegue distingui-la da carne de ovelha. Daí elas serem vendidas juntas e pelo mesmo preço.

Os porcos abundam no país e são vendidos a um preço igual ou inferior aos praticados na Bretanha. A carne desses animais, contudo, apresenta um inconveniente: como os habitantes têm o hábito de alimentarem os seus porcos com peixe, a carne tem um gosto demasiado forte de pescado.

As galinhas são grandes, bonitas e de qualidade; seu preço, contudo, é bastante elevado. Em geral, são vendidas a três libras francesas. Os patos e os canários também têm boa aparência, mas as suas carnes não são muito saborosas. Os primeiros são vendidos a seis libras a unidade; o últimos, a três.

O país produz uma grande quantidade de frutas: laranjas, limões de diferentes espécies, figos, bananas, abacaxis, batatas-doces, melancias, pistaches etc. Há também muitas hortaliças e legumes variados (couves, jerimuns, ervilhas, abóboras etc.).

O peixe é tão abundante que todo o mundo tem por hábito secá-lo e estocá-lo, seja para consumo dos familiares, seja para alimentação dos escravos. Apesar dessa prática, sobra ainda uma grande quantidade de pescado para ser usado como alimento para os porcos.

O clima local é agradável e são. O calor excessivo, que poderia ter conseqüências funestas, é amenizado por duas brisas: uma que sopra pela manhã, de noroeste, e outra que sopra à tarde, de sudeste.

EDIÇÃO UTILIZADA

A tradução foi feita a partir do original que se encontra na Biblioteca da Ajuda, em Lisboa. Não se sabe como tal documento foi parar nessa biblioteca. Os comentários pouco elogiosos que o autor tece sobre os *portugueses da América* – boa parte dos quais omitidos na versão publicada pelo pesquisador Manuel da Silveira Soares Cardoso – certamente não eram para cair em mãos lusitanas.

ANÔNIMO. *Relâche du vaisseau* L'Arc-en-ciel *à Rio de Janeiro,* 1748. Lisboa: manuscrito da Biblioteca da Ajuda, 54 – XIII – 4, n° 19.

BIBLIOGRAFIA

CARDOSO, Manuel da Silveira Soares. "A french document on Rio de Janeiro. Introductory note Manoel S. Cardoso. From the original in Ajuda Palace Library". In: *Hispanic American Historical Review,* n° 3, vol. XXI, August, 1941.

TAUNAY, Afonso de Escragnolle, *No Rio de Janeiro dos vice-reis.* São Paulo: Anais do Museu Paulista, tomo XI, 1943.

René Courte de La Blanchardière

As poucas informações que conseguimos obter sobre a aventura náutica do abade Courte de La Blanchardière provêm do seu diário de viagem, intitulado Nouveau voyage fait au Pérou. *Informa-nos essa narrativa que, em 1745, a convite do oficial da Marinha francesa M. Lehen, o abade aceitou embarcar no navio mercante* Le Condé *para uma viagem com destino ao Peru. O navio, que contava com 50 canhões e uma tripulação de 250 homens, partiu de Saint-Malo, em novembro de 1745, dirigindo-se para Cádis. Nesse porto, ficaria ancorado 13 meses, à espera de uma oportunidade para furar o bloqueio naval britânico. Finalmente, a 25 de dezembro de 1746, a embarcação fez vela em direção à ilha de Santa Catarina, alcançada em apenas 50 dias de viagem.*

O Condé *chegou a Lima em julho de 1747, encontrando a cidade completamente arrasada por um terremoto. Treze meses depois, rumou para Conceptión e daí para o Rio de Janeiro. Em 20 de dezembro de 1748, a embarcação entrou na baía de Guanabara, permanecendo aí ancorada parcos 15 dias (6 de janeiro de 1749). Vejamos o que apurou o abade Courte de La Blanchardière durante essa curta estadia na cidade.*

Na sexta-feira, dia 20 de dezembro, às seis horas da manhã, visualizamos quatro navios que, como nós, procuravam entrar na baía do Rio de Janeiro; pareciam ser embarcações de grande porte. Às quatro horas da tarde, estávamos na entrada da baía, situada a 23° de latitude sul e 34°41" de longitude, entre um rochedo em forma de pão de açúcar, à esquerda, facilmente reconhecível pelo seu formato pontiagudo e elevado, e um outro, à direita, menos elevado e de cume mais arredondado; antes de entrar, passamos por várias ilhotas. A cerca de uma légua da barra, do lado direito da entrada, avistamos o forte de Santa Cruz, que estava com sua bandeira hasteada. Em frente a esse primeiro forte, havia um outro, de nome São João, onde estavam instaladas três baterias. Entre os dois fortes, existe um rochedo chato no qual os portugueses construíram, depois de Duguay-Trouin, um terceiro forte, chamado da Laje, com duas baterias: uma vigiando a entrada e a outra, o interior da baía.

Quando estávamos ao alcance dos canhões do forte de Santa Cruz, navegando em direção ao rochedo com a forma de pão de açúcar para não sermos arrastados pela maré, foram disparados três tiros; isso porque não tínhamos enviado o nosso escaler com um oficial a fim de comunicar as razões da nossa arribada. Enquanto um oficial se dirigia ao forte, tratamos imediatamente de recolher as velas e pusemo-nos à capa. Após algum tempo, vimos o escaler encaminhar-se para a cidade; pensamos, então, que poderíamos prosseguir em direção ao ancoradouro; mas mal tínhamos começado a avançar, o forte disparou um quarto tiro de canhão. O comandante da fortaleza mais não fazia do que cumprir o seu dever, pois é habitual nas colônias não permitir que nenhum navio estrangeiro entre no porto sem enviar um oficial na frente para avisar o comandante sobre a arribada. Além do mais, desde o glorioso ataque do senhor Duguay-Trouin, nossa bandeira devia parecer suspeita para os da terra. Para evitar que os soldados do forte desperdiçassem suas balas e prevenir algum acidente desagradável, o capitão resolveu ancorar até o dia seguinte. Estávamos a nove braças de fundo, o vento e a maré punham o navio de lado e, se não tivéssemos colocado um homem ao leme, como se estivéssemos velejando, e outro vigiando o cabo, a fim de que a proa ficasse sempre contra a maré, teríamos balançado terrivelmente. Tratamos, também, de instalar um sinal luminoso no topo do mastro de mezena para indicar nossa posição ao oficial que estava em terra. Às 10 horas da noite, ele voltou, acompanhado de um oficial português e de cinco soldados. Após obter a permissão do general da cidade para entrar na baía, reaparelhamos e, no dia seguinte (sábado, 21 de dezembro), às seis e meia da manhã, aproveitando uma brisa favorável, velejamos em direção ao porto. Os fortes hastearam as suas bandeiras e nós as nossas. Ultrapassadas as fortalezas, avistamos aproximadamente 70 navios fundeados no porto, entre os quais havia três navios de guerra. Com nove tiros de canhão salvamos a nau capitânia, de 60 peças, mas essa saudação não foi retribuída. Logo que nos aproximamos, no entanto, disseram-nos que as nossas salvas não tinham sido correspondidas, porque naquele momento desembarcava-se pólvora. Como não compreendemos bem o que dizia o porta-voz, pensamos que não deveríamos continuar com os tiros e acabamos por não salvar a cidade, o que, como explicarei mais adiante, desgostou o general. Fomos fundear um pouco além da capitânia, a um cabo e meio da ilha das Cobras. Essa ilha é cercada por uma boa muralha, com alguns canhões, e pela montanha dos beneditinos, chamada Misericórdia, onde há uma bateria de 18 canhões. Estando no meio da passagem entre esses dois fortes, no mesmo local onde os portugueses puseram a pique dois dos seus navios e fizeram explodir os outros depois de Duguay-Trouin os ter forçado a abandonar a ilha das Cobras, ancoramos com seis braças em fundo de vasa preta. No dia seguinte, alguns oficiais vieram a bordo para saber o porquê da nossa arribada. Após serem informados da nossa necessidade de água e de víveres, eles permitiram que desembarcássemos. Todos foram visitar a cidade e eu não fui dos últimos.

A cidade pareceu-me mais ou menos do tamanho de Breste, porém, melhor construída. As ruas são estreitas, exceto a que vai da montanha dos beneditinos até a praça, que é larga o suficiente para dar passagem a três carruagens. As casas são de dois andares e cobertas de telhas. Em frente a cada porta e janela existem gelosias como em Cádis. A praça, situada no porto, é grande, mas não pavimentada. O palácio do general fica a sul: é um edifício de dois andares, com a fachada bastante regular. Na ala direita, fica a Casa da Moeda; defronte, a noroeste, há um bloco de casas, diante do qual foi construído um reservatório e um aqueduto para levar água à beira-mar. Essa obra trouxe alguma comodidade para as embarcações ancoradas no porto, pois, antes, as tripulações eram obrigadas a ir buscar água de má qualidade a uma légua e meia de distância, num pequeno rio chamado Comprido. A oeste do referido palácio, em frente ao cais, no fundo da praça, há um edifício bastante regular, que funciona como convento dos carmelitas.

A oeste da cidade, situado sobre uma montanha de nome Conceição, está o bispado. Essa montanha é defendida por uma cerca viva com canhões de espaço a espaço. O edifício é mais vistoso por fora, já que por dentro é muito simples e bastante sujo. O bispo tem cerca de 5 mil piastras de renda. O atual ocupante desse cargo pertence à ordem dos beneditinos. A catedral fica distante do bispado: é chamada Capela do Rosário. O rei de Portugal ordenara a construção de um edifício grande e amplo, do lado do convento dos jesuítas, para abrigar a nova sé, mas até o momento só as fundações estão prontas. O cabido é composto por um deão, um chantre, 16 cônegos e um coro para música. Todas as igrejas são, nos seus interiores, douradas e cheias de enfeites, como as da Espanha. Os jesuítas estão instalados num monte a sul da cidade, ao lado de um forte com 14 canhões denominado São Sebastião. Para se chegar até lá é necessário subir uma ladeira cortada na pedra, bastante suave e espaçosa, igual àquela dos beneditinos, que se acha no lado oposto da cidade. A biblioteca dos jesuítas é pequena e desprovida de bons livros. A localização do edifício, porém, é privilegiada. Dali, vê-se o oceano, os navios que entram na baía e o porto.

O general tem uma guarda bastante numerosa e cuida para que esteja sempre bem disciplinada, submetendo-a a exercícios duas vezes por semana, num belo campo situado a sul, já fora dos limites da cidade. Os soldados portam um uniforme branco, decorado com canhões vermelhos. O rei fornece uma farda nova de dois em dois anos, um salário de um real por dia e pão de munição. Os oficiais têm o mesmo uniforme com véstia vermelha guarnecida com um galão de ouro da grossura de quatro dedos. Há cerca de 1.800 homens de tropa na cidade.

As pessoas de posses vestem-se bem e à moda francesa. As mulheres só são vistas nas igrejas e usam, como em Cádis, um véu de tafetá preto que é atado na cintura e recai sobre a cabeça, deixando descoberto somente um olho – o que lhes permite ver sem serem vistas. Segundo dizem, em casa, essas damas vestem-se ricamente. Os bem-nascidos fazem-se transportar numa espécie de cadeira, asseada e muito dourada, que, em lugar de dois varais, como é costume na Europa, possui somente um, amparado nos ombros de dois negros. Se o elemento transportado é um homem, ele se faz acompanhar por um ou dois criados negros, vestidos de libré, porém descalços; se é uma mulher, as acompanhantes são, em geral, quatro ou cinco negras bem-vestidas e enfeitadas com vários colares e brincos de ouro. Os menos abastados fazem-se carregar em redes, o que os obriga a irem sempre deitados. Essas redes são também suspensas por um varal de bambu e carregadas ao ombro por dois negros. Costuma-se recobri-las com uma coberta colorida bastante vistosa, que cai dos dois lados para proteger do ardor do sol, muito intenso nessas plagas. Aqueles que vão a pé têm sempre um negro ao lado carregando um guarda-sol (ou guarda-chuva) com quatro pés e meio de diâmetro, normalmente de cor verde. O general tinha uma carruagem puxada por quatro cavalos brancos. Há na cidade algumas caleças decentes. O povo usa comumente capas à espanhola.

Quando caminhamos pela rua, vemos porções de negros e negras, sentados à porta da casa de seus donos, completamente nus, pacientemente à espera de que algum transeunte os compre e os mude de cativeiro. Eles são trazidos da Guiné pelos portugueses e vendidos para trabalharem nas minas. Às vezes, são comprados pelos espanhóis de Buenos Aires e levados para o Peru; esse comércio, porém, é de contrabando. Nosso calafate mestre, de nacionalidade espanhola, comprou um, de 13 ou 14 anos, por 150 piastras. Esse pobre infeliz, enquanto estávamos no porto, chorava continuamente e não queria alimentar-se, pois, como confessou mais tarde ao seu dono, temia que quiséssemos engordá-lo para depois comê-lo. Nas ruas, vimos muita gente, mas é preciso considerar que boa parte pertencia à frota que se encontrava ancorada no porto.

A rabeca se faz ouvir em quase todas as casas, pois os habitantes locais procuram ensinar esse instrumento aos seus negros. Há muitos violões e ouvem-se também muitas charamelas, que produzem acordes bem agradáveis. Uma tarde, gozei desse prazer, quando o general, voltando pelo mar de uma casa de campo, situada no fundo da baía, passou ao longo do nosso bordo com dois negros na proa do escaler, tocando esse instrumento com muito bom gosto.

A caça ao redor da cidade é rara. Nas florestas que recobrem as montanhas, vêem-se porcos-do-mato, macacos de todos os tamanhos e muitos papagaios. As perdizes, codornas, narcejas, faisões, lebres, coelhos e todas as aves marítimas comestíveis são desconhecidas. Eu cheguei a comprar um sagüi – uma espécie de macaco pequenino como um rato –, um periquito e dois papagaios; mas o sagüi morreu no mar de escorbuto. No Rio, preveniram-me de que esses pequenos animais não podiam ser transportados para a Europa. Adquiri ainda vários topázios brutos e bálsamo, porque essas mercadorias eram aí abundantes.

Os cavalos, as vacas e os carneiros não são muito comuns e, uns e outros, são pequenos. Dizem que os cavalos são bastante rápidos. Os bois e carneiros, devido à falta de pastos, são insossos. Os perus, galinhas, patos e outras espécies de aves existem em pequena quantidade. As farinhas, vinhos, linhos e tecidos, tudo isso vem da Europa. O açúcar é fabricado no país e é mais branco do que aquele produzido no Peru. As frutas são abundantes: há bananas, goiabas, abacaxis, cocos, uvas, cajus, laranjas, limões e muitas outras.

Após termos abastecido as embarcações com água, lenha, bois, aves, frutas e legumes, às três horas da madrugada, da noite de quarta para quinta-feira, o capitão mandou levantar ferro. Às quatro horas da manhã, aparelhamos com maré vazante. Depois de ter montado a ilha das Cobras, M. de Lehen mandou dar 12 tiros de canhão, não sei se para salvar a cidade ou a nau capitânia; aparentemente era para salvar a Capitânia, pois não é habitual salvar a terra sob velas. A seguir vimos o escaler do comandante atracar ao nosso bordo, trazendo o capitão que vinha pagar uma visita aos nossos. Logo que partiu, nós o saudamos com 11 *vivas ao rei* e outros tantos tiros de canhão, aos quais os seus remadores responderam com oito *vivas ao rei.* Seu navio não salvou, pois havíamos perdido contato com ele. Nossa chalupa e escaler rebocaram-nos até a distância de um tiro e meio de canhão aquém dos fortes de Santa Cruz e São João, entre os quais ancoramos devido à calmaria e à maré que nos impelia na direção do forte da Laje.

Às 2h30min da tarde, vendo que a maré começava a baixar, aparelhamos, embora os ventos fossem contrários. Principiávamos a correr a segunda bordada, quando vimos dois barcos, transportando um oficial e uma leva de granadeiros armados, que vieram a bordo. Eram em número de 20, que, somados aos cinco que nos faziam companhia desde a nossa chegada, pareciam formar uma nau de guerra. O oficial do barco obrigou-nos a voltar, após dar ordens ao que comandava os cinco granadeiros para partir; soubemos posteriormente que ele tinha sido conduzido à prisão. Em seguida, perguntou ao capitão por que partira sem a licença do general; ele respondeu que o oficial português que estava de guarda havia solicitado tal ordem, comunicando-a verbalmente. O oficial, porém, com aspecto zangado, disse a M. de Lehen que voltasse ao primeiro poço até nova ordem. Obedecemos imediatamente e fomos, irritados, ancorar mais ou menos no mesmo lugar de onde saíramos.

Julgamos que o capitão confiou em demasia no oficial que, a mando do general, se instalara no navio desde a nossa entrada no porto. Primeiramente, quando, sob o conselho deste oficial, deixamos de salvar a cidade, depois, quando abandonamos o porto apenas com uma autorização verbal desse simples sargento. Pode-se dizer, também, que o general mostrou-se excessivamente melindroso. M. de Lehen foi procurá-lo inúmeras vezes para pedir-lhe autorização para partir; ele, no entanto, nunca se mostrou disponível para receber o nosso capitão. Sua Excelência, se quisesse, teria nos poupado muitas fadigas e trabalhos; podia, por exemplo, ter mandado os seus soldados a bordo enquanto estávamos nos preparando para partir, evitando com isso que navegássemos até tão longe para só então nos fazer voltar. No dia seguinte ao incidente, nosso escaler, levando o comissário de bordo, foi à cidade em busca de provisões, mas a tripulação foi impedida de desembarcar; interdição que, posteriormente, nos foi notificada a bordo. Além disso, tanto o navio quanto as malas da tripulação foram alvo de uma minuciosa busca.

Nesse meio-tempo, o senhor de Lehen embarcou no bote e foi perguntar ao general, que dessa vez o recebeu, por que ele nos retinha na cidade. Não tive conhecimento da resposta, porém, no dia seguinte, 20 granadeiros receberam ordem de retornar à terra e só cinco permaneceram a bordo. O capitão voltou a falar com o general no período da noite, obtendo licença para ancorar, no dia seguinte, além da ilha das Cobras, em frente à cidade. Fomos assim, no domingo pela manhã, lançar ferro num lugar que chamam Poço, um ancoradouro destinado aos navios que querem partir; desta vez não salvamos a cidade. Às oito horas da manhã, largamos ferro, com fundo de nove braças, na esperança de aparelhar no dia seguinte pela manhã.

Na tarde do mesmo dia, às cinco horas, entrou no porto um navio de três mastros, ostentando um pavilhão branco com um sol de ouro no centro e com o nome de Jesus pintado. Um oficial português informou-nos de que essa embarcação pertencia à Companhia de Jesus, que provavelmente vinha de Santos, porto brasileiro situado entre Santa Catarina e Rio de Janeiro, e que estava carregada de marmeladas e outros doces para serem convertidos por esses bons padres em ouro e prata. Esse navio foi ancorar próximo ao convento dos jesuítas, ao lado de outra embarcação de três mastros que também lhes pertencia, embarcação que salvou os recém-chegados com três tiros de mosquete. Surpreendeu-me saber, pelo mesmo oficial, que esses dois navios estavam isentos de todos os impostos, direitos de entrada e de visita e, com todo o respeito pelo símbolo augusto que traziam, ostentavam uma bandeira diferente da do rei de Portugal ou de qualquer outra nação. Pouco depois de esse navio ter ancorado, vimos chegar ao nosso bordo o escaler do comandante, segundo capitão que vinha a bordo desejar boa viagem a M. de Lehen. Esse capitão não quis que o salvássemos nem com vivas nem com canhões.

Na segunda-feira, dia 6 de janeiro, às 4h30min da manhã, levantamos âncora. Às 5h30min, aproveitando um vento fresco de noroeste e uma maré vazante bastante rápida, aparelhamos. Por volta de 6h30min, achávamo-nos entre os fortes de Santa Cruz e São João. O oficial português que se encontrava a bordo despediu-se do capitão e embarcou com os cinco granadeiros num escaler que mandara vir da cidade. Apesar de aparentar ser um homem muito correto e um bravo oficial, foi com alegria que nos vimos livres dele. Pode-se dizer que não foi esse militar a causa do nosso atraso, pois ele apenas cumprira ordens. Por fim, embarcamos a chalupa e o escaler e alestamos para continuar nossa rota para a Europa, agora mais tranqüilos que antes.

EDIÇÃO UTILIZADA

Utilizamos a primeira e única edição da obra em língua francesa. Borba Morais, na sua *Bibliografia brasiliana,* menciona a existência de uma tradução inglesa, publicada em Londres, no ano de 1773, por R. Griffiths.

LA BLANCHARDIÈRE, Abbé René Courte de. *Nouveau voyage fait au Pérou.* Paris: De l'Imprimerie de Delaguette, 1751, p. 175-202.

BIBLIOGRAFIA

FERREZ, Gilberto. "O Rio de Janeiro, no tempo de Bobadela, visto por um padre francês". In: *Revista do Instituto Histórico Geográfico Brasileiro,* vol. 264, 1964, p. 155-167.

Nicolas Louis de La Caille

O astrônomo francês Nicolas Louis de La Caille nasceu em Rumighy, perto de Reims, em 15 de março de 1713, e morreu em Paris, no ano de 1762. Quando jovem, estudou retórica na capital francesa – no colégio Mantes-sur-Seine –, filosofia em Lisieux e teologia em Navarre, estes últimos estudos sob o patrocínio do duque de Bourbon. Embora tenha ficado conhecido como abade, La Caille nunca chegou a tomar o hábito, tendo recebido somente as ordens menores. Sua atividade como astrônomo começou em 1737, intensificando-se nos dois anos seguintes, quando participou de importantes experiências geodésicas desenvolvidas pelo Observatório Real de Paris. Em 1741, é aceito na Real Academia de Ciências e passa a dedicar-se sistematicamente às pesquisas astronômicas.

Foi na qualidade de astrônomo e de membro dessa importante instituição que La Caille empreendeu, em 1750, uma viagem de observação ao cabo da Boa Esperança. Essa profícua viagem – entre outras coisas, o astrônomo catalogou mais de 10 mil estrelas do hemisfério sul – foi cercada de preparativos e contou com o apoio de estudiosos de diferentes partes da Europa.

La Caille partiu de Lorient, a bordo do Le Glorieux, *em outubro de 1750. O navio, comandado por M. Daprès de Mannevillette, demorou três semanas para chegar à ilha de Santiago (Cabo Verde) e daí rumou para o Brasil. Em 25 de janeiro de 1751, o* Glorieux *lançou âncora no porto do Rio de Janeiro. La Caille teve, então, um mês (25 de fevereiro) para fazer umas tantas observações de latitude (contestadas mais tarde) e para traçar umas breves notas sobre os habitantes da América portuguesa.*

No dia 25, às quatro horas da tarde, entramos na baía e ancoramos nas proximidades da ilha das Cobras. Mas só nos foi possível pôr o pé em terra após cumprirmos uma série de formalidades. Os portugueses são extremamente cuidadosos quando se trata de impedir os estrangeiros de manter todo e qualquer comércio com o Brasil. Assim, desde o momento em que entramos na baía, um capitão, um sargento e oito soldados da guarnição instalaram-se em nosso navio e só o deixaram quando partimos. Além disso, três esquadras, formadas por algumas canoas, cercaram a nossa embarcação e vigiaram-nos dia e noite.

No dia 26, os oficiais de Justiça vieram, da parte do governador, interrogar-nos sobre as razões da nossa presença e declararam que o navio seria confiscado caso tais razões não fossem válidas. Dissemos que ali estávamos para reparar um pequeno barco de nossa frota que não pudera entrar conosco na baía. No dia seguinte, o senhor Loidor, uma espécie de fiscal ou procurador do rei na cidade, veio examinar as nossas razões. Ele estava acompanhado de um médico encarregado de visitar os doentes.

Enfim, no dia 28, o general permitiu que os oficiais e passageiros descessem em terra; porém, ninguém pôde levar nenhum pertence do navio sem antes especificar por escrito porque tinha necessidade daquele objeto. Além disso, os habitantes locais foram, rigorosamente, impedidos de se aproximarem da nossa embarcação. Felizmente para nós, o senhor Godin encontrava-se no Rio de Janeiro e nos foi de grande valia nas relações com o governador. Esse senhor, que nos visitava regularmente e ficava conosco quase todo o dia, obteve todas as permissões e bilhetes que nos foram necessários.

No dia 1º de fevereiro de 1751, transportamos os nossos pertences para a terra e instalamo-nos na rua do Rosário, rua que vai da antiga catedral, atualmente a Igreja dos Negros, até o mar. Ficamos alojados mais ou menos no centro dessa rua.

DESCRIÇÃO DO RIO DE JANEIRO

O Rio de Janeiro é, atualmente, uma cidade de tamanho considerável. O número de habitantes, incluindo os negros, ronda os 50 mil. As ruas são bem bonitas, quase todas com um traçado em linha reta. As casas, feitas com pedras talhadas e tijolos, são bem construídas. Elas são comumente de dois andares, algumas de três, são todas cobertas com telhas e contam com gelosias nas portas e janelas.

As igrejas locais são bonitas, ainda que compridas e pouco elevadas. Quase todos os interiores são esculpidos com frisos banhados em ouro, mas esses frisos são tantos que quase não se percebe nenhum desenho. A maior parte desses templos, iluminados por uma única e grande janela instalada acima da porta, tem um aspecto soturno. As paredes laterais são guarnecidas por altares fechados na frente por um simples balaustrado. As principais igrejas são a catedral, que ainda não está acabada, a igreja dos jesuítas, a dos carmelitas, a dos beneditinos, a de Santo Antônio e a da *Paróquia*.

Em quase todas as esquinas, pode-se encontrar um pequeno nicho onde está colocada uma imagem da Santa Virgem, imagem que permanece iluminada por uma lanterna durante toda a noite. Esses nichos são dourados, fechados por um vidro e uma bela cortina, cobertos por uma renda de muito bom gosto e envolvidos por um pequeno ex-voto. Todos os finais de tarde, o povo se reúne em torno deles para cantar o rosário.

Adorna a cidade um belo lugar em frente ao porto, no meio do qual construiu-se uma formosa fonte. Tal fonte é alimentada pela água fornecida por um aqueduto sustentado sobre arcos que podem ser vistos de longe.

O porto e a cidade são defendidos por sete fortalezas, a saber: a de Santa Cruz e a de São João, na entrada da baía; a de Villegaignon e a de São Domingos, no meio dessa; a da ilha das Cobras, que cobre o centro do porto e o centro da cidade; e, finalmente, a dos beneditinos e a de São Tiago, situadas nas extremidades da cidade e do porto.

A baía é bastante extensa, de excelente profundidade e rodeada por altas montanhas cobertas de bosques. Nas muitas ilhas contidas no interior dessa baía e nos vales das montanhas que a circundam, há um grande número de habitações.

O terreno, apesar de arenoso, é extremamente fértil em razão das chuvas quase diárias e do calor. As laranjeiras e os limoeiros são muito comuns e seus frutos podem ser comprados a preços irrisórios. Há também muitas bananeiras, goiabeiras, cajueiros, mangueiras, coqueiros etc. A alimentação da maior parte dos habitantes é composta de farinha de mandioca e de pescados.

Os brancos vestem-se com tecidos pesados. A gente comum usa um casaco e um amplo manto com o qual cobrem todo o corpo e até mesmo o rosto; alguns trazem também um chapéu do mesmo material para cobrir a cabeça, de modo que, freqüentemente, não é possível reconhecer a pessoa que passa, a não ser pela sua maneira de caminhar ou pela cor e pelo tipo da sua manta. Os oficiais de Justiça se distinguem por um bastão ou por uma bengala que os principais carregam no braço direito, acima do cotovelo; enquanto os oficiais subalternos carregam o mesmo adereço preso no bolso esquerdo da vestimenta. Os oficiais militares que estão de luto têm por hábito trazer um lenço de crepe preto atado no braço esquerdo. Os doutores em teologia, direito e medicina usam, geralmente, óculos sobre o nariz para se fazerem respeitar pelos passantes.

Os escravos são, na sua maioria, muito sujos. Os homens andam quase nus, vestidos somente com um calção ou, quando às voltas com as suas lidas diárias, com um simples pano. Alguns têm, contudo, uma camisa e um casaco. Os negros libertos portam as mesmas vestes e o mesmo manto dos brancos.

As mulheres vestem saia e um tipo de camisa, parecida com as nossas camisas de homem, cuja parte da frente é aberta e ligada por um colete. Elas não ousam aparecer na rua durante o dia. Só é possível vê-las aos domingos e dias de festa, quando, a partir das quatro horas da manhã, encaminham-se para a missa. Algumas poucas têm a liberdade de sair no final da tarde para cantar o rosário. Quando saem de casa, elas trazem sempre uma grande capa de lã de aproximadamente duas varas de altura por uma de largura. Essa capa é ajustada de tal modo que a diagonal fica no meio das costas; uma das pontas é utilizada como um capuz semelhante àquele dos carmelitas e agostinianos; a ponta oposta serve para esconder o rosto; as duas outras cobrem os ombros e os braços, cruzando-se sobre a cintura. Essa vestimenta é muito desconfortável e, a todo momento, precisa ser ajustada tanto sobre o rosto como sobre os braços. Há, contudo, algumas mulheres que envolvem o rosto com uma peça de seda fina ou com um lenço das Índias. As negras usam, na rua ou no campo, um chapéu preto para se protegerem do sol.

Um marido jamais caminha ao lado de sua esposa na rua. Ele segue alguns passos à frente, sempre com a sua espada à mostra sob o manto. A esposa faz-se acompanhar algumas vezes dos parentes ou dos amigos e, impreterivelmente, de muitas negras e mestiças que a seguem em fila indiana; essas escravas usam vestidos e trazem os cabelos cobertos por um lenço ou por uma peça de musselina. Mesmo quando carregadas em cadeiras ou redes, as mulheres não dispensam tal cortejo. A esposa de um talhador de pedras que tínhamos a bordo, tendo ido à terra para conhecer a cidade, foi perseguida e verbalmente agredida por negros e negras.

Quase não há vida social nesta urbe, o que não impede que o desregramento de costumes encontre aí campo fértil. Desregramento de que não escapam nem os membros do clero regular nem do secular – admitidos pelas ordens sem nenhum critério. Há um tipo de penitente laico que sai durante a noite pelas ruas carregando uma pesada cruz e arrastando uma grossa corrente muito barulhenta. A conduta desses penitentes é tão escandalosa durante o dia quanto edificante durante a noite. Meu sono foi freqüentemente interrompido pelo barulho das suas correntes e pelos seus gritos implorando misericórdia.

O assassinato, nesta cidade, é muito comum e quase sempre permanece impune. Disseram-nos que tal estado de coisas deveria mudar em breve, pois o rei de Portugal estava em vias de criar no Rio de Janeiro um tribunal dotado de poderes para condenar à morte. Até então, os processos eram julgados na baía de Todos os Santos e estavam sujeitos à apelação por parte do condenado. A frota que trazia os membros desse tal tribunal estava entrando no porto no momento da nossa partida.

O governador, que aqui se chama *general,* ofereceu um jantar ao senhor Daprès e a mim. O cardápio foi quase todo preenchido por pescados. Na ocasião, deram-nos uns guardanapos pequenos, amassados e sujos. E esse senhor gabava-se de ser muito rico e especialista na arte de bem viver. Numa outra ocasião, eu e quase todos os oficiais e passageiros do nosso navio jantamos na casa de um homem chamado Paul Vincent, um holandês de nascimento, estabelecido no Rio havia seis anos. Nesse jantar, que estava magnífico, ofereceram-nos guardanapos limpos. Pudemos, então, saborear uma grande variedade de peixes. No fim da refeição, o anfitrião gentilmente permitiu que sua esposa servisse o café. Ela estava vestida com um tafetá cor-de-rosa e trazia a cabeça descoberta e raspada. Foi uma ocasião extraordinária, pois as mulheres neste país jamais aparecem numa refeição quando o convidado é um amigo da casa, menos ainda quando os convidados são completos estranhos. Mas o senhor Vincent, que muito aprecia os franceses, passou por cima dos usos locais e sua mulher, instalada numa confortável rede, chegou mesmo a acompanhar-nos num passeio.

EDIÇÃO UTILIZADA

O relato de La Caille conheceu poucas edições. Em língua francesa foram duas: uma em 1763 e outra em 1776. Em 1771, a obra foi traduzida para o alemão e, em 1972, para o inglês. Recentemente (1992) o *Journal* teve uma nova edição em inglês, incluída no livro que David S. Evans dedicou ao astrônomo. Utilizamos a primeira edição em língua francesa.

LA CAILLE, M. Abbé de. *Journal historique du voyage au Cap de Bonne Espérance.* Paris: Chez Guillyn, Libraire, 1763, p. 119-134.

BIBLIOGRAFIA

DE FOUCHY, G. "Eloge de M. L'Abbé de la Caille". In: *Histoire de L'Académie R. de Sciences de France,* 1764, p. 197.

EDMUNDO, Luís. *Recordações do Rio antigo.* Rio de Janeiro: Conquista, 1956.

EVANS, David Stanley. *La Caille: Astronomer, Traveller.* Tuscon: Pachard Publishing House, 1992.

FAZENDA, José Vieira Fazenda. *Antiqualhas e memórias do Rio de Janeiro.* Rio de Janeiro: separata da *Revista do Instituto Histórico Geográfico Brasileiro,* tomo 86, vol. 140, 1921, p. 192-198.

M. De La Flotte

O Império Francês na Índia, iniciado com a conquista de Pondicherry em 1676 e ampliado durante a administração de Dupleix (1730-1740), sofreu fortes reveses a partir de 1754. A situação atingiu o seu clímax em 1757, quando, depois de seguidas vitórias obtidas pelo oficial britânico lorde Clive, a soberania francesa na região ficou por um fio. Luís V resolveu, então, enviar à costa de Coromandel uma portentosa esquadra com o objetivo de socorrer os seus súditos encurralados em Pondicherry.

Formada por cerca de oito embarcações, sob o comando do conde d'Aché, essa frota zarpou da ilha de Grouais em maio de 1757. No navio Saint Luc, *navio fretado pelo monarca francês para transportar tropas destinadas à Índia, viajava M. De La Flotte, sobre quem não conseguimos obter nenhuma informação. O seu diário indica tratar-se de uma pessoa medianamente instruída, que, durante a permanência na costa de Coromandel, teve o cuidado de aprender a língua e informar-se sobre a religião e os costumes dos nativos. Flotte desembarcou na cidade do Rio de Janeiro em 16 de agosto de 1757, aí permanecendo por dois meses.*

Essa inesperada arribada da frota do conde d'Aché, de acordo com uma carta enviada pelo desembargador Agostinho Felix dos Santos Campelo a Tomé Corte Real, sobressaltou as autoridades e os habitantes locais. Temia-se uma repetição dos desagradáveis incidentes de 1711, quando o almirante Duguay-Trouin quase reduziu a cidade a cinzas. Outra missiva, assinada pelo comandante das Armas do Rio de Janeiro, Patrício Manuel de Figueiredo, informa que foram tomadas várias medidas (determinação do lugar de ancoragem, vigilância contínua, reforço e abastecimento das fortificações, armazenamento das reservas de ouro e prata da cidade etc.) no sentido de prevenir o pior e aplacar o medo da população, cujo comportamento beirava a histeria. Essa missiva informa ainda que a frota levava 36 companhias de infantaria e dragões, das quais faziam parte homens de alta estirpe: 26 cavaleiros de Malta, seis condes e dois marqueses.

Bastante feliz foi a nossa travessia até o Rio de Janeiro, principal cidade do Brasil, onde descansamos após dois meses e meio de navegação. O nome do Rio de Janeiro vem de um rio que, a duas léguas da sua embocadura, forma um magnífico golfo. Sobre a costa ocidental desse rio está situada a cidade. Um rochedo em forma de pão de açúcar indica aos navegadores a entrada do porto. Essa entrada é protegida por duas baterias que se cruzam, baterias que, se bem equipadas, são capazes de deter a mais poderosa esquadra. O porto é um dos mais belos e espaçosos que existem nos quatro cantos do mundo. Ele é capaz de conter muitos milhares de navios.

A aparência da cidade, construída em forma de anfiteatro, revela muita opulência. Ancoramos a cem toesas do lugar. Um céu puro e sereno, um ar sempre renovado e perfumado pelas laranjeiras, limoeiros e pelas plantas odoríficas que crescem naturalmente na região, uma vista que se perde no horizonte, tudo isso, acrescido do fato de que vínhamos de uma monótona e fatigante travessia marítima, fazia crer que a nossa permanência no local seria encantadora. Durante toda a minha vida, recordarei, com uma satisfação sempre renovada, o dia em que entramos no porto do Rio de

Janeiro. Esse foi, para mim, um dos dias mais belos e mais deliciosos da minha existência. Ao passar pela embocadura, o *Zodiac* disparou 21 tiros de canhão como saudação, os quais foram respondidos um a um.

Quando da nossa chegada, a frota estava incompleta e os navios restantes só alcançaram o porto alguns dias depois. Parece que os portugueses não vêem com bons olhos que muitos navios se aproximem da sua cidade. Daí terem proibido os retardatários de entrarem no porto. O *Vegeur*, uma embarcação de 64 peças de canhão, e outras embarcações da frota foram alvos de uma descarga das baterias e viram-se obrigados a retroceder e a fazer vela em direção à ilha Grande, distante 25 léguas do Rio de Janeiro.

Uma estadia de quase dois meses bastou-me para examinar os costumes e o caráter dos portugueses. Cedo percebi que essa terra fértil e rica, dotada de um clima delicioso, era habitada por uma nação indigna desses prodígios. Eu não quero confundir os colonos que se encontram no Rio de Janeiro com os seus compatriotas que, vivendo sob os olhos do príncipe, respeitam as leis. Na Europa, a vida civil e a vida política formam uma cadeia imensa e indissolúvel; para além de suas fronteiras, porém, essa cadeia perde a sua consistência em razão da distância, da mistura dos povos e da impunidade dos infratores. Dito isso, não deve causar espanto a afirmação de que a corrupção é quase generalizada entre os habitantes do Brasil. O orgulho, a superstição, o ciúme, a preguiça e o deboche são levados ao extremo por esses colonos. Para provar o que acabo de dizer, vou dar alguns exemplos. Todos os homens da nossa esquadra tiveram oportunidade de observar que não havia na cidade um único soldado que não se comportasse de uma forma extremamente orgulhosa e que não fosse dotado de uma auto-estima mil vezes superior à de um oficial ou mesmo à de um general francês. A maior parte desses homens, no entanto, andam malvestidos e muitos, na sombra, mendigam para satisfazer as suas necessidades mais elementares. Apesar dessa miséria extrema, eles tratam-se por *fidalgos,* título que, em Lisboa, é usado somente pelas pessoas de qualidade.

A tamanho orgulho, os portugueses adicionam ainda a preguiça mais extrema. Um habitante local, que vive em uma profissão vil e limitada, quando consegue ganhar algumas patacas (moeda de cobre do país), fecha o seu estabelecimento, põe o seu manto, pega a sua guitarra e vai atrás da *sua senhora,* só a deixando quando a necessidade se impõe e ele se vê obrigado a retornar ao trabalho. Outros há que preferem viver de esmolas ou roubar os estrangeiros a desenvolverem uma atividade útil. A impunidade trata de transformar esse vício num hábito.

Em geral, os habitantes do Rio de Janeiro são muito devotados a santo Antônio e não juram senão por ele. Poucas são as casas que não possuem um adornado nicho com uma imagem desse santo. Até mesmo as mulheres públicas o respeitam, não permitindo nenhum avanço por parte de seus amantes antes de os tais nichos estarem fechados. Não é necessário, dizem elas, que santo Antônio veja coisas que, embora naturais, possam ser mal interpretadas por ele.

Ainda a propósito da devoção dos portugueses, estou certo de que o leitor gostará de saber como os habitantes do Rio de Janeiro celebram as suas festas religiosas. Oito dias antes do acontecimento, pendura-se, na porta principal da igreja, uma bandeira com a estampa do santo a festejar. Quando chega o grande dia, todos se dirigem para o templo, mas nunca antes das sete horas da tarde. As mulheres de todas as classes vêm acompanhadas, na sua maioria, por seus diretores espirituais, os monges – essa é a única situação em que o ciúme dos maridos não se manifesta. A igreja é magnificamente iluminada e alguns músicos, instalados nas tribunas, executam umas tantas peças. O espetáculo só termina quando a noite já vai alta.

Esse tipo de festa é aguardado com muita ansiedade, pois constitui uma das raras oportunidades para as mulheres se vingarem do excessivo ciúme dos seus maridos e para escaparem ao estado opressivo em que vivem. Foi justamente durante uma dessas comemorações de oito dias que muitos dos nossos oficiais receberam convites galantes. Esqueci-me de dizer que, após as ladainhas, um monge sobe no púlpito e faz um discurso. Essa pregação, porém, é totalmente inútil, pois os fiéis de ambos os sexos estão mais interessados em marcar um encontro do que em ouvir o sermão.

Quis saber até que ponto os pregadores deste país elevavam a eloqüência do púlpito. Como não podia ouvi-los, consultei uma coletânea de sermões. Logo percebi que os declamadores locais precisavam urgentemente ler o *Ensaio sobre a eloqüência do púlpito,* do abade Gros de Besplas, obra muito bem acolhida pelo público literário. Para dar ao leitor uma idéia da *vivacidade* das composições que encontrei na tal coletânea, vou reproduzir um dos trechos que consegui reter:

> *Se uma bela flor, tanto mais agrada à vista dos olhos, quanto mais fresca; se uma fruta, tanto mais tirada de perto da árvore, é mais deliciosa e de mais estima. Que flor mais linda, que fruta mais preciosa, que uma menina será nos primeiros crepúsculos da infância e da puberdade?*

A melhor forma de terminar esta descrição da devoção portuguesa é dar a conhecer o quanto as práticas locais a degradam. Tive oportunidade de assistir a uma comédia burguesa, plena de obscenidades, onde muitos monges e amáveis penitentes apareciam de mãos dadas. Isso não chegou a causar-me espanto, já que estava de acordo com o comportamento geral da colônia. Contudo, quando, no meio de um dos atos, entraram duas menininhas vestidas de anjo e cantando as *Ladainhas de santa Ana,* confesso que fiquei surpreendido. Essa bizarria, sem dúvida, tem sua origem na idéia de que todo o mal pode ser remediado desde que se reze um rosário ou se cante uma ladainha.

Ninguém ignora até que ponto os povos meridionais são capazes de levar o seu ciúme. Posso assegurar que, no Brasil, essa paixão não conhece limites. No Rio de Janeiro, um estrangeiro corre grande perigo se olhar fixamente para uma mulher. As portuguesas só saem às ruas veladas; as mais ricas servem-se de uma cadeira completamente fechada, conduzida por dois negros. Os únicos lugares em que é possível vê-las descobertas são em suas casas e nas igrejas. Elas mal falam entre si e só mantêm contato com os seus parentes e com seus diretores espirituais. O principal divertimento de que desfrutam é a música. Quase todas tocam viola e cantam.

É extremamente difícil para um estrangeiro contatar abertamente com essas damas. O ciúme dos homens é um obstáculo quase invencível. Nós, porém, travamos conhecimento com algumas famílias recém-chegadas de Lisboa, no seio das quais, com alguma precaução e um aparente desprezo pelas mulheres, muitos oficiais da nossa esquadra conseguiram introduzir-se. Mas, apesar dos ferrolhos, das grades, das aias e da guarda severa dos maridos, não há no mundo cidade onde as mulheres sejam mais livres, o que conseguem servindo-se dos mesmos meios utilizados para impedi-las de o ser. Como todas se escondem atrás de um véu e se vestem de preto, é impossível, mesmo ao olhar mais penetrante, distingui-las umas das outras. Assim, uma mulher, sob pretexto de ir à igreja, pode tranqüilamente dirigir-se para um encontro amoroso sem ser reconhecida. Além disso, elas têm por hábito transformar em confidentes as velhas que as acompanham, velhas que, segundo o desejo dos maridos, deveriam atuar como guardiãs da honra de suas esposas.

As portuguesas do Brasil são, em geral, extremamente brancas e têm o corpo bem-feito; seus cabelos são de um belo castanho-escuro e os seus olhos, grandes e negros, deixando transparecer uma espécie de languidez que denuncia um pouco de crueldade. Suas maneiras são doces e afáveis, sobretudo em relação aos estrangeiros. Em matéria de amor, entretanto, é muito perigoso despertar o seu ciúme, pois elas são capazes de grandes excessos.

Os homens são de um talhe medíocre e de uma cor azeitonada; são sérios, orgulhosos e, com raras exceções, desprovidos daquelas maneiras finas que distinguem um cavalheiro de um homem do povo. Dito isso, não deve causar espanto o fato de as mulheres do Rio de Janeiro terem verdadeira aversão pelos seus compatriotas e de que uma senhorita, cortejada durante anos a fio e atordoada pelo som da viola de seu amante, sacrifique o amor desse fiel apaixonado aos avanços insinuantes e polidos de um estrangeiro, capaz de exaltar a sua vaidade e de elevar os seus encantos até onde ela nunca imaginara.

Terminarei o retrato desses colonos portugueses com uma história ilustrativa do ciúme e do ódio que nutrem pelos franceses, povo muito temido em matéria de galanteria. O governador do Rio de Janeiro, homem educado nas finas cortes da Europa e conhecedor dos usos que ligam as gentes de sociedade, quis oferecer uma festa ao general francês para apresentá-lo aos mais notáveis da cidade. Para esse efeito, o governador convidou todos os oficiais da nossa esquadra para uma esplêndida ceia, seguida de um baile. Qual não foi a nossa surpresa quando, ao chegar num salão magnificamente iluminado, onde se fazia ouvir a melhor música, não vimos uma única dama, mas tão-somente portugueses. Imagine o leitor o quão animado foi esse baile e o quão viva foi a dança. Três ou quatro homens vestidos de mulher prestavam-se a dançar com aqueles que quisessem representar esse ridículo papel. O governador, em vão, convidara as mulheres da cidade, mas os homens não permitiram que elas fossem. Sua Excelência desculpou-se e deu-nos a entender o quanto lhe incomodava ter de conviver com semelhantes homens.

Posso assegurar, sem medo de ser taxado de parcial, que não há uma única paixão, por mais escandalosa que ela possa ser, que não encontre partidários entre os habitantes do Rio de Janeiro. A vingança, por exemplo, é aí exercida da forma mais arrebatada possível. Se um estrangeiro tem a infelicidade de ofender um português, sobretudo se ele for monge, a colônia imediatamente pega em armas e conduz o agressor à prisão do Santo Ofício; e isso malgrado os esforços do monarca português no sentido de acabar com os abusos da Inquisição. Se um estrangeiro tem um caso amoroso com uma mulher e esse caso é descoberto, todos os meios são empregados para punir a audácia do infrator com a morte. A maioria dos portugueses só sai de casa coberta por uma manta, guarnecida com um chapéu rebaixado e armada com uma daga, uma espécie de punhal. Os assassinatos são freqüentes e permanecem quase sempre impunes. Por tudo isso, se não nos tivéssemos mantido alertas e se não tivéssemos tomado algumas precauções exigidas pela prudência, muitos de nós teriam sido vítimas do ciúme e da vingança reinantes.

A vida que levam os portugueses é ociosa e enfadonha. Inimigos do trabalho, eles preferem viver miseravelmente a acumular bens com o sacrifício do seu repouso. Além do mais, eles são muito sóbrios no comer e, embora o país forneça excelentes meios para se levar uma vida requintada, sua alimentação é frugal e mal condimentada. O comércio por eles desenvolvido não exige muito empenho. O país trata de fornecer os abundantes carregamentos que as frotas levam anualmente para Lisboa: laranjas, que aqui crescem sem cultura e sem cuidados, ouro, proveniente de minas muito ricas que são exploradas por escravos, pedras preciosas (diamantes, topázios e ametistas) e drogas medicinais, sobretudo a ipecacuanha. Há, contudo, no Brasil, alguns poucos particulares, quase todos vindos de Lisboa, que enriqueceram com o comércio.

Terminarei os meus comentários sobre o Rio de Janeiro, com uma observação de caráter geral: pouco temos a elogiar nos portugueses, mas muito em suas mulheres.

EDIÇÃO UTILIZADA

LA FLOTTE, M. De. *Essais historiques sur L'Inde précédés d'un journal de voyages et d'une description géographique de la Côte de Coromandel.* Paris: Chez Herissant le Fils, Libraire, 1769, p. 3-21.

BIBLIOGRAFIA

TAUNAY, Afonso de Escragnolle. *Visitantes do Brasil Colonial.* São Paulo: Companhia Editora Nacional, 1944.

John Byron

Em março de 1764, Philip Stephens, secretário do Almirantado, escreveu ao comando geral da Marinha britânica requisitando um navio de 24 canhões para uma missão especial às Índias Orientais. A esse navio caberia, como revela a missiva, testar a eficácia do novo revestimento de casco que a Real Armada pretendia adotar, o revestimento com placas de cobre. A embarcação escalada para essa viagem experimental foi uma fragata de fabricação inglesa, construída em 1751, o Dolphin.

O comando da embarcação coube ao honorável John Byron (1723-1786), um oficial de carreira, que havia experimentado situações limites em alto-mar. Esse navegador – avô do célebre poeta inglês lorde Byron –, duas décadas antes, sobrevivera ao terrível naufrágio do Wager, *nas proximidades da Patagônia. Nessa ocasião, destacou-se pela capacidade de liderança e extrema disciplina. De volta à Inglaterra, em 1746, sua ascensão na hierarquia militar foi extremamente rápida. Em 1764, quando assumiu o comando do* Dolphin, *Byron já tinha capitaneado inúmeras embarcações de porte e comandado, na função de oficial sênior, uma pequena frota de guerra.*

O Dolphin *zarpou de Plymouth em 3 de julho de 1764, lançando âncora na Madeira no dia 13 do mesmo mês. Da ilha portuguesa, o navio rumou para as Canárias e daí para a ilha de Santiago, em Cabo Verde. Abastecido com água e víveres, dirigiu-se para o porto do Rio de Janeiro, alcançando-o no dia 5 de setembro. A arribada nesse porto durou 45 dias (20 de outubro de 1764), durante os quais o comodoro Byron, como veremos, recebeu todas as atenções do vice-rei conde de Azambuja.*

No dia 5, entramos na baía do Rio de Janeiro e lançamos âncora em frente ao forte de Santa Cruz. Dessa posição, visualizamos, a bombordo, uma montanha notável, em formato de pão de açúcar, e a ilha das Cobras, a maior das ilhas localizadas no interior do porto. A primeira providência que tomamos foi mandar trazer a bordo provisões para os marinheiros, especialmente verduras, pois o escorbuto já se manifestava em alguns membros da tripulação.

No dia 7, o comandante desembarcou para visitar o vice-rei. Esse desembarque foi assistido por toda a nobreza local, que acompanhou o visitante até o palácio ao som de 15 tiros de canhão, disparados pelo forte da ilha das Cobras. Dois dias depois, o vice-rei veio a bordo retribuir a visita. Tratamos de saudá-lo, na sua chegada, com iguais 15 tiros, que foram respondidos pela artilharia da cidadela. A fim de receber o vice-rei com as devidas honras, toda a tripulação manteve-se sobre as vergas com os braços estendidos durante o tempo em que Sua Excelência permaneceu a bordo.

No dia 9, lorde Clive visitou o comandante e recebeu, ao entrar e sair, a mesma saudação. No mesmo dia, veio a bordo um piloto português para conduzir-nos até o interior do porto. Às seis horas, levantamos âncora e iniciamos a manobra, contudo, o vento soprava demasiado fraco e fomos obrigados a deixar cair novamente a âncora e a esperar até a manhã do dia seguinte. Nessa ocasião, tivemos oportunidade de fazer algumas observações sobre a baía, que nos pareceu capaz de conter, sem dificuldade e com segurança, cem navios.

A cidade do Rio de Janeiro encontra-se a 23°11' de latitude meridional e a 43°9' de longitude ocidental. O local onde foi construída é muito agradável, especialmente devido ao grande número de árvores que o rodeiam, árvores que conservam o seu verdor durante todo o ano. Essa localização é, também, bastante vantajosa do ponto de vista militar, pois as fortificações que se acham na ilha das Cobras (distante 50 jardas) e uma série de baterias instaladas nas muitas ilhas da baía garantem a proteção da cidade. Os portugueses julgam mesmo que essas fortificações são invioláveis e que nem todo o poderio naval da Europa seria capaz de ultrapassá-las. Atrevo-me, no entanto, a asseverar que bastariam seis navios ingleses de linha para destruir, em poucas horas, todas essas baterias.

Há no Rio de Janeiro um arsenal grande e cômodo, onde os portugueses iniciaram a construção de um navio de guerra de 64 canhões. Segundo as previsões, essa embarcação estará pronta em um ano. O método de construção adotado para levar a cabo essa empresa é algo de extraordinário, pois demanda pouquíssimas ferramentas. Porém, o que nos causou maior admiração foi o guindaste: feito de uma única peça de cedro. Toda a madeira utilizada nesse serviço é transportada, de um lado ao outro do arsenal, por um grupo de escravos unidos por uma corrente.

Do dia 15 de setembro até o dia 18 de outubro, encarregamos os nossos homens de abastecer o navio com água potável, lenha etc. e também de pôr em marcha os trabalhos de calafetagem. Nesse último serviço, aproveitamos a mão-de-obra de seis calafates portugueses que, mediante a quantia de seis xelins diários, se dispuseram a ajudar o nosso carpinteiro. Embora não se possa duvidar de que um calafate inglês produz mais em um dia do que um português em três, é preciso confessar que os reparos realizados pelos portugueses são de melhor qualidade e duram mais. Se assim não fosse, como seria possível que navios portugueses, geralmente em péssimo estado de conservação, agüentem viagens tão longas? Os lusitanos trabalham de tal modo que suas costuras, embora sejam de duas polegadas de largura, têm a consistência e a dureza da madeira, e isso utilizando somente a umidade proveniente da contínua colocação da agulha na boca, sem umedecer a estopa, como fazem os ingleses.

O ar no Rio de Janeiro renova-se através da sucessão constante de ventos terrais e de brisas marítimas. Os primeiros sopram desde a manhã até a uma hora da tarde; a seguir começam as brisas marítimas, que são bastante fortes e muito contribuem para tornar o porto salubre e agradável. Os naturais do país estão tão convencidos de que esse vento do mar é saudável que os negros o chamam o *doutor*. Segundo os habitantes locais, essa crença baseia-se na constatação de que, nos lugares onde ele não penetra, o ar é de tal modo aquecido que as aves lá não pousam. Em geral, os habitantes mais abastados da cidade conservam-se em casa das dez da manhã às duas horas da tarde, quando então começam a sair de casa para resolver os seus negócios. Assim procedendo, eles não são incomodados pelo calor, pois, como dissemos, nessa hora já sopra a brisa marítima.

O solo do Brasil é muito fecundo e, entre outras coisas, possibilita o desenvolvimento de árvores altíssimas, próprias para variados usos e completamente estranhas para os europeus. Os bosques estão repletos de excelentes frutas, muitas das quais desconhecidas na Europa e no restante da América. As laranjas, os limões e outras frutas próprias dos climas quentes são tão fáceis de encontrar nos bosques desse país quanto as avelãs nos bosques da Inglaterra. As canas doces são as mais comuns. Exporta-se para a Europa uma grande quantidade de excelente açúcar, de anil e de algodão. As minas de diamantes, que se encontram no interior do país, são muito famosas, tanto quanto aquelas que produzem ouro. Um elevado número de escravos é empregado na exploração desse metal, não só nas minas, mas também no curso e no leito dos rios e riachos.

No que se refere aos animais do Brasil, muitos foram trazidos da Europa, como, por exemplo, os cavalos, os asnos, as vacas, os carneiros, os porcos e os gatos. Entre os que são próprios do país contam-se variadas espécies de micos, carneiros do Peru, gamos, lebres, quatis, tatus, pacas, gambás, tamanduás e periquitos. Há também várias espécies de papagaios, louros, periquitos da Jamaica e um sem-número de outras aves e pássaros de canto, todos notáveis pela beleza de sua plumagem. Entre as aves domésticas, encontram-se os gansos, os patos, as galinhas bravas, as perdizes e os galos reais. As muitas serpentes, de avantajado tamanho, e outros répteis naturais do país são também dignos de destaque.

Mas voltando ao Rio de Janeiro, o vice-rei goza aqui de uma autoridade tão absoluta sobre os moradores da cidade quanto o rei de Portugal sobre seus súditos de Lisboa. Os habitantes, que são de cor morena, mantêm vários escravos negros. Esses são comprados ou em mercados especializados ou mesmo fora deles, pois não é incomum verem-se grupos de negros, acorrentados aos pares, transitarem pelas ruas da cidade para que os compradores possam apreciá-los.

As portuguesas têm a tez azeitonada e, em geral, as feições desagradáveis; as mais abastadas só saem de casa e só podem ser vistas de madrugada. Os homens locais são excessivamente ciumentos; se um estrangeiro olha em demasia para uma mulher, ele corre sério risco de ser alvo da fúria de um marido ou de um pai mais zeloso. Esse sentimento é muito forte entre os habitantes, o que obriga as mulheres a portarem-se com muita circunspecção e recato. É certo, porém, que se contraem poucos matrimônios na cidade e aqueles que são contraídos podem facilmente ser desfeitos mediante o consentimento de ambas as partes. Fato que não é incomum, pois os amantes logo se cansam um do outro e buscam cada qual um novo amante que ocupe o lugar do primeiro. No fim do dia, os portugueses saem de suas casas e dirigem-se às casas de prazer, onde se entregam a todo gênero de excessos, excessos que, posso assegurar, são tão freqüentes e detestáveis aqui como em Lisboa.

O Rio de Janeiro está situado ao pé de várias montanhas, todas bastante altas. É dessas montanhas que, por meio de um aqueduto, vem a água que abastece a cidade. Tal aqueduto atravessa um profundo vale e está sustentado por mais de 50 arcos dispostos em duas fileiras, uma sobreposta à outra. Em alguns lugares, esses arcos elevam-se a mais de cem varas acima do nível da planície. Por esse meio a água é conduzida a duas fontes que servem os habitantes, ambas situadas em frente ao palácio do vice-rei. O palácio, além de ser uma suntuosa construção de pedra, é o único edifício da cidade que conta com janelas de vidro, pois as demais casas só dispõem de pequenas gelosias. Junto a esse prédio, está instalado um cárcere, destinado aos criminosos; essa construção, repleta de grades, oferece aos visitantes um espetáculo desagradável e diminui a formosura do edifício contíguo.

As igrejas e os conventos locais são magníficos. Tudo neles é próprio para atuar sobre a imaginação dos freqüentadores. Nos frontais dos altares e em outras partes da sua estrutura, estão colocadas várias imagens de Nosso Salvador, da Virgem, dos apóstolos e de uma série de outros santos. Essas igrejas são assistidas por um grande número de religiosos de diferentes ordens, todos sempre prontos a dizer a missa a quantos desejem ouvi-la; suas portas estão sempre abertas e os círios, constantemente acesos. Ao passar em frente a essas *santas fábricas,* os católicos nunca deixam de tirar o chapéu, fazer o sinal da cruz e executar outros sinais de devoção. Em quase todas as esquinas há uma espécie de nicho, onde são colocadas imagens de Jesus Cristo ou de algum santo vestido de linho, seda ou outro tecido. A catedral e o Colégio dos Jesuítas podem ser avistados da baía. São os edifícios mais soberbos da cidade e, vistos de longe, conformam um quadro admirável.

As casas, quase todas de pedra e ornadas com grandes balcões, têm em geral três ou quatro andares. Internamente, essas residências são muito mal mobiliadas, ainda que muitas delas tenham quartos adornados com bonitas pinturas. Quase toda a cidade é atravessada por um canal utilizado para escoar o lixo das ruas e para purificar o ar dos maus odores que constantemente incomodam os transeuntes.

Residem, no Rio de Janeiro, negociantes de grosso calibre, atraídos que foram pelo florescimento do comércio na cidade. A cada ano, entram no porto de 40 a 50 navios vindos de Lisboa e de outras partes do Brasil. Além desses, arribam aqui alguns navios vindos da costa da África e pequenas embarcações provenientes dos portos vizinhos. Os navios europeus vêm carregados de couros, telas, tecidos de algodão, seda e lã, chapéus, meias, ferro, quinquilharias, estanho, utensílios de cozinha e outras mercadorias; quando retornam, levam açúcar, tabaco em rama, pau-brasil e outras madeiras de tintura, plantas medicinais, tábuas, peles cruas, azeite de baleia etc. Os cidadãos locais são ricos ao ponto de não prescindirem de escravos negros para realizarem todos os trabalhos pesados.

No que se refere aos víveres, a carne é somente mediana e, em razão do clima quente, tem de ser consumida logo que o animal é morto. O modo como se faz o abate é assaz curioso. Prendem-se alguns novilhos em um lugar cercado e amarra-se uma maroma nos chifres do animal que está destinado ao abate para separá-lo dos demais; feito isso, um cortador negro vai por detrás do novilho e corta-lhe o jarrete; quando o animal cai no chão, o negro mete-lhe um cutelo entre os chifres.

Os touros do país são tão ferozes que somente os cortadores negros se atrevem a meter-se com eles. Apesar disso, esses animais são muito pequenos e, após serem esfolados e limpos, não pesam mais do que dez arrobas.

Durante a nossa estada no Rio de Janeiro, na falta de pão, duas libras de inhame por dia foram distribuídas a cada homem da tripulação. Compramos a muito bom preço açúcar, tabaco e outras mercadorias. As aves e os porcos, porém, eram extremamente caros. Os negros alimentam-se, sobretudo, de pescado e de milho – este último cultivado com sucesso nessas plagas. O mar oferece-lhes pescados em abundância. Todas as manhãs, aproveitando o vento terral, os barcos saem para a pesca, retornando no período da tarde com a ajuda da brisa marítima.

Enquanto permanecemos no Brasil, o comandante hospedou-se em uma casa muito boa, situada no cume de um outeiro no norte da cidade. Freqüentemente, o vice-rei e outros indivíduos iam visitá-lo e prestavam-lhe todas as honrarias que merecia um estrangeiro da sua estirpe.

EDIÇÃO UTILIZADA

Há muitas dúvidas acerca da autoria do relato *A voyage round the world,* que veio a público pela primeira vez em 1767. Essa edição, publicada em vida de John Byron e utilizada como base para as edições em francês e espanhol, vem assinada por *um oficial a bordo do referido navio.* Tanto a edição organizada por Hawkesworth, no seu famoso *An account of voyages* (1773), quanto a preparada por Robert Gallagher (1964), para a Hakluyt Society, são atribuídas ao próprio comodoro Byron. Em ambas, porém, o fragmento relativo à passagem do *Dolphin* pelo Rio de Janeiro é insignificante. Optamos, em razão disso, por traduzir o polêmico texto editado em 1767, no qual a arribada no porto carioca ocupa nada menos do que 15 páginas.

BYRON, John. *A voyage round the world in his majestys ship the Dolphin.* Londres: J. Newbery, 1767, p. 12-27.

BIBLIOGRAFIA

BERENGER, M. *Collection de tous les voyages faits autour du monde par les différentes nations de l'Europe.* Lousane: Pierre Heubach & Comp., 9 vols., 1788.

GALLAGHER, Robert E. (ed.). *Byron's journal of his circumnavigation, 1764-1765.* Cambridge: Publicado para a Hakluyt Society pela University Press, 1964.

HAKESWORTH, John. *An account of the voyages undertaken by the order of his present Majesty for making discoveries in the southern hemisphere.* 3. ed. Londres: W. Strahan e T. Cadell, 4 vols., 1785.

TAUNAY, Afonso de Escragnolle. *No Rio de Janeiro dos vice-reis.* São Paulo: Anais do Museu Paulista, tomo XI, 1943.

James Forbes

Pouco conseguimos apurar sobre esse viajante. Informa o Dictionary of National Biography *que o londrino James Forbes (1749-1819), acompanhado de mais 14 passageiros, embarcou em 1765 para Bombay, na qualidade de escrivão da Companhia das Índias Orientais.*

Depois de enfrentar condições climáticas adversas no golfo da Biscaia, o navio em que viajava dirigiu-se para Santiago (Cabo Verde) e daí para o Brasil. O escrivão desembarcou na cidade do Rio de Janeiro em junho de 1765. Durante cerca de quatro meses (12 de outubro), ele pôde exercitar os seus dotes de naturalista amador e tomar umas tantas notas sobre a cidade e seus habitantes.

Após uma semana de permanência em Santiago, fizemos vela para o cabo da Boa Esperança. Contudo, descobrimos um perigoso rombo no casco do navio e fomos obrigados a alterar o nosso curso. Rumamos, então, para o Rio de Janeiro, uma possessão portuguesa situada na costa do Brasil. Permanecemos nesse lugar do final do mês de junho até a metade do mês de outubro, tempo necessário para que o navio fosse devidamente reparado.

Se ficara contente com Santiago, muito mais deleite senti quando desembarquei no Brasil. A grandiosidade das montanhas, a fertilidade dos vales, a suavidade do clima e a beleza da vida animal e vegetal conferem especial interesse a essa parte da América do Sul. A variedade de árvores e plantas, a profusão de frutas e flores, a exuberância dos pássaros e insetos constituíram um rico manancial para as minhas pesquisas de história natural. Um adorável vale, sobre o qual passa o aqueduto que abastece a cidade de São Sebastião, transformou-se no meu refúgio favorito. Aí a fragrância das rosas e das murtas mistura-se com o delicioso cheiro exalado pelos galhos floridos dos limoeiros e das laranjeiras, sempre ligeiramente inclinados pelo peso dos seus dourados frutos.

For here great Spring
Greens all the year, and fruits and blossoms blush,
In social sweetness, on the self-same bough.
(*Milton*)

Milhares de cantores da natureza, cobertos por uma magnífica plumagem tropical, animam esse amplo bosque, onde o beija-flor, o mais adorável dos emplumados, zumbe como uma abelha, enquanto sorve o néctar das flores e dos frutos. Nada pode exceder em delicadeza a esses pequenos pássaros, especialmente aquele que, por sua miudeza, é chamado *pássaro-mosca.* As pernas e o bico dessa avezinha não são mais grossos que um alfinete; sua cabeça lisa, ao movimentar-se, adquire tonalidades que variam entre a cor púrpura e o verde; o peito é de um brilho intenso e colorido; e as penas, quando observadas no microscópio, dão a impressão de serem rajadas de prata e manchadas de ouro.

Nessa parte da América do Sul, as serpentes são grandes e venenosas, mas de um colorido belíssimo. A cidade e as redondezas estão infestadas de lagartos, escorpiões, centopéias e enfadonhos insetos de variados tipos. Os animais selvagens habitam as montanhas, deixando os vales para as vacas, carneiros e cabras, animais trazidos da Europa pelos portugueses.

São Sebastião, a capital do Rio de Janeiro, é uma cidade grande, com numerosas igrejas, conventos e monastérios. Os hábitos e os costumes dos habitantes não são nem agradáveis nem interessantes. O orgulho, a pobreza, a indolência e a superstição são as principais características desses portugueses degenerados. Eles parecem não ser dotados de nenhuma das nobres virtudes dos seus ancestrais. Sua crueldade para com os escravos é excessiva: causa pavor a qualquer ser humano o constante estalo do chicote e os gritos desses pobres miseráveis clamando, em vão, por misericórdia. Seus tirânicos senhores parecem ter perdido toda a noção do que significa esse divino atributo.

O esplendor das igrejas, a pompa das cerimônias religiosas, as várias vestimentas dos monges e das freiras e a beleza dos jardins dos conventos são dignos de nota. Não irei, contudo, alargar-me sobre tais assuntos, tampouco irei descrever em detalhes a variedade dos produtos animais e vegetais desse lugar. Limito-me a dizer que, nessa costa, abundam diferentes tipos de peixes, que os mercados são bem abastecidos com frutas e vegetais, que numerosos navios entram constantemente nesse excelente porto e que há fartura de vacas, carneiros, porcos e aves domésticas, os quais podem ser comprados a preços moderados.

Os brasileiros nativos dificilmente são vistos no Rio de Janeiro. Os poucos que permanecem na região vivem a uma distância considerável dos portugueses, sendo seus hábitos e costumes pouco conhecidos. Não pude obter quase nenhuma informação sobre as célebres minas de ouro e diamantes. Só sei que estão situadas no interior do país, longe da capital, e que as estradas de acesso são guardadas com extremo zelo. As joalherias de São Sebastião são bem abastecidas de diamantes, topázios, ametistas e de outras pedras preciosas, todas vindas dessas tais minas. Uma grande quantidade de ouro em pó é encontrado no leito dos rios e nas correntezas próximas às montanhas. Após as chuvas fortes, muitas pessoas habitualmente se dirigem para esses locais na esperança de recolher alguma coisa. Por esse meio, uns poucos escravos africanos têm conseguido comprar a sua liberdade e desfrutá-la como proprietários de pequenas plantações.

Saímos do Rio de Janeiro no dia 12 de outubro e rumamos para o cabo da Boa Esperança. No fim desse mês, avistamos Tristão da Cunha, uma ilha deserta perdida no oceano Atlântico, habitada somente por focas e pássaros marinhos.

EDIÇÃO UTILIZADA

O relato de Forbes, narrando os seus 17 anos de permanência na Índia, conheceu somente duas edições: uma em 1813 e outra em 1834, esta última, revista pela irmã do autor, a condessa de Montalembert. No referente às páginas dedicadas ao Rio de Janeiro, não há diferenças entre as duas edições.

FORBES, James. *Oriental memoirs.* Londres: Richard Bentley, 1834, vol. I, cap. I, p. 6-8.

BIBLIOGRAFIA

COMPACT Edition of the *Dictionary of National Biography*. Oxford: Oxford University Press, 1975, p. 714.

Louis Antoine de Bougainville

Bougainville, o primeiro francês a realizar uma viagem de circunavegação, nasceu em Paris no ano de 1729. Filho de um notário da cidade, o futuro navegador cursou direito, formando-se em 1762. Um ano mais tarde, alistou-se no exército e participou de algumas missões militares. Em 1754, foi enviado para Londres como secretário de embaixada. Nesse cargo, permaneceu por dois anos, partindo posteriormente para o Canadá como ajudante de campo do marquês de Montecalm.

Em 1763, aproveitando um momento de paz na sua movimentada vida militar, Bougainville convenceu os comerciantes de Saint-Malo a financiar uma expedição colonizadora às ilhas Falkland (Malvinas), situadas a leste do estreito de Magalhães. A expedição foi extremamente bem-sucedida e, em 1764, Bougainville fundou uma base francesa nas ilhas. O feito, no entanto, foi contestado com vigor pela Espanha, que alegou pertencerem as ilhas à América meridional e, conseqüentemente, à Coroa espanhola. Bougainville recebeu, então, ordens para dirigir-se para as Malvinas, restituir o território aos espanhóis e, em seguida, rumar para as Índias Orientais, atravessando o mar do Sul entre os trópicos.

A fragata Bondeuse, *designada para a missão, partiu de Nantes em novembro de 1766, com destino às Malvinas, onde Bougainville, depois de resolver o impasse político com a Espanha, deveria aguar-*

dar a chegada do barco de mantimentos Étoile. *No dia 8 de janeiro, a fragata atravessou a linha do Equador, lançando âncora no porto de Montevidéu em 31 do mesmo mês. Dessa cidade, rumou para as Malvinas, onde o capitão aguardou, durante quase quatro meses, a chegada da* Étoile. *A carência de víveres, porém, obrigou-o a dirigir-se para o Rio de Janeiro, em cuja barra surgiu a 21 de junho.*

Bougainville permaneceu no porto carioca cerca de 25 dias (15 de julho de 1767). Infelizmente, esse que talvez tenha sido um dos mais célebres e cultos visitantes que recebemos no período colonial quase nada deixou registrado sobre a cidade e seus habitantes. Interessou-lhe muito mais descrever as relações pouco cordiais que manteve com o vice-rei conde da Cunha.

Durante os meses de março e abril, esperei em vão a charrua *Étoile* nas ilhas Malvinas. Os dias escoavam e a embarcação não chegava. Não podia empreender a travessia do oceano Pacífico com uma única fragata, pois seria impossível armazenar nela uma quantidade de víveres suficiente para alimentar a tripulação por um período superior a seis meses. Esperei ainda todo o mês de maio, mas como os gêneros de que dispúnhamos esgotariam em menos de 60 dias, resolvi dirigir-me ao Rio de Janeiro. Havia combinado com o senhor Giraudais, comandante da *Étoile,* que caso alguma circunstância imprevista o impedisse de chegar a tempo às ilhas Malvinas, a cidade do Rio de Janeiro seria o nosso ponto de reunião.

Nessa travessia, contamos com um tempo bastante favorável. No dia 20 de junho, depois do meio-dia, avistamos os altos morros da costa do Brasil e, no dia seguinte, a entrada da baía do Rio de Janeiro. Ao longo da costa, havia muitos barcos pesqueiros. Ordenei que a bandeira portuguesa fosse colocada no mastro e que um tiro de canhão fosse disparado.

Respondendo a esse sinal, um dos barcos aproximou-se e eu pedi à tripulação um piloto que nos auxiliasse a entrar na baía. Ele nos fez afastar cerca de meia milha das ilhas próximas da costa. Há boa profundidade nessa área. A costa é elevada, coberta de bosques e circundada por várias montanhas pontiagudas que lhe conferem um aspecto muito variado. Às 5h30min da tarde, estávamos em frente ao forte de Santa Cruz, onde fomos detidos para que um oficial português viesse a bordo saber das razões de nossa visita. Ordenei, então, ao cavalheiro de Bournand que fosse à terra na companhia desse oficial português e contatasse o conde da Cunha, vice-rei do Brasil, para pô-lo a par da nossa presença e tratar da nossa saudação. Às 7h30min, lançamos âncora no interior do porto com um fundo de oito braças.

O cavalheiro de Bournand retornou a bordo pouco tempo depois e contou-me que o conde da Cunha, referindo-se à nossa saudação, dissera-lhe que qualquer pessoa, ao encontrar uma outra no meio da rua, tira-lhe o chapéu sem antes se perguntar se esse gesto será ou não correspondido. Era o que deveríamos fazer. Quanto a ele, ainda estava estudando que procedimento tomar. Essa resposta, que mal pude entender, não me pareceu um sinal de boas-vindas.

Juntamente com a charada do conde da Cunha, recebi, através de uma canoa, a notícia de que o senhor Giraudais encontrava-se no porto. Segundo me informaram, sua partida de Rocheford, prevista para dezembro, só tivera lugar em fevereiro. Após três meses de navegação, um rombo no casco e o mau estado dos mastros da embarcação obrigaram-no a aportar em Montevidéu, onde uma fragata espanhola, recém-chegada das Malvinas, informara-lhe do meu destino. De posse dessa informação, ele velejou para o Rio de Janeiro, onde já se encontrava ancorado há seis dias. Esse feliz encontro proporcionou-me os meios para continuar a minha missão, pois a *Étoile* transportava víveres, carne salgada e bebidas, suficientes para 13 meses, destinadas, em especial, ao meu navio. Essa carga, contudo, continha pão e legumes somente para 50 dias de viagem, o que me obrigou a retornar ao rio da Prata, já que no Rio de Janeiro não consegui encontrar nem biscoitos, nem centeio, nem farinha.

Durante a minha permanência nesse porto, estavam ali ancorados dois navios estrangeiros, um francês e um espanhol. O primeiro, nomeado *Étoile du Matin*, era um barco do rei que rumava para a Índia e que aguardava nessas paragens a chegada da primavera, pois o seu estado não lhe permitia cruzar o cabo da Boa Esperança em pleno inverno. O barco espanhol, denominado *Diligente*, era um vaso de guerra de 74 canhões, comandado por dom Francisco de Medina. Essa embarcação, que saíra do rio da Prata com um carregamento de couros e piastras, tinha um grande rombo no casco, acima da linha de flutuação, e ancorara no porto do Rio de Janeiro para fazer os reparos necessários para dar prosseguimento à viagem em direção à Europa. Após oito meses de permanência nesse porto, a restauração do casco ainda não estava acabada, pois, além de não contar com qualquer ajuda, os espanhóis tinham de enfrentar a má vontade do vice-rei, empenhado em criar toda a sorte de dificuldades. Por essa razão, na tarde em que cheguei, dom Francisco pediu-me que lhe enviasse os carpinteiros e calafates da minha embarcação; pedido que atendi no dia seguinte, fazendo passar para o navio espanhol todos os profissionais que tinha a bordo.

No dia 22, fomos visitar o vice-rei. Três dias depois, ele veio a bordo retribuir a visita. Mandei saudá-lo com 19 tiros de canhão, tiros que foram respondidos em terra. Nessa ocasião, o vice-rei ofereceu-nos toda a ajuda que estivesse ao seu alcance. Chegou mesmo a autorizar que eu comprasse uma corveta, que era extremamente necessária para a continuação da minha viagem, e acrescentou que se fosse ele o rei de Portugal a corveta me seria ofertada. Esse governante comunicou-me, ainda, que todos os esforços seriam feitos no sentido de esclarecer o assassinato do capelão da *Étoile*, ocorrido poucos dias antes da nossa chegada, e que, uma vez descoberto o assassino, a justiça seria severa. Isso foi o que ele prometeu, mas é sabido que o *direito das gentes,* nessas plagas, é inexistente.

A atenção que nos dispensava o vice-rei prolongou-se por muitos dias; num dos quais ele nos ofereceu uma pequena ceia – servida à beira-mar sob um caramanchão decorado com flores de laranjeira e jasmins –, seguida de um espetáculo de ópera. Fomos conduzidos a uma bela sala, onde assistimos a uma representação da obra maior de Metastásio, encenada por uma trupe de mulatos, e escutamos alguns extratos dos grandes mestres italianos, executados por uma péssima orquestra dirigida por um padre corcunda em traje eclesiástico.

Os favores de que gozávamos causavam espanto aos espanhóis e aos habitantes do país, que nos advertiram de que essa extraordinária boa vontade do governador não duraria muito tempo. Com efeito, seja em razão da nossa incômoda ligação com os espanhóis, seja em razão da incapacidade do vice-rei de manter um comportamento oposto ao seu humor, cedo sua atitude para conosco passou a ser a mesma que tinha para com todos os demais.

No dia 28, soubemos que os portugueses tinham atacado de surpresa as tropas espanholas estacionadas no Rio Grande e capturado um posto instalado na margem esquerda desse rio; soubemos também que um navio espanhol, ancorado na ilha de Santa Catarina, tinha sido detido. No Rio de Janeiro, armava-se com grande cuidado o *São Sebastião*, navio de 74 canhões construído no estaleiro local, e a *Nossa Senhora da Graça*, fragata de 40 canhões, que escoltaria um comboio de tropas e de munições destinado ao Rio Grande e a Sacramento. Essas hostilidades e esses preparativos fizeram-nos perceber que o vice-rei não deixaria partir o *Diligente*, que estava sendo reparado na ilha das Cobras; o que nos fez acelerar o mais possível a sua reparação. De fato, no último dia do mês de junho, o navio já se encontrava em condições de ser carregado. Quando, porém, os espanhóis quiseram instalar os canhões da sua embarcação, o vice-rei mostrou-se terminantemente contra e declarou que tinha recebido ordens expressas da Coroa portuguesa no sentido de não deixar que o navio partisse até que os conflitos no Rio Grande estivessem resolvidos. Dom Francisco protestou de todas as formas possíveis contra essa atitude, mas foi em vão, pois o conde da Cunha não quis nem mesmo receber a carta que o comandante espanhol lhe enviou através de um oficial.

A desgraça dos espanhóis não tardou em atingir-nos. Quando, acreditando nas promessas do vice-rei, eu concluía um negócio para a compra de uma brigue, Sua Excelência fez com que o vendedor voltasse atrás. Logo depois, ele nos proibiu de recolher, no estaleiro real, as madeiras que nos eram necessárias, embora já estivessem negociadas. Em seguida, ele não deu permissão para que eu e o meu estado-maior, durante a reparação da nossa fragata, ficássemos instalados numa casa situada nas imediações da cidade, casa que me havia sido oferecida pelo proprietário e que já tinha sido ocupada pelo comodoro Byron quando de sua passagem pelo Rio em 1765. Tentei dar-lhe a conhecer o meu desagrado, mas ele não permitiu. Mal pronunciei as primeiras palavras de descontentamento, ele levantou-se furiosamente e ordenou a mim e a dois oficiais que me acompanhavam que saíssemos. Diante da nossa recusa em acatar sua ordem, ele chamou sua guarda. Esta, contudo, não apareceu, e nós fomos embora sem que ninguém percebesse o ocorrido. Pouco depois de deixarmos o palácio, soubemos que a patrulha fora dobrada e que ordens tinham sido dadas no sentido de deter todo e qualquer francês que fosse encontrado nas ruas da cidade após o pôr-do-sol. Além disso, o vice-rei enviou ao capitão do navio francês de quatro canhões uma mensagem exigindo que ele ancorasse próximo do forte de Villegaignon, o que foi feito no dia seguinte.

Diante dessa situação, tudo o que desejava fazer era partir, pois todos os habitantes da cidade temiam terrivelmente o vice-rei. Dois oficiais portugueses, que tentaram nos ajudar, foram severamente punidos: um deles foi enviado para o cárcere de uma fortaleza e o outro remetido para uma vila entre Santa Catarina e o Rio Grande. Tratei, então, de apressar os preparativos para nossa partida e abasteci a *Étoile* com as provisões necessárias. Fui obrigado a aumentar a largura dos meus cestos da gávea. O comandante do *Diligente* forneceu-me a madeira necessária para levar a cabo essa obra, madeira que nos tinha sido recusada pelo estaleiro. Adquiri ainda, através de contrabando, algumas pranchas que poderiam ser úteis no decorrer da viagem.

Finalmente, no dia 12, estávamos prontos para partir. Enviei, então, um oficial para avisar ao vice-rei que levantaríamos vela tão logo o vento se mostrasse favorável. Aconselhei, também, o senhor Etcheveri, comandante da *Étoile du Matin*, que só fosse à cidade quando necessário e que, durante o tempo que restava até a estação favorável para atravessar o cabo da Boa Esperança, procurasse conhecer a ilha de Tristão da Cunha, onde encontraria água, madeira e peixe em abundância. Soube, mais tarde, que ele seguiu os meus conselhos; soube, igualmente, que a referida ilha, localizada a 37°24' de latitude austral, é de fácil aportagem e dispõe de água e peixes em grande profusão, constituindo um excelente lugar para reabastecer o navio e descansar a tripulação.

Durante a nossa estada no Rio de Janeiro, gozamos da *primavera dos poetas*. A vista da baía local será sempre um espetáculo memorável para qualquer viajante, sobretudo para aqueles que passaram longos períodos em alto-mar, privados da visão de bosques e habitações, e são originários de países em que o sol e a tranqüilidade sejam raros. Para nós, foi uma experiência enriquecedora e prazerosa a permanência nessas plagas, onde para qualquer lado que se olhe a natureza oferece um deslumbrante espetáculo. Os habitantes locais foram sempre solidários para conosco e nunca esconderam o mal-estar que lhes causava as atitudes do vice-rei. Lamentamos muito não poder ficar mais tempo em companhia dessa simpática gente.

Muitos viajantes têm escrito sobre o Brasil e sobre a sua capital. Não vou, pois, empreender uma repetitiva e fastidiosa descrição de paisagens já conhecidas. Contentar-me-ei em oferecer ao leitor alguns detalhes sobre a riqueza dessa cidade e sobre os lucros que o rei de Portugal daí aufere. Para começar, é preciso dizer que o senhor Commerçon, um naturalista que viajava na *Étoile*, assegurou-me de que este país era o mais rico em plantas que ele conhecera em toda a sua vida e que havia aqui verdadeiros tesouros da botânica.

O Rio de Janeiro é o principal entreposto e depósito de riquezas do Brasil. As minas, chamadas gerais, distam desta cidade somente 75 léguas. Elas rendem ao rei, todos os anos, através do direito de quinto, ao menos 112 arrobas de ouro; em 1762, os lucros giraram em torno de 119 arrobas. A designação de gerais aplica-se às minas de rio das Mortes, de Sabará e de Serro Frio. Desta última, além do ouro, extrai-se a quase totalidade dos diamantes provenientes do Brasil. Trata-se de uma mina localizada no fundo de um rio, que foi devidamente desviado para que se pudesse recolher, em meio ao calhau do seu leito, diamantes, topázios, crisólitos e outras pedras de qualidade inferior.

Todas essas pedras, salvo os diamantes, não são de contrabando, pois pertencem aos empreiteiros, que, para levar a cabo a exploração de uma mina, são obrigados a remeter para a Coroa uma porcentagem dos diamantes encontrados. Esses diamantes são entregues ao intendente do rei, que os coloca dentro de um pequeno cofre de três fechaduras: o intendente possui uma chave, o vice-rei, outra, e o provedor da Fazenda Real, uma terceira. Esse pequeno cofre, juntamente com as três chaves, lacradas com os sinetes das três pessoas mencionadas, é colocado dentro de uma segunda caixa. O vice-rei não tem o poder de abri-la. Sua função é somente guardá-la dentro de um cofre forte, lacrá-la com o seu sinete e remeter tudo para Lisboa. A abertura desse conjunto de cofres é feita na presença do rei, que escolhe os diamantes que quer e paga por eles um preço previamente estipulado nos tratados de exploração.

Os empreiteiros pagam por dia à Coroa uma piastra (moeda espanhola) por cada escravo que empregam na extração de diamantes. O número de escravos num empreendimento desse tipo pode chegar a 800. O contrabando de diamantes é o mais severamente punido. Se o contrabandista é pobre, paga com a vida; se porventura tem bens, é condenado a pagar duas vezes o valor dos diamantes contrabandeados, além de ser mantido preso durante um ano e, posteriormente, enviado para o exílio na África. Apesar do rigor da lei, essas pedras, facilmente ocultáveis, são contrabandeadas em larga escala.

O ouro extraído das minas não pode ser transportado para o Rio de Janeiro sem antes passar pelas casas de fundição, onde são cobrados os direitos da Coroa. A parte que cabe aos particulares é convertida em barras, barras que trazem inscritas o seu peso, o seu número e as armas do rei. Além dessas marcas, o ouro, após ser tocado por um encarregado, recebe um sinal que define a sua qualidade. Essa operação visa facilitar, nas casas da moeda, a atribuição de valor às barras.

As barras pertencentes a particulares são registradas num posto localizado em Paraibuna, a 30 léguas do Rio de Janeiro. Nesse posto, um capitão, um tenente e 50 soldados zelam para que o quinto e o direito de portagem – um real e meio por cabeça – sejam religiosamente pagos. A metade do produto arrecadado no direito de portagem pertence ao rei e a outra metade é dividida entre os membros do destacamento, respeitando a hierarquia militar. É impossível retornar das minas sem passar por esse posto e sem ser aí revistado com todo o rigor.

Após esse processo, os particulares são obrigados a levar todo o seu ouro em barra para a Casa da Moeda do Rio de Janeiro, onde o metal precioso é trocado em moedas de meio dobrão ou oito piastras espanholas. Sobre cada moeda dessas o rei ganha, através da fundição e do direito de cunhagem, uma piastra.

A Casa da Moeda do Rio de Janeiro é um dos mais belos prédios existentes na cidade. Ele é dotado de todas as comodidades necessárias para realizar com agilidade as operações que aí têm lugar. Como o ouro chega das minas quase ao mesmo tempo em que as frotas chegam de Portugal, é necessário que o trabalho de fundição seja rápido, o que é conseguido com uma eficácia surpreendente.

A chegada dessas frotas traz grande prosperidade para o comércio do Rio de Janeiro, especialmente quando provenientes de Lisboa, pois as que chegam do Porto limitam-se a colocar no mercado vinhos, víveres, vinagre, aguardente e alguns tecidos grosseiros produzidos nas imediações dessa cidade portuguesa. Logo que tais frotas entram no porto, todas as mercadorias que trazem são conduzidas à alfândega, onde é pago um imposto de 10%. É necessário observar que atualmente, em razão dos problemas enfrentados na comunicação entre São Sacramento e Buenos Aires, esse imposto tem vindo a ser cada dia menos lucrativo. Quase todas as mercadorias mais caras eram enviadas para as províncias do sul e daí eram contrabandeadas, através de Buenos Aires, para o Chile e para o Peru. Esse comércio ilegal rendia, anualmente, cerca de um milhão e meio de piastras. Como se vê, as minas do Brasil não produzem dinheiro; os maiores lucros dos portugueses provêm dessa atividade ilegal e do tráfico negreiro. É difícil avaliar qual o montante da perda ocasionada pelo encerramento do canal de contrabando mencionado. Sabe-se que ele ocupava, mensalmente, 30 embarcações para a cabotagem da costa do Brasil ao rio da Prata.

Além dos tais 10% de imposto, há uma taxa extra, obrigatória, de 10,5%, destinada a cobrir os custos da reparação dos danos causados pelo terremoto que atingiu Lisboa em 1755. Essa *contribuição,* como é chamada, pode ser paga logo à saída da alfândega ou, mediante caução, após seis meses.

As minas de São Paulo e Paranaguá rendem ao rei, anualmente, quatro arrobas de ouro. As minas de Paracatu e Cuiabá estão sob a jurisdição da capitania de Mato Grosso. O quinto dessas minas, bem como daquelas de Goiás, não é cobrado no Rio de Janeiro. A capitania de Goiás, além de ouro, possui também diamantes, mas, por ora, é proibido explorá-los.

A despesa total que o rei de Portugal tem com o Rio de Janeiro, incluindo o pagamento das tropas e dos oficiais, a manutenção dos prédios públicos, o gasto com as minas e os reparos dos navios, atinge cerca de 600 mil piastras, sem contar a construção dos navios de linha e das fragatas.

RECAPITULAÇÃO DE TODOS OS ITENS DA RECEITA REAL EM UM ANO

Itens	**Valor em piastras**
Quinto do ouro, referente a 150 arrobas anuais	1.125.000
Direito dos diamantes	240.000
Direito de cunhagem da moeda	400.000
Dez por cento de alfândega	350.000
Dois e meio por cento da contribuição para Lisboa	87.000
Pedágios, vendas de empregos, ofícios e geralmente tudo o que provém das minas	225.000
Direito sobre os negros	110.000
Direitos sobre a pesca da baleia, sal, sabão e o dízimo sobre os gêneros da terra	130.000
Total	2.667.000

Obs.: Se abatermos as despesas mencionadas, ver-se-á que o lucro retirado pelo rei de Portugal do Rio de Janeiro alcança mais de 10 milhões do nosso dinheiro.

EDIÇÃO UTILIZADA

O relato de Bougainville, bastante bem acolhido pelo público da época, conheceu um sem-número de edições e foi traduzido em diversos idiomas. Utilizamos a primeira edição em língua francesa.

BOUGAINVILLE, Louis Antoine de. *Voyage autour du monde, par la frégate du roi* La Bondeuse *et la flûte* L'Étoile*; en 1766, 1767, 1768 et 1769*. Paris: Chez Saillant et Nyon, Libraires, 1771, cap. V, p. 74-85.

BIBLIOGRAFIA

CHARTON, M. Édouard. *Voyageurs anciens et modernes ou choix de relations de voyages.* Paris: Bureaux du Magasin Pittoresque, 4 vols., 1863.

MARTIN-ALLANIC, Jean Étienne. *Bougainville navigateur et les découvertes de son temps.* Paris: P.U.F., 1964.

TAUNAY, Afonso de Escragnolle. *Rio de Janeiro de antanho. Impressões de viajantes estrangeiros.* São Paulo: Companhia Editora Nacional, 1942.

A primeira viagem de circunavegação do capitão James Cook

Em 1764, depois da publicação de uma Memória *do célebre astrônomo Joseph François de Lalande, sábios de toda a Europa começaram a preparar-se para a observação de um fenômeno astronômico de grande importância que teria lugar no dia 3 de junho de 1769: a passagem do planeta Vênus pelo disco solar. Para estudar tão rara ocorrência, todavia, era indispensável o deslocamento para uma das ilhas dos mares do Sul, de onde o eclipse poderia ser melhor observado.*

Diante dessa necessidade, no início de 1768, a Real Sociedade de Londres, com o intuito de enviar ao Pacífico um seleto grupo de sábios e astrônomos, requisitou ao governo britânico uma embarcação de longo curso. Em resposta, o Almirantado pôs à disposição dos sábios um navio de nome Endeavour *e designou para comandá-lo o oficial James Cook (1728-1779). Esse navegador tornar-se-ia um dos mais célebres personagens da Marinha britânica, protagonista de três viagens de circunavegação e descobridor de inúmeras terras no Pacífico. Quando da viagem científica de 1768, Cook já havia servido a Real Armada na qualidade de chefe de equipagem e de engenheiro, desfrutando da reputação de ser um marinheiro hábil, intrépido e competente.*

Ao seu lado na expedição, liderando o referido grupo de sábios, estava um inglês rico e generoso, que se engajara voluntariamente na empresa e se dispusera a arcar com nada menos do que metade dos seus custos: o naturalista Joseph Banks (1743-1820). Tal como Cook, o nome de Banks conheceria grande projeção depois da viagem ao Pacífico. Nessa aventura marítima, o naturalista recolheu, com o indispensável auxílio de seu assistente Daniel Solander (1736-1772) – um botânico sueco, ex-aluno de Lineu –, 3.600 espécies de plantas, 1.400 das quais nunca antes classificadas.

O Endeavour *partiu para sua bem-sucedida missão em 26 de agosto de 1768, do porto de Portsmouth. O primeiro reabastecimento foi feito na ilha da Madeira em setembro. Dois meses depois (14 de novembro), o navio entrava no porto do Rio de Janeiro para uma ancoragem de vinte e poucos dias (7 de dezembro). Os visitantes foram muito mal-recebidos pelo vice-rei conde de Azambuja e praticamente não puderam desembarcar. Malgrado esse impedimento, os dois relatos que se seguem – o primeiro atribuído a James Cook e o outro a Banks e Solander – oferecem um panorama bastante rico da cidade e de seus habitantes.*

Ziguezagueamos ao longo da costa até o dia 12 de novembro, quando, por diversas vezes, vimos uma insigne montanha nas proximidades do Espírito Santo. Deparamo-nos, em seguida, com o cabo de São Tomás e com uma ilha, nas imediações de Cabo Frio, que os mapas denominam Frio. Essa ilha era muito elevada e recortada por um vale, dando a impressão, quando avistada ao longe, de dividir-se em duas. Nesse dia, seguimos a costa em direção ao Rio de Janeiro e, no dia seguinte, velejamos em direção ao porto. Enviei à cidade uma pinaça, comandada pelo senhor Hicks, meu primeiro-tenente, a fim de avisar o governador que chegaríamos ao porto em busca de água e de mantimentos. Dei ordens, também, para que o mensageiro pedisse àquela autoridade que nos enviasse um piloto capaz de indicar um lugar adequado para lançarmos âncora. Até as cinco horas da tarde, enquanto aguardávamos, fomos subindo o rio, sempre sob orientação do mapa composto pelo senhor Belle-Îsle, publicado no pequeno *Atlas marítimo,* vol. II, n° 54, o qual julgamos muito bom. Logo que lancei âncora acima da ilha das Cobras, situada em frente à cidade, a pinaça retornou, mas, em vez de trazer o meu tenente e o piloto, a pequena embarcação trouxe um oficial português e alguns soldados. Os tripulantes do barco informaram-me de que o vice-rei deteria o meu oficial até o momento do meu desembarque.

Enquanto nos preparávamos para ancorar, um barco cheio de soldados começou a rondar o nosso navio. Pouco tempo depois, um segundo barco, que trazia a bordo vários oficiais do vice-rei, aproximou-se e um dos seus tripulantes perguntou de onde vínhamos, qual era a nossa carga, qual o objetivo da nossa viagem e qual o número de canhões e de homens que o nosso navio possuía. Eles puseram, ainda, uma série de outras questões, que respondemos sem hesitar e com sinceridade. Para justificar a detenção do meu tenente e o retorno da pinaça com um oficial português, os representantes do vice-rei alegaram que era costume do local reter em terra o primeiro oficial que desembarcasse até que o barco do governador tivesse visitado a tripulação; era costume, igualmente, não permitir que ninguém saísse ou entrasse no navio sem estar acompanhado por um soldado. Disseram-me, ainda, que eu poderia desembarcar quando quisesse, mas que o restante da tripulação deveria ficar no navio até que o processo de verificação referido fosse remetido ao vice-rei; por fim, prometeram que assim que retornassem à cidade, o meu tenente seria libertado.

No dia seguinte, 14 de novembro, desembarquei e obtive permissão do vice-rei para comprar as provisões necessárias para o navio, com a condição de que fosse acompanhado por um de seus homens, que atuaria como corretor.

Tentei opor-me a essa exigência, mas o governador, alegando que esse era o costume, não voltou atrás. Protestei, ainda, contra o fato de um soldado acompanhar-nos por todo lado sempre que saíamos da embarcação, mas o vice-rei replicou que cumpria ordens da Corte, ordens inquestionáveis. Pedi-lhe que permitisse o desembarque de nossos oficiais, sobretudo do senhor Banks, que tencionava excursionar pelo campo para recolher algumas plantas, mas ele negou de forma peremptória.

Tendo em conta as precauções extremas tomadas pelo vice-rei, bem como as proibições severas que nos impôs, julguei que ele supunha que estávamos ali para comerciar e tentei convencê-lo do contrário. Expliquei-lhe que, por ordem do rei da Inglaterra, navegávamos em direção ao sul para observar a passagem da Vênus sobre o disco solar, fenômeno astronômico extremamente importante para a navegação. A minha explicação, todavia, pouca serventia teve, pois o vice-rei concluiu que se tratava da passagem da Estrela do Norte pelo pólo austral; ao menos foi essa a tradução feita pelo seu intérprete, um sueco que falava muito bem o inglês. Não imaginei que fosse necessário pedir-lhe permissão para que nossos oficiais e naturalistas pudessem desembarcar durante o dia, nem tampouco para que eu pudesse andar em liberdade quando estivesse em terra, mas, infelizmente, não era essa a opinião do vice-rei. Desde o momento em que abandonei os aposentos de Sua Excelência, um oficial acompanhou-me por todos os lados. Perguntei-lhe a razão dessa atitude e ele respondeu-me que se tratava de uma cortesia. Usando de toda a delicadeza possível, tentei recusar essa gentileza, mas meus esforços foram vãos.

Aproximadamente ao meio-dia, retornei a bordo acompanhado desse oficial. Os senhores Banks e Solander estavam impacientes à minha espera. Eles não tinham dúvidas de que o relatório, feito na véspera pelos espiões, e a minha conferência da manhã dissipariam as desconfianças do vice-rei, que acabaria por permitir que desembarcassem. Imaginem a decepção dos dois oficiais, quando lhes disse que não poderiam nem se estabelecer em terra, nem excursionar pelo campo e nem mesmo sair do navio. O vice-rei ordenara que ninguém desembarcasse, exceto o capitão e os marujos necessários. Sua ordem visava, sobretudo, os passageiros, anunciados como competentes sábios que vinham fazer observações e descobertas – fins últimos, supunha-se, da nossa viagem.

Diante dessa situação, ao cair da tarde, os senhores Banks e Solander vestiram-se e resolveram fazer uma visita ao vice-rei. Contudo, foram impedidos pelo barco da guarda, o mesmo que trouxera a nossa pinaça e que, desde então, não mais tinha deixado de rondar o nosso navio. O oficial disse-lhes que obedecia ordens e que não estava autorizado a permitir que passageiros e oficiais, exceto o capitão, deixassem o navio. Após implorar inutilmente, os dois voltaram a bordo cheios de repugnância e descontentamento. Desembarquei uma segunda vez e encontrei o vice-rei do mesmo modo: inflexível. A todas as minhas alegações, ele respondia que obedecia ao rei de Portugal, cujas ordens não podiam ser contrariadas.

Diante dessas circunstâncias, antes que me tornasse um prisioneiro dentro do meu próprio barco, decidi não mais ir à terra, pois o oficial que me acompanhava por todos os lados quando eu desembarcava, queria também, a pretexto de despedir-se, seguir-me até o interior da minha embarcação. Acreditando que a escrupulosa vigilância que nos impunha o vice-rei era fruto de um mal-entendido, mal-entendido que seria melhor esclarecido por escrito, eu e o senhor Banks resolvemos redigir dois memorandos e enviá-los à Sua Excelência. Ele respondeu-nos de uma maneira assaz insatisfatória, o que nos levou a replicar. Essa situação deu origem a uma intensa troca de correspondência entre as partes, mas tudo inutilmente. Julguei, então, que, para justificar frente ao Almirantado minha submissão às ordens do governante local, seria conveniente que o obrigasse a usar da força. Ao enviar a nossa última réplica ao vice-rei, no dia 20 de novembro, ordenei ao meu tenente, o senhor Hicks, que não permitisse ao sentinela português subir a bordo da chalupa que iria até a cidade. Mas quando o oficial do barco da guarda apercebeu-se de que o senhor Hicks cumpriria escrupulosamente as minhas ordens, em vez de empregar a força, ele acompanhou a nossa chalupa até a terra e, aí chegando, limitou-se a comunicar o ocorrido ao vice-rei. Este, por sua vez, recusou-se a receber o nosso memorando e ordenou ao senhor Hicks que voltasse ao navio. Ao retornar à chalupa, o meu tenente notou que o sentinela já havia ocupado o seu posto no nosso barco; afronta que o senhor Hicks rebateu recusando-se a entrar na chalupa. Executando as ordens do vice-rei, o oficial conduziu todos os marujos que se encontravam na chalupa para a prisão. Passado algum tempo, esse oficial enviou-nos o senhor Hicks, acompanhado por uma escolta. Logo que soube do ocorrido, escrevi de novo ao vice-rei, reclamando a minha chalupa e os meus homens, e anexei à carta o memorando que ele havia recusado anteriormente. Um oficial de baixa patente, agora acompanhado do sentinela, tratou de levar a correspondência. Ele desembarcou acompanhado de um soldado, entregou a carta e trouxe um curto recado: a resposta será dada amanhã.

Aproximadamente às oito horas da noite, um vento de sul começou a soprar com rajadas violentas e súbitas. Uma corda que os marujos lançaram para recolher a nossa grande chalupa, que retornava a bordo com quatro pipas de rum, não resistiu e rompeu-se. A chalupa, juntamente com o esquife do senhor Banks, que estava atado à proa, foram apanhados pelo vento e carregados para longe. A perda dessas embarcações iria causar-nos grandes problemas, pois a pinaça estava retida em terra e a única chalupa que ainda tínhamos a bordo não passava de um pequeno barco de quatro remos. Diante desse quadro, tratamos imediatamente de equipar o barco que restava e tentamos empreender o resgate das outras embarcações. Malgrado os esforços dos marinheiros, logo perdemos contato com os barcos arrastados, pois a visibilidade era muito ruim. Nossos homens, no entanto, insistiram no resgate, situação que nos pôs aflitos, porque a maré os arrastava em direção a alguns rochedos. Em meio à grande inquietação, aguardamos o desfecho da empreitada, desfecho que se deu somente no dia seguinte, às três horas da madrugada, quando já tínhamos perdido todas as esperanças. Os marujos contaram-nos que, como a grande chalupa estava cheia de água, eles a tinham amarrado à sua fateixa. Todavia, ao retornarem ao navio, deram com um banco de rochas, o que os obrigou a cortar o cabo do esquife do senhor Banks e a deixá-lo ao sabor dos ventos.

Como a perda da nossa chalupa traria sérios problemas para a nossa expedição, escrevi ao vice-rei para relatar-lhe o ocorrido e pedir-lhe que um dos seus barcos nos ajudasse a recuperar o nosso; aproveitei também para implorar-lhe que não mantivesse a minha pinaça aprisionada por muito tempo em terra. Após alguma demora, Sua Excelência julgou por bem satisfazer meus dois pedidos. No mesmo dia, tivemos a felicidade de recuperar a nossa grande chalupa e o esquife com o rum; todo o resto, porém, perdeu-se. No dia 23, o vice-rei, em resposta às admoestações que lhe fiz a propósito da apreensão do nosso barco e da detenção da sua tripulação, admitiu que me tratara com pouca deferência, mas que isso tinha sido necessário porque os meus oficiais se recusaram a cumprir uma ordem do rei. Apesar de, desde a primeira hora, eu ter-lhe mostrado as minhas ordens, ele confessou que ainda tinha dúvidas se o *Endeavour* encontrava-se realmente a serviço de Sua Majestade britânica. Para dissipar qualquer ceticismo, respondi-lhe que estava pronto a mostrar-lhe novamente as minhas cartas de apresentação. Meus esforços, contudo, não tiveram resultado. Em resposta à minha missiva, o vice-rei exprimiu toda a sua desconfiança, acusando os meus homens de contrabando. Eu estava persuadido de que essa acusação era sem fundamento. Os serviçais do senhor Banks realmente tinham encontrado um meio de, ao nascer do dia 22, ir à terra e aí ficar até a noite. Mas eles, cumprindo a missão que lhes fora dada, trouxeram para o navio somente plantas e insetos. Eram, pois, fortes as minhas razões para crer que a tripulação não se envolvera em contrabando, embora os oficiais do vice-rei tudo fizessem para provar o contrário – o que tornava a acusação injusta e insultuosa. Eu supunha, como vim a admitir, que um dos nossos pobres marujos tinha vendido uma parte de suas roupas para comprar uma garrafa de rum. Razão pela qual, garanti à Sua Excelência que, se ficasse provado o mau procedimento desse homem, a prisão seria o seu destino. E assim terminou a nossa altercação verbal e escrita com o vice-rei do Rio de Janeiro.

No dia 25, um monge local solicitou os serviços do nosso cirurgião. Nessa qualidade, o dr. Solander entrou facilmente na cidade e recebeu muitas provas de delicadeza dos habitantes. No dia seguinte, antes do nascer do sol, o senhor Banks encontrou um meio de iludir a vigilância dos sentinelas do barco da guarda e de ir à terra. Todavia, ele não se dirigiu à cidade, pois os objetos de seu interesse estavam no campo. Segundo relatou o senhor Banks, os habitantes com os quais ele teve contato durante a sua expedição foram muito amáveis, alguns chegaram mesmo a convidá-lo para visitar as suas casas. Ele acabou por comprar um porco e algumas outras coisas para o navio. O porco, que não era magro, custou dois xelins; preço idêntico ao de um canário da Moscóvia, adquirido na mesma ocasião.

No dia 27, quando retornaram os barcos, após terem sido abastecidos com água potável, soubemos que corria na cidade um boato acerca do desembarque dos nossos homens sem a autorização do vice-rei. Tudo levava a crer que tais boatos diziam respeito aos senhores Banks e Solander. Decidimos, então, não mais pisar em terra.

No dia 1º de dezembro, após ter trazido a bordo água e outras provisões (carne bovina fresca, inhames e legumes), pedi ao vice-rei um piloto que nos ajudasse a voltar para o mar aberto; pedido que ele atendeu de pronto. Todavia, o vento contrário impediu-nos de sair do porto.

No dia 2, um paquete espanhol, comandado por d. Antônio de Montenegro y Velasco, ancorou próximo de nós. Esse paquete levava algumas cartas de Buenos Aires para a Espanha. O capitão gentilmente disse-me que levaria, se assim desejássemos, a nossa correspondência para a Europa. Aproveitando a gentileza, enviei para o secretário do Almirantado um maço contendo as cópias de toda a nossa correspondência com o vice-rei do Rio de Janeiro, cópias que já tinham sido enviadas ao mesmo vice-rei para que ele as remetesse para Lisboa.

No dia 5, aproveitando a calmaria, levantamos âncora e rebocamos o navio para fora da baía. Mas, para nossa grande surpresa, quando estávamos em frente ao forte de Santa Cruz, a principal fortaleza da cidade, recebemos dois tiros de canhão. No mesmo instante, lançamos âncora e enviamos alguns homens ao forte para saber o que se passava. Eles reportaram que o comandante da fortaleza não tinha recebido ordens para deixar-nos passar e que, sem essa autorização, não era permitido a nenhum navio ir além do forte. Retornei, então, ao palácio do vice-rei e pedi que lhe perguntassem por que razão não tinham sido expedidas as ordens necessárias para a nossa partida, partida que era do conhecimento de Sua Excelência, tendo em vista que me enviara uma carta de despedida. Ele mandou responder, através de um mensageiro, que a ordem fora escrita alguns dias antes, mas que, por negligência de um oficial, não tinha sido enviada.

Só fizemos vela no dia 7 de dezembro. Quando ultrapassamos o forte de Santa Cruz, o piloto que nos acompanhava pediu autorização para deixar o navio. Como o barco da guarda que rondava a nossa embarcação estava por perto, esse pedido foi facilmente atendido. Finalmente, ambos, o barco espião e o piloto, partiram. Como o senhor Banks não tinha podido ir à terra durante a nossa estada no Rio de Janeiro, ele aproveitou esse momento de liberdade para examinar umas ilhas próximas, numa das quais teve a felicidade de encontrar muitas espécies de plantas e uma grande variedade de insetos.

Vale ainda destacar que, durante os últimos três ou quatro dias de nossa permanência na cidade, o céu estava cheio de borboletas, todas de uma única espécie. Eram aos milhares, muitas das quais girando ao redor do grande cesto da gávea.

Permanecemos no Rio de Janeiro do dia 14 de novembro ao dia 7 do mês seguinte, quer dizer, pouco mais de três semanas. Durante esse tempo, o senhor Monkhouse, nosso cirurgião, desembarcou todos os dias para comprar-nos provisões. O dr. Solander foi à terra uma única vez, o senhor Banks, apesar da vigilância, conheceu os arredores e eu visitei a cidade em diferentes ocasiões. A partir das minhas observações e daquelas colhidas por esses senhores, vou dizer alguma coisa acerca da cidade e da região que a circunda.

O Rio de Janeiro provavelmente recebeu esse nome por ter sido descoberto no dia de São Januário. A cidade, capital dos Estados Portugueses na América, tomou o seu nome do rio, rio que deveria, antes, ser chamado um braço de mar, dado que não recebe nenhuma corrente considerável de água doce.

A capital está situada sobre um plano, do lado oeste da baía, ao pé de muitas montanhas que se elevam em anfiteatro na sua traseira. Ela não é nem mal construída nem mal desenhada. As casas, em geral, são de pedra e têm dois andares; no segundo piso, seguindo o costume português, há pequenas sacadas cercadas com gelosias. Segundo minhas estimativas, a cidade forma uma circunferência de cerca de três milhas de diâmetro, sendo tão grande quanto Liverpool e Bristol. As ruas são retas, bastante largas e cortadas em ângulos retos; a maior parte dessas ruas está na mesma linha da cidadela de São Sebastião, que é dominada por uma montanha.

É das montanhas vizinhas que a água chega à cidade, transportada por um aqueduto construído sobre duas fileiras de arcos. Dizem que essa construção eleva-se, em algumas partes, acima do nível das nascentes. A água recolhida passa por diversos canais até desembocar numa fonte situada na porta do palácio do vice-rei. Durante quase todo o dia, essa fonte é freqüentada por um grande número de pessoas que vem recolher o precioso líquido; esses populares são constantemente vigiados pelos soldados que montam guarda no palácio. A água aí disponível é de uma qualidade tal que nem os nossos homens, depois de dois meses consumindo uma água suja armazenada em tonéis, conseguiram bebê-la com prazer. Em algumas partes da cidade, pode-se encontrar uma água de melhor qualidade, mas eu não consegui ter acesso a ela.

As igrejas são muito bonitas e as solenidades religiosas têm mais pompa do que aquelas realizadas nos países católicos da Europa. A cada dia, uma das paróquias da cidade promove uma procissão na qual diferentes estandartes, todos muito ricos e magníficos, são ostentados. Nessas ocasiões, em todas as esquinas há mendigos recitando suas preces com grande afetação.

Uma das igrejas do Rio de Janeiro encontrava-se em reforma quando lá estivemos. Para levar a cabo essa obra, a paróquia que abriga essa igreja teve permissão para, uma vez por semana, organizar uma procissão e esmolar por toda a cidade. Nesses eventos, somas consideráveis eram recolhidas. As crianças de uma certa idade, mesmo aquelas pertencentes a famílias ricas, eram obrigadas a assistir a essa cerimônia, realizada sempre à noite. Todas elas vestiam um casaco negro que ia até a cintura e levavam na mão um bastão de seis ou sete pés com uma lanterna na ponta. A luz gerada por mais de 200 dessas lanternas era tão forte que a tripulação do nosso navio chegou a pensar que a cidade estava em chamas.

Os habitantes do Rio de Janeiro podem prestar devoção a todos os santos do calendário sem ter de aguardar a realização de uma procissão, já que, em frente a quase todas as casas, há um pequeno nicho, guarnecido com um vitral, onde o povo vai implorar a proteção dos santos. Mesmo durante a noite, esses tabernáculos não são esquecidos, pois uma lâmpada os ilumina constantemente. E não se pode acusar os habitantes de frieza devocional, pois eles recitavam suas preces e cantavam seus hinos com tanta veemência que, durante a noite, era possível escutá-los até mesmo do nosso navio, ancorado a quase meia milha da cidade.

O governo local é misto na forma, mas absoluto no exercício. Ele é composto pelo vice-rei, pelo governador da cidade e por um conselho cujo número de participantes não me foi possível saber. Nenhum ato judicial pode ser realizado sem o consentimento desse conselho, no qual o vice-rei tem voz preponderante. Contudo, tanto o vice-rei como o governador pode, segundo os seus caprichos, mandar um homem para a prisão e até para Lisboa. Casos houve em que nem os amigos nem a família do seqüestrado foram informados das razões da acusação e tampouco vieram a saber do paradeiro do acusado após a detenção.

Com o objetivo de impedir que os habitantes do Rio de Janeiro viajem para o interior e cheguem às regiões onde se encontram as minas de ouro e diamante, o vice-rei tem autoridade para fixar os limites da cidade, limites que ninguém pode ultrapassar sem autorização. As minas são tão abundantes que, sem essa precaução, o governo não poderia assegurar o controle sobre as riquezas aí produzidas. Por essa razão, há constantemente guardas patrulhando os arredores da cidade, guardas que facilmente mandam para a prisão todos aqueles que são encontrados para além da região permitida. Nem mesmo os infratores que ignoram os termos da proibição são poupados.

A população do Rio de Janeiro, que é considerável, é composta por portugueses, negros e naturais do país. Estima-se que a capitania ou província, da qual a cidade é uma pequena parte, possua 37 mil habitantes brancos e 629 mil negros, muitos deles livres, perfazendo um total de 666 mil homens. Segundo essas informações, há 17 negros para cada branco. Os nativos, que trabalham para o rei nas redondezas, não podem ser vistos como habitantes da capital, pois residem nas terras do interior e só vêm à cidade de tempos em tempos para realizar alguns trabalhos que lhes são impostos e pelos quais recebem um modesto salário. Esses nativos são de uma cor de cobre e têm longos cabelos negros.

O corpo militar é composto por 12 regimentos de tropas regulares, seis portugueses e seis crioulos, e 12 regimentos de milícia provincial. Os habitantes comportam-se em relação às tropas regulares de uma maneira muito humilde e submissa. Disseram-me que, se uma pessoa não tira o seu chapéu quando passa por um oficial, corre o risco de ser espancada. Esse excesso de arrogância e de dureza torna o povo extremamente submisso em relação a todo e qualquer desconhecido que tenha um ar acima do comum. A subordinação dos oficiais ao vice-rei é igualmente mortificante: eles são obrigados a visitar o palácio três vezes por dia para receber ordens e o vice-rei responde-lhes, invariavelmente, que não há nada de novo. Segundo me informaram, esse costume servil visa impedir que os oficiais saiam dos limites da cidade.

Creio que todos estarão de acordo em admitir que as mulheres das colônias espanholas e portuguesas da América meridional concedem seus favores mais facilmente do que aquelas dos países civilizados. No que se refere ao Rio de Janeiro, algumas pessoas chegam a afirmar que na cidade não há uma única mulher honesta. Essa condenação é seguramente muito generalizante. O dr. Solander, todavia, durante sua permanência na cidade, não foi capaz de elogiar a castidade dessas senhoras. Disse-me ele que, ao cair da noite, elas apareciam nas janelas, sós ou acompanhadas, e jogavam buquês de flores sobre os seus eleitos quando esses passavam pela rua. Ainda segundo o doutor, ele e mais dois ingleses que o acompanhavam receberam um número tal de distinções que, ao final de um curto passeio, os seus chapéus estavam cobertos de flores. É verdade que não se pode negligenciar os costumes locais; muitas vezes, o que num país parece ser uma familiaridade indiscreta, em outro é um sinal de boa educação. Não vou estender-me sobre esse assunto, contento-me em dizer que se trata de uma prática constante.

Quanto aos assassinatos, não diria que são freqüentes no Rio de Janeiro, ainda que as igrejas ofereçam asilo aos criminosos. Nosso cozinheiro, certo dia, presenciou uma cena assaz significativa: dois homens pareciam conversar amigavelmente, quando, subitamente, um deles sacou um canivete e desferiu um golpe no peito do outro; como a vítima resistiu a esse primeiro golpe e não foi ao chão, o criminoso desferiu um segundo e pôs-se em fuga. Alguns negros que tinham testemunhado o ocorrido perseguiram o agressor. Infelizmente, nosso cozinheiro não conseguiu saber se ele foi ou não apanhado.

As imediações da cidade que tivemos oportunidade de conhecer são muito agradáveis. Os lugares mais selvagens são cobertos por uma grande quantidade de flores, que, no tocante ao número e à beleza, superam aqueles dos jardins mais elegantes da Inglaterra. Sobre as árvores e arbustos é possível encontrar uma quantidade infinita de pássaros, a maior parte deles coberta com plumagem brilhante. O que mais chamou a nossa atenção foi o colibri. Os insetos também são muitos – alguns de rara beleza – e mais ágeis do que os da Europa. Essa última observação é válida, sobretudo, para as borboletas que, voando ao redor das partes altas das árvores, só se deixam apanhar quando um vento forte, que sopra do mar, as obriga a voar mais próximo do solo.

As regiões à beira-mar e os riachos que as cortam estão cheios de pequenos caranguejos, alguns de patas largas e outros com patas extremamente pequenas. Fomos informados de que a pata larga é um traço distintivo dos machos da espécie. Vimos poucas terras cultivadas; a maior parte dos terrenos estava abandonada, indicando uma significativa falta de interesse dos habitantes pela agricultura. As pequenas hortas são mais co muns. Nelas se cultiva grande parte dos legumes que conhecemos na Europa, sobretudo a couve, a ervilha, a fava, o feijão e o nabo; esses legumes são de qualidade inferior aos nossos. O solo produz também melancias, abacaxis, melões, laranjas, limões, bananas, mangas, cajus, nozes, jambos de duas espécies, cocos, nozes de palmeira de duas espécies (uma comprida e outra redonda) e tâmaras. Nossa estada no Rio coincidiu com a estação dessas frutas.

As melancias e as laranjas são, de todas essas frutas, as melhores; os abacaxis, embora tenham mais sumo e sejam mais doces, são inferiores aos ingleses, que têm um sabor mais marcado. Suponho que eles sejam naturais desse país, apesar de não os ter encontrado em estado selvagem. Dá-se pouca atenção a esses abacaxis, que são plantados junto com os legumes, de forma aleatória e em qualquer época do ano. Os melões que experimentamos eram ainda piores: farinhosos e insípidos. As melancias, ao contrário, eram deliciosas: saborosas e com um grau de acidez não encontrado nas nossas. Vimos também muitas espécies de pêras e algumas frutas típicas da Europa – maçãs e pêssegos sobretudo, ambas sem gosto e sem suco. Os inhames e a mandioca, conhecida nas ilhas da América como caçava, crescem abundantemente nos jardins locais; a farinha derivada dessa última é denominada aqui farinha de pau. O solo produz, ainda, tabaco e açúcar, mas não produz nenhum tipo de trigo. Além daquela derivada da mandioca, a única farinha de que dispõem os habitantes é importada de Portugal e vendida a um xelim a libra. Segundo o senhor Banks, todos os produtos que plantamos nas nossas ilhas da América cresceriam sem dificuldades no Brasil; no entanto, os habitantes desse país importam de Lisboa o café e o chocolate.

A maior parte das terras que visitamos era constituída por pastagens. Nelas criavam-se animais tão magros que um inglês só os comeria a contragosto. A erva ali cultivada era muito curta e só os cavalos e as ovelhas conseguiam pastar nessas condições, o gado e as cabras, por sua vez, tinham imensa dificuldade em encontrar alimento.

O Brasil poderia produzir muitas drogas úteis, contudo, salvo a parreira-brava e o bálsamo, que, além de excelentes, são vendidos a preços muito baixos, nada encontramos nas boticas locais. O comércio de drogas e de madeiras para tintura é feito, provavelmente, no norte do país. A única manufatura que vimos era dedicada à produção de redes de algodão, utilizadas nessas plagas como meio de transporte. Em geral, são os índios que fabricam esse artefato.

Não nos foi possível saber em que lugar e a que distância do Rio se situa a grande fonte de riqueza da cidade, as minas. Essa localização é um segredo muito bem guardado e, mesmo que não fosse, seria muito difícil ter acesso às tais minas, pois as estradas que saem da cidade são constantemente vigiadas por soldados que só permitem a passagem daqueles que lá trabalham. Raramente alguém empreende uma excursão até essa região proibida. Os que não resistem à curiosidade e levam a cabo a aventura correm o risco, se capturados, de serem enforcados na árvore mais próxima.

Muito ouro é extraído dessas minas. Os perigos que se correm para extraí-lo também não são poucos. Anualmente, 4 mil negros são importados pelo rei para realizar esse trabalho. Testemunhas dignas de fé asseguraram-nos de que dois anos antes de nossa chegada, em 1766, uma doença epidêmica vitimou, naquela região, um número tão elevado de negros que o Rio de Janeiro foi obrigado a fornecer 20 mil desses trabalhadores para suprir a carência de mão-de-obra.

Devido à riqueza dessas minas, o governo fixa anualmente a cota de pedras preciosas a ser explorada. É, então, enviado à região, pelo período de mais ou menos um mês, um grupo de trabalhadores encarregado de extrair essa cota fixa. Se, findado o trabalho, algum desses trabalhadores é encontrado no distrito das minas antes do ano seguinte, é condenado à morte. As pedras mais comuns são os diamantes, os topázios e as ametistas. Não chegamos a ver nenhum diamante. Sabe-se que o vice-rei guarda alguns em sua casa para serem comercializados em nome do rei; contudo, os preços que ele pratica são os mesmos da Europa. O senhor Banks comprou alguns topázios e ametistas para servirem de amostras. Há três espécies de topázio com valores muito diferentes, a saber: o pingo d'água de primeira qualidade, o pingo d'água de segunda e o citrino ou falso topázio; pode-se comprá-los grandes e pequenos, bons ou ruins, por oitavos, quer dizer, pela oitava parte de uma onça. Os melhores custam quatro xelins e nove décimos. É proibido aos súditos do rei comercializarem essas pedras. Havia, outrora, joalheiros que as compravam e as trabalhavam por conta própria. Aproximadamente 14 meses antes da nossa chegada, em 1767, uma ordem da Corte de Portugal pôs fim a essa atividade, forçando os joalheiros, que ficaram sem meios de subsistência, a entregarem às autoridades todos os seus instrumentos de trabalho. Hoje em dia, quem se ocupa do talho das pedras são os escravos.

A moeda corrente no Rio de Janeiro é a mesma de Portugal, que consiste principalmente de peças de 36 xelins. São também cunhadas, na cidade, peças de ouro e de prata. As moedas de prata, chamadas patacas, são de qualidade muito baixa e apresentam uma variação de valor indicado, em reais, num dos seus lados. Há, ainda, uma moeda de cobre, como em Portugal, que vale entre cinco e dez reais. O real é uma moeda de base desse reino, correspondendo a mais ou menos meio soldo francês.

O porto do Rio de Janeiro está situado a O. 1/4 N.O., a 18 léguas de Cabo Frio. A sua entrada é assinalada por uma montanha em formato de pão de açúcar, localizada na extremidade ocidental da baía. Como toda a costa é muito elevada e com muitos picos, é mais seguro reconhecer a entrada do porto através de umas ilhas situadas em frente, principalmente de uma, denominada Redonda, que está a duas léguas da entrada da baía. A mais ou menos quatro milhas da costa, as primeiras ilhas encontradas por aquele que vem de leste (Cabo Frio) parecem dois rochedos; a três léguas a oeste dessas ilhas, fora da baía e próximo da costa, há mais duas. O porto é bom: a entrada não é larga, mas todos os dias, entre as dez horas e o pôr-do-sol, o vento do mar sopra favoravelmente e permite que os navios entrem sem problemas. À medida que nos aproximamos da cidade, ele se alarga o suficiente para acolher uma grande frota de navios.

Esse porto é guardado por duas fortalezas, situadas bem à sua entrada, mais precisamente no estreito referido. A principal delas é a de Santa Cruz, instalada na ponta oriental da baía. A outra, denominada Santa Luzia, foi construída sobre um rochedo na ponta ocidental. A distância entre elas é de aproximadamente três quartos de milha, uma parte dos quais preenchida por rochedos muito perigosos. Esse canal, por ser muito estreito, tem uma correnteza fortíssima e só pode ser navegado em sentido oposto ao da maré quando o vento sopra favoravelmente. Não é nada seguro lançar âncora nessa área, pois o fundo é basicamente formado por rochedos. Para evitar todos os perigos, convém que a embarcação se mantenha sempre no meio desse canal. Entrando na baía, a melhor rota é N. 1/4 N. O 1/2 O. e N.N.O., pouco mais de uma légua; essa rota levará o navio ao centro da enseada. Daí, navegando mais uma légua na direção N. O. e O. N. O., chegar-se-á à ilha das Cobras, situada em frente à cidade. Feito esse percurso, é necessário ainda contornar a costa setentrional dessa ilha e lançar âncora em frente ao Convento dos Beneditinos, construído na extremidade noroeste da cidade, sobre uma montanha.

Nunca tínhamos visto um lugar com tamanha quantidade de peixes como a baía e a costa do Rio de Janeiro. Praticamente não havia um dia em que não fosse trazido a bordo um exemplar duma espécie completamente desconhecida do senhor Banks. A baía é muito apropriada para a pesca, pois é cheia de pequenas ilhas e de pontas de terra com pouca profundidade onde se pode facilmente manusear um arrastão. Do lado de fora da baía, o mar abunda de golfinhos e de grandes sororocas. Esses peixes mordem a isca com tanta facilidade que os habitantes locais têm por hábito andar com um anzol atado na parte traseira dos barcos.

Apesar do clima quente, o Rio de Janeiro é um lugar bastante saudável. Durante a nossa permanência na cidade, o termômetro nunca foi além dos 83° Farenheit. A chuva caía com muita freqüência e somente num único dia o vento soprou com mais intensidade.

Os barcos abastecem-se de água na fonte instalada na praça principal, água que, como já salientei, não é de boa qualidade. Para efetuar o abastecimento, os tonéis vazios são desembarcados numa praia lisa e arenosa, localizada a cerca de cem varas da fonte; depois solicita-se ao vice-rei um sentinela para vigiar as pipas e abrir passagem até a fonte.

O Rio de Janeiro é um bom lugar para reabastecer os navios e para dar descanso às tripulações. O porto é espaçoso e seguro. Excetuando a farinha de trigo, todas as provisões necessárias para uma embarcação são facilmente encontradas. Para suprir a falta de pão, há o inhame e a farinha de mandioca. Compra-se na cidade carne bovina fresca ou salgada pelo preço de quatro soldos a libra. Esta última é preparada pelos habitantes locais que, após retirar os ossos e cortar a carne verde em fatias largas e finas, a salgam e a colocam para secar na sombra. Quando seca, ela conserva sua qualidade por muito tempo. É raro nessas plagas encontrar-se carne de carneiro; os porcos e as aves domésticas são muito caros. Os legumes e as frutas são fartos, mas, salvo a abóbora, não são próprios para viagens marítimas, pois perecem com muita facilidade. O rum, o açúcar e o melaço são excelentes e vendidos a um preço razoável. O tabaco é barato, mas de baixa qualidade. A cidade conta com um canteiro para a construção de navios e com um pontão para elevá-los.

* * *

No domingo, 13 de novembro, às oito horas da manhã, fizemos vela para o Rio de Janeiro. Esta cidade, a mais bela e importante do Brasil está situada a 22°55' de latitude austral e a 42°45' de longitude a oeste de Londres. Nossa primeira providência foi despachar um tenente e um contramestre até a cidade, para pedir ao vice-rei um piloto que nos ajudasse a entrar no porto. Mas como o vento era favorável, resolvemos avançar sem esperar pelo retorno dos emissários. Deixando para trás umas ilhas que se encontravam nas proximidades da costa, lançamos âncora na entrada do porto, observando os sinais dos diferentes fortes.

No dia seguinte, nossa chalupa voltou com um oficial do vice-rei. Esse senhor disse-nos que os nossos homens tinham ficado detidos em terra. Como o piloto requisitado não veio, entramos no porto e lançamos âncora, com cinco braças de profundidade, próximo da ponta setentrional da ilha das Cobras e a um quarto de milha da ilha dos Ferreiros ou ilha da Bomba. Pouco tempo depois vieram a bordo, em uma das canoas da alfândega, um coronel e dois oficiais. Eles inspecionaram o nosso barco, informaram-se sobre o quanto de água necessitávamos e pediram permissão para passar os olhos no nosso diário de bordo, o que foi prontamente atendido. O coronel assegurou aos senhores Banks e Solander que lhes seria permitido apear, mas, ao vê-los prepararem-se para fazê-lo, o militar aconselhou que esperassem pelo dia seguinte. Disse, ainda, que a detenção dos nossos oficiais era uma atitude de praxe.

Após essa informação, o capitão Cook resolveu ir até ao palácio do vice-rei e apresentar as suas saudações. Disseram-lhe, contudo, que Sua Excelência teria muitos compromissos nesse dia e que seria melhor deixar a visita para a manhã seguinte. Nesse mesmo dia, soubemos que o conselho havia decidido atender a todas as nossas necessidades, mas que nos seria vedado o acesso à terra. Essa proibição, tão contrária à polidez, mortificou-nos a todos, particularmente aos senhores Banks e Solander, os quais planejavam adquirir em terra novas luzes sobre a história natural.

É necessário assinalar que, ao enviar o tenente ao palácio do vice-rei, ordens expressas lhe foram dadas no sentido de eludir ou ao menos de responder com extrema circunspecção todas as questões referentes aos motivos da nossa viagem. O capitão Cook pensava que questões dessa natureza eram indiscretas e inoportunas. O tenente agiu conforme às instruções, e as suas respostas, demasiado reservadas, foram, sem dúvida, a causa maior da proibição de descermos em terra. Além disso, quando da nossa chegada ao porto, o vice-rei fora informado de que tínhamos planos de visitar o interior do país e de que, a bordo da nossa embarcação, havia numerosos sábios encarregados de fazer observações e descobertas. Essas circunstâncias, acrescidas de certas escaramuças comerciais que supúnhamos existir entre a Inglaterra e Portugal, fizeram nascer no espírito do vice-rei algumas suspeitas e levaram-no a proceder daquela maneira.

O senhor Banks, contudo, encontrou meio de furtar-se à interdição que nos foi imposta. Com a ajuda de um marinheiro, ele ultrapassou as sentinelas, penetrou no campo e aí recolheu variadas amostras de plantas e de arbustos, retornando ao navio carregado de tudo aquilo que um país tem de mais precioso aos olhos de um naturalista. Na verdade, o vice-rei tomou contra nós inúteis precauções, pois, durante nossa permanência no porto, conseguimos, por meio da observação e de informações obtidas junto aos habitantes locais, ter um exato conhecimento da terra.

A entrada do porto não é especialmente difícil. Em todos os lugares há fundo suficiente e, mesmo sem ter um piloto, não fomos nunca além das dez braças. A única ressalva a fazer diz respeito a um banco de areia situado a norte do forte de Santa Cruz, o qual obriga os navios a desviarem para a margem direita. Além da cidade, o rio forma uma ampla baía plena de ilhas. O porto é de uma beleza e de um tamanho admiráveis, podendo, sem dúvida, conter 60 ou mesmo 70 navios de guerra.

A cidade do Rio de Janeiro situa-se numa planície, localizada na margem ocidental do rio, e estende-se por aproximadamente três ou quatro milhas. Ela é protegida, a norte, por uma colina, ao pé da qual estão os arrabaldes e os estaleiros reais.

O país, cujo clima é extremamente agradável, seria o mais fértil do mundo se não fosse tão mal cultivado. A costa é formada por uma cadeia de vales e de colinas de aspecto bastante pitoresco. Os rios e regatos conferem às regiões por onde passam uma deliciosa frescura. Desfruta-se aí de uma quase eterna primavera e as frutas tropicais crescem em grande abundância e quase sem nenhum cultivo – circunstância bastante feliz para os indolentes habitantes locais.

As minas, que custam anualmente a vida a 2 mil negros, encontram-se a cinco dias de caminhada do Rio de Janeiro. Um ano antes da nossa chegada, o governador descobrira que muitos joalheiros da cidade mantinham com os escravos das minas um comércio ilícito de diamantes. Foi, então, baixada uma lei prescrevendo penas extremamente severas para aqueles que incorressem em tal delito.

Há, no Rio de Janeiro, várias cortes de Justiça, todas presididas pelo vice-rei. Nas matérias criminais, a sentença é ditada pela maioria dos presentes no supremo tribunal. O atual vice-rei, o senhor Antônio Rolim de Moura, conde de Azambuja, foi por muito tempo governador da Bahia e somente há três anos assumiu o presente cargo.

No dia 8 de dezembro, após o navio ter sido abastecido com todas as provisões necessárias, saímos do porto do Rio de Janeiro e, seguindo a costa, dirigimo-nos para o sul.

EDIÇÕES UTILIZADAS

O relato de James Cook conheceu inúmeras edições e foi traduzido em diversas línguas, inclusive em português (1819 e 1953). A edição mais cuidada é, sem sombra de dúvidas, aquela organizada por Beaglehole (1974) para a Hakluyt Society, a partir dos manuscritos do próprio capitão Cook. Optamos, porém, por utilizar a primeira edição da obra, organizada por Hawkesworth, em 1773. Nessa edição, preparada a pedido do Almirantado britânico, o organizador enriqueceu o relato do capitão com detalhes retirados dos manuscritos de outros membros da tripulação.

No referente ao relato de Banks e Solander, não conseguimos localizar nenhum exemplar da primeira e única edição em língua inglesa, publicada em 1896 por

Mcmillan & Co. Utilizamos a edição francesa, organizada por M. de Fréville a partir do polêmico original em inglês *A journal of a voyage round the world* (Londres: T Becket e P. A. de Hondt, 1771). Essa versão veio a público como terceiro volume da segunda edição do relato de Bougainville.

COOK, James. *Cook's voyage* (1768-1771). In: HAWKESWORTH, John. *An account of the voyages undertaken by the order of his present majesty for making discoveries in the southern hemisphere.* Londres: W. Strahan e T. Cadell, 1773, vol. 2, cap. II, p. 18-38.

BANKS, Josephe e SOLANDER, Daniel. *Supplément au voyage de M. de Bougainville ou journal d'un voyage autour du monde.* Paris: Saillant & Nyon, Libraire, 1772, p. 21-33.

BIBLIOGRAFIA

BEAGLEHOLE, J. C. *The life of Captain James Cook.* Londres: Hakluyt Society, 1974.

——. (ed.). *The journals of Captain Cook on his voyages of discovery.* Edited from the original manuscripts by J. C. Beaglehole. Londres: Hakluyt Society, 1974.

CAMERON, Charles. *Sir Joseph Banks.* Sydney: Angus & Robertson, 1966.

CHARTON, M. Édouard. *Voyageurs anciens et modernes ou choix de relations de voyages.* Paris: Bureaux du Magasin Pittoresque, 4 vols., 1863.

COOK, James. *Viagem do Capitão Cook à roda do mundo no navio de Sua Majestade, a* Diligência. Lisboa: Tipografia Rollandiana, 1819.

HENRY, Lebrun. *Voyages et aventures du Captaine James Cook.* Tours, 1838.

LYTE, Charles. *Sir Joseph Banks.* Newton Abbot: David & Charles, 1980.

PINHEIRO, Albertino. "Viagem ao redor da Terra". In: *Revista Marítima Brasileira,* números 7 a 12, 1953.

Evariste Parny

O poeta Evariste-Desiré Parny nasceu em Saint Paul, na ilha de Bourbon, em 1735, e morreu em Paris em 1824. Filho de uma das mais nobres famílias da pequena colônia francesa do Índico, Parny foi enviado muito jovem para Paris, onde fez seus primeiros estudos e iniciou sua carreira na Marinha. A estréia nas belas-letras deu-se em 1777, no Almanaque das musas, *ao lado do seu compatriota, o cavalheiro de Bertin. Em 1785, depois de diversas viagens e de uma estada prolongada na sua ilha natal, retornou à França, renunciou à carreira das armas e fixou-se em Paris. Na capital francesa, o poeta conheceu o sucesso; suas poesias eróticas e seu poema* Guerra dos deuses, *no qual, em dez cantos, traça uma paródia da Bíblia, garantiram-lhe a admiração dos contemporâneos e uma cadeira na Academia Francesa.*

Em 1773, Parny, então com 20 anos, empreendeu uma viagem à sua terra, a referida ilha de Bourbon (hoje chamada ilha da Reunião), situada no arquipélago de Mascarenhas, a leste de Madagascar. Durante a longa, dura e fastidiosa viagem, o jovem poeta entreteve-se descrevendo aos parentes e amigos, em missivas bem-humoradas e recortadas por versos, as peripécias por que ia passando. Do Rio de Janeiro, onde desembarcou em 16 de agosto de 1773, Parny enviou uma única carta, endereçada ao irmão. Nessa, após explicar que quase viveu um naufrágio na costa da África e que enfrentou forte tempes-

tade na costa brasílica – trecho que suprimimos –, o burbonense descreve de uma maneira um tanto fantasiosa os vinte e poucos dias que permaneceu na cidade (5 de setembro de 1773).

Faltava-nos água e uma grande parte da tripulação tinha contraído escorbuto. Foi então decidido que nos dirigiríamos para o Rio de Janeiro (...). Logo que nos aproximamos do porto, mandamos pedir autorização ao vice-rei para entrar. Esse procedimento é obrigatório para todos os navios estrangeiros que desejem aí arribar. O povo ainda tem a visita do senhor Duguay-Trouin fresca na memória.

A entrada do referido porto, com suas fortalezas, baterias, montanhas cobertas de bananeiras, laranjeiras e bonitas casas de campo, oferece aos olhos um espetáculo imponente e agradável.

Pela manhã, tivemos uma audiência pública com o vice-rei. O seu palácio é vasto, mas nem o exterior nem o interior, da parte que conheci, corresponde à riqueza da colônia. Inicialmente, fomos recebidos com grande cerimônia numa ante-sala; em seguida, um cortinado foi levantado e permitiu-nos ver o vice-rei rodeado por toda a sua corte. Sua Excelência recebeu-nos com muita polidez, autorizou a nossa estada no porto e concedeu aos passageiros a permissão para transitarem pela cidade. Após a audiência, fizemos algumas visitas militares e retornamos a bordo para almoçar. É proibido aos estrangeiros comer ou dormir em terra.

A cidade é grande, as casas são baixas e mal construídas e as ruas são bem alinhadas, mas muito estreitas. Depois do meio-dia, voltamos à terra. Três oficiais vieram ao cais nos receber, pois é costume aqui que os estrangeiros sejam sempre acompanhados por militares locais. Dirigimo-nos a um mercado, situado a meia légua da cidade. Durante o caminho, tive a satisfação de ver que muitas portuguesas levantavam as suas gelosias para nos examinar. Poucas eram belas, mas o fato de estarem ocultas na penumbra, somado a uma navegação de três meses, aumentaram os seus encantos.

No mercado, encontramos somente pedrarias mal talhadas, mal cravadas e a um preço excessivo. Quando retornávamos para a cidade, um escravo aproximou-se e pediu aos nossos acompanhantes que nos fizessem entrar num jardim das vizinhanças, onde havia uma série de tendas. A primeira abrigava uma capela finamente decorada com móveis de ouro maciço. A segunda continha quatro camas, cujos cortinados eram de um tecido precioso da China, as colchas eram de damasco, enriquecidas com franjas e grãos de ouro, e os lençóis eram de musselina bordada, guarnecida com rendas. A terceira, toda composta por peças de prata, servia de cozinha. Quando entrei na quarta tenda, julguei-me transportado para um desses palácios encantados, construídos pelos romancistas. Em cada um dos quatro cantos, havia um armário repleto de baixelas de ouro e de grandes vasos de cristal contendo os mais raros vinhos. A mesa era coberta por uma esplendorosa toalha e por frutas da Europa e da América. A felicidade que nos arrebatava misturava-se com a ilusão. Tudo que eu comia me parecia delicioso, um verdadeiro néctar preparado pelas mãos de algum gênio. Saímos desse lugar agradecendo ao deus que o tinha criado. Esse deus era um senhor de aproximadamente 50 anos, poderosamente rico, mas que gastava mais do que possuía. Sua única paixão era dissipar os seus bens e o dos outros com os prazeres do bem viver. Ele faz transportar as suas tendas para todos os lugares onde se anuncia algum divertimento. Quando o lugar torna-se enfadonho, vai embora. Esse homem é um encantador epicurista, digno de portar a *fita gridelim.*

No dia seguinte, a festa se repetiu. Dessa vez, porém, estava ainda mais requintada, pois o nosso anfitrião tivera pouco tempo de prepará-la com antecedência. Infelizmente, não havia um único rosto feminino.

Fizemos também muitas outras visitas, que preencheram agradavelmente as nossas tardes. As mulheres locais, em geral, recebiam-nos muito bem, sempre com um ar de quem observa um curioso animal exótico. Essas damas são todas muito morenas, seus belos cabelos são negligentemente penteados – o que lhes confere uma charmosa simplicidade – e seus grandes e voluptuosos olhos negros revelam um caráter naturalmente inclinado para o amor.

Ontem, fomos convidados para um divertido concerto seguido de um baile. Nessas plagas só se conhece o minueto. Tive o prazer de dançar muito com uma portuguesa encantadora de 16 anos. Ela tinha um corpo de ninfa, uma fisionomia picante e uma graça ainda maior do que a sua beleza; seu nome era dona Tereza.

Nada direi sobre as igrejas, pois os portuguesas são sempre iguais a si próprios. Registrarei somente que elas são de uma riqueza espantosa, porém, desprovidas de bancos. Queria muito conhecer a ópera do Rio de Janeiro, mas o vice-rei não me autorizou a lá ir.

Este país é um verdadeiro paraíso: a terra produz abundantemente frutas de todas as espécies, o ar é puro e as minas de ouro e pedras preciosas são numerosas. Falta, no entanto, um bem mais precioso que todos os referidos: a liberdade. Tudo aqui lembra a escravidão: pode-se entrar, mas nunca se consegue sair. Os colonos, em geral, estão descontentes e cansados dessa vida.

Deixaremos o porto amanhã e velejaremos para a ilha de Bourbon, provavelmente com uma parada no cabo da Boa Esperança.

EDIÇÃO UTILIZADA

A carta de Parny conheceu inúmeras edições, todas similares à primeira, a qual veio a público na cidade de Genebra, em 1777, numa coletânea intitulada *Voyage de Chapelle et Bachamont, suivi de quelques autres voyages dans le même genre.* Utilizamos uma das muitas coletâneas de trabalhos do poeta publicadas entre o final do século XVIII e o início do XIX.

PARNY, Evariste. *Oeuvres diverses.* Paris: Chez Debray, Libraire, 1802, p. 91-95.

BIBLIOGRAFIA

TAUNAY, Afonso de Escragnolle. *Rio de Janeiro de antanho. Impressões de viajantes estrangeiros.* São Paulo: Companhia Editora Nacional, 1942.

Juan Francisco de Aguirre

Dom Juan Francisco de Aguirre (1756-1811) nasceu em Dona-Maria, a norte de Pamplona, no seio de uma família nobre. A sua vida marítima começou em 1772, quando entrou para os quadros da Real Armada de Sua Majestade Católica. Nesse mesmo ano, seguiu viagem rumo às Filipinas, de onde retornou como alferes de fragata. Uma nova promoção (alferes de navio) viria em 1776, pouco antes de partir para o Peru por um período de dois anos.

Em 1781, o então tenente Aguirre passou a servir sob as ordens do capitão d. José Varela y Ulloa, responsável pela comissão delimitadora dos territórios portugueses e espanhóis na América austral. Essa comissão tinha a difícil tarefa de concretizar os termos do Tratado de Santo Ildefonso (1777) e regulamentar as fronteiras entre o Brasil e as possessões espanholas, pondo fim a uma contenda que há tempos causava dissabores às duas Coroas.

Aguirre e seus companheiros, a bordo de uma embarcação portuguesa de nome Santíssimo Sacramento, *partiram de Lisboa em 23 de janeiro de 1782, alcançando a baía de Guanabara em 10 de março. O espanhol permaneceu somente 25 dias na cidade do Rio de Janeiro. O relato que compôs, no entanto, não é fruto somente dessa curta estada. Com o propósito de complementar as suas notas de viagem, Aguirre consultou informes portugueses da época, leu narrativas de estrangeiros que passaram pelo país (a do capitão Cook, inclusive) e, durante anos, trabalhou cuidadosamente os seus apontamentos. O resultado, como o leitor poderá apreciar, é uma das mais completas descrições do Rio de Janeiro colonial feita por estrangeiros.*

Às doze horas do dia 9, avistamos, a uma distância de 17 léguas, o Cabo Frio. Esta região é facilmente reconhecível, pois há aí um promontório elevado que se destaca do restante da costa. Na manhã do dia seguinte, avistamos, a cerca de quatro léguas N.N.O., o Pão de Açúcar e fizemos vela em direção ao porto. Contudo, apesar dos nossos esforços, que consumiram todo o dia, a viração impediu-nos de entrar.

No período da manhã, havia passado por nós um paquete vindo do porto. Tínhamos também visto muitos pescadores e, em volta da nossa fragata, observamos que havia uma enorme quantidade de peixes que facilmente se deixavam apanhar.

A natureza dotou o porto do Rio de Janeiro de marcas bastante salientes. Quem vem de Cabo Frio distingue, ao longo da costa, diferentes montanhas. Mais para dentro da terra, há uma serra muito alta, chamada serra dos Órgãos. Exatamente na entrada do porto, no lado oeste da barra, acha-se uma imponente montanha conhecida como Pão de Açúcar. Quem vem do sul, distingue duas montanhas, uma chamada Corcovado e a outra, Gávea. Depois, já muito próximo da embocadura, avista-se uma ilha denominada Redonda. O Pão de Açúcar, um belo marco para a entrada do porto, é todo de pedra e representa exatamente o objeto que lhe dá nome.

No dia 11, a viração continuava forte e retomamos os nossos esforços para alcançar o porto. Às três horas da tarde, encontrávamo-nos próximo do forte de Santa Cruz, no meio do estreito que dá acesso à baía. Ao cruzarmos com esse forte, um militar pediu que nos identificássemos e ordenou que baixássemos um bote para que um oficial, acompanhado pela sua tropa, pudesse vir a bordo.

Atendemos de pronto a esse pedido. Após a visita, adentramos na baía e, ao passarmos em frente à cidade, saudamos o vice-rei com 13 tiros de canhão. Às cinco horas da tarde, lançamos ferro a sudoeste da ilha das Cobras, num fundo preto de seis braças.

Logo que ancoramos, o capitão Torquato enviou uma carta à Sua Excelência, na qual solicitava a piedade da rainha de Portugal. Pouco tempo depois, um oficial, no escaler do próprio vice-rei, aproximou-se, cumprimentou-nos com cordialidade e convidou-nos a visitar Sua Excelência. Como já se fazia tarde, pedimos a ele que nos dispensasse dessa obrigação até o dia seguinte.

No dia 12, às dez da manhã, tomamos o escaler, desembarcamos no cais situado em frente ao palácio e apresentamo-nos, sem demora, ao vice-rei, que nos recebeu com muita cortesia. Nosso comandante, como é de praxe, agradeceu a recepção. Ao fim de uma breve palestra, Sua Excelência comunicou-nos que éramos bem-vindos e que já havia mandado preparar as nossas acomodações. O comerciante Domingos Mendes Viana, homem de confiança do vice-rei, foi designado para nos acompanhar até o local onde ficaríamos instalados.

Para nos honrar, quis Sua Excelência escalar uma guarda da tropa em nossa porta. Apesar de essa distinção ser corriqueira, nosso comandante, polidamente, a recusou. Queríamos deixar claro aos habitantes locais que gozávamos de plena liberdade e que não nos submeteríamos a uma espécie de repressão disfarçada. Não faltou quem insinuasse que a intenção do vice-rei era esta, e não a de distinguir as nossas pessoas. De fato, o excesso de cortesia demonstrado conferia certa legitimidade a tal insinuação.

Tanta precaução da nossa parte tinha uma razão de ser. Durante a nossa travessia, alguns passageiros insolentes tinham insinuado que, uma vez ancorados no Rio de Janeiro, iríamos acabar por fazer companhia a alguns compatriotas nossos que estavam presos na ilha das Cobras.

Fomos conduzidos pelo comerciante Domingos Mendes até a casa que nos fora destinada, localizada no campo de São Domingos – casa espaçosa e bem construída. Ao despedir-se, Domingos disse-nos que Sua Excelência pedia desculpas por não nos ter convidado para sua mesa, mas que, infelizmente, era obrigado a cumprir o protocolo vice-real. Esse senhor foi extremamente cortês para conosco, o que fez com que não nos sentíssemos estrangeiros.

DESCRIÇÃO DO PORTO DO RIO DE JANEIRO

A descrição do porto do Rio de Janeiro, que ora ofereço ao leitor, é o resultado da observação atenta que fiz quando entramos e de algo mais que fui recolhendo durante a nossa estada. Assim sendo, é bem provável que haja alguns erros, sobretudo nas descrições dos fortes. Para tais descrições serem exatas, haveria necessidade de proceder a um exame mais detido e fundamentado. Evitando abusar da confiança que o leitor deposita em nossa pessoa, falaremos somente do exterior dessas construções.

Quando nos encontramos diante do porto do Rio de Janeiro – Enero, como o chama João Dias Solis –, paralelo à ilha Redonda, distinguimos com clareza as fortalezas que defendem a entrada. A primeira coisa que se vê são três linhas fortificadas, dispostas da seguinte maneira: uma do lado leste, denominada bateria nova, e duas do lado oeste, a mais meridional é chamada bateria da praia Vermelha e a mais setentrional, bateria de São João. Cada uma delas deve conter, aproximadamente, 210 canhões, dispostos de modo a cobrir algumas praias onde se poderia facilmente desembarcar.

Em toda a região coberta por essas fortificações pode-se fundear e aguardar a viração ou um vento adequado para entrar no porto, o que às vezes se faz necessário em razão de a embocadura ser estreita. A profundidade dessas paragens é de 20 braças. Se a embarcação navegar exatamente no ponto médio entre as duas costas, creio que é possível evitar o fogo das baterias.

Ultrapassadas as fortificações mencionadas, atinge-se o estreito ou embocadura. O canal, situado a N.1/2N.O.1/2S.E., tem muita correnteza e não oferece nenhuma dificuldade para as embarcações, que devem preferencialmente buscar o lado leste, onde a profundidade é maior. Desse lado, vê-se, logo ao entrar, o Castelo de Santa Cruz e, do lado oposto, o de São João.

O Castelo de Santa Cruz tem um formato irregular, o que se deve ao terreno onde foi construído, uma ponta alta de pedra que adentra no mar. Seu principal objetivo é defender a entrada; por conseguinte, é do lado da costa que dispõe de maior poder de fogo. Na frente S. e S.E., foram instalados 24 canhões. Do lado da barra, construiu-se um bastião bem munido de artilharia; o mesmo ocorrendo do lado norte. Do que foi dito, pode-se inferir que o forte é bastante grande e demanda muitas guarnições. A ponta de rocha, sobre a qual ele se encontra, foi escarpada e transformada em muralha. Em uma palavra, é uma fortificação imponente, instalada num lugar extremamente propício para o fim a que foi destinada.

Do lado do continente, o Castelo de Santa Cruz é defendido pelo forte do Pico, instalado numa elevação que domina por completo a região. Na última guerra que travamos com esta nação, temia-se que a armada do senhor dom Pedro Cavallos atacasse o porto e, em razão disso, esse forte foi muito bem armado. Hoje, seu poder de fogo é respeitável e todo dirigido para a defesa da fortaleza de Santa Cruz. A comunicação entre o forte e a fortaleza é fácil, porém passível de ser cortada, pois não passa de um fosso feito na pedra, sobre o qual se colou uma ponte levadiça. No forte do Pico, está instalada uma vigia com excelente visibilidade para o mar. As mensagens são enviadas daí para o forte de São Sebastião e deste para o palácio.

Em frente ao Castelo de Santa Cruz, na parte mais avançada da embocadura, encontra-se o já referido Castelo de São João. Esse forte também foi construído sobre uma ponta de pedra, a uma distância do primeiro que parece ser a do alcance de uma bala de canhão. São João tem por objetivo defender o lado ocidental da entrada do porto, lado que só pode ser freqüentado por embarcações que calem menos de dez pés.

O terceiro forte, denominado Laje, forma com os anteriores um quase triângulo isósceles. O nome indica que ele foi levantado sobre uma laje ou pedra que havia no lugar. Foi extremamente oportuno converter esse obstáculo, instalado bem na entrada do porto, em um meio de defesa. Afinal, são mais 40 peças de canhão, repartidas pelos quatro lados do forte, cobrindo a embocadura.

O rumo da passagem entre o forte de Santa Cruz e o da Laje é 5° N. A largura desse estreito é de uma milha e a profundidade, em toda a sua extensão, atinge de 10 a 12 braças, configurando uma entrada espaçosa e segura. Próximo ao forte da Laje há muitas pedras, o que leva as embarcações a encostarem em direção a Santa Cruz.

Ao passarem pelo forte de Santa Cruz, todos os navios são obrigados a responder a algumas perguntas de reconhecimento e, se for um navio mercante, a receber a bordo uma guarda militar, que aí permanece até o descarregamento. No caso dos navios de guerra estrangeiros, um barco com guardas permanece ao lado do navio, de sentinela, até que o governo determine as atitudes a tomar. Somente os navios de guerra nacionais são dispensados dessa formalidade.

Como se pode deduzir, desde o momento em que a embarcação penetra no estreito já referido, estará sujeita, durante os cerca de 40 minutos que leva para ultrapassar esse estreito de duas milhas de comprimento, a um poderio de fogo nada desprezível.

Ultrapassada a barra, observa-se, a noroeste, a fortaleza de Villegaignon e a ilha das Cobras, e a N. N.E., sobre um pequeno cabo, o forte de

Gragoatá. A fortaleza de Villegaignon, construída sobre uma ilhota de pedra, é grande e tem muitos lados. Ela ainda conserva o nome do oficial francês que, juntamente com Duguay-Trouin, a utilizou como base para invadir a cidade. O atual poderio de fogo desse forte é considerável e cobre a parte meridional da cidade, servindo também para defender um canal, situado entre o forte e o cabo da Misericórdia, por onde navegam algumas embarcações de pequeno porte. As embarcações que quiserem evitar a fortaleza de Villegaignon podem fazê-lo dirigindo-se para noroeste, tendo, contudo, o cuidado de evitar o forte de Gragoatá, localizado bem na costa.

Entre Villegaignon e a ilha das Cobras, há um banco de areia que impede a passagem de navios de grande porte. Esse banco estende-se em toda a frente da cidade e alonga-se até uma ilhota chamada Rato. É impossível navegar nessa região e, para atingir a parte N.O. da ilha das Cobras, onde se encontra um ancoradouro com seis a sete braças de profundidade, deve-se dirigir para bombordo. É necessário aproximar-se um pouco da referida ilha, o que pode ser feito sem nenhum risco, já que há fundo suficiente.

A ilha das Cobras estende-se de N.O. para S.E. e está localizada a cerca de meia légua da cidade, coisa de um tiro de fuzil, constituindo um importante pólo defensivo. O senhor Duguay-Trouin apercebeu-se disso e utilizou-a no seu assalto à cidade. Na ocasião desse ataque, ela encontrava-se um pouco abandonada. Após a experiência ter demonstrado a sua importância, muitas fortificações foram aí construídas. Atualmente, toda ela encontra-se protegida por muralhas. Com o objetivo de, em caso de ataque, torná-la apta a resistir por algum tempo sem necessidade de socorro externo, foram construídos no seu interior quartéis, armazéns e cisternas.

A parte noroeste dessa ilha, que é mais elevada, serve de ancoradouro para as embarcações de guerra e para os navios particulares. No lado oposto, numa região situada entre a costa da ilha das Cobras, a ilha das Enxadas e a ilha de Santa Bárbara, também há um ancoradouro que pode receber muitas embarcações, o fundo aí é de oito a dez braças. Se levarmos em conta que a região mencionada não é mais do que uma pequena parte do porto, imaginem quantos navios podem caber em toda a sua extensão.

Os ventos mais fortes que se fazem sentir na baía sopram de N.E., de S. e de S.O. No fundeadouro, todas as embarcações estão sujeitas aos ventos de N.E., que sopram com rajadas. Porém, segundo dizem, é muito difícil que um navio seja carregado.

O canal que separa a ilha das Cobras da cidade conta com cerca de quatro a cinco braças de profundidade e estende-se até a Alfândega, de onde já é possível comunicar com o banco de areia, situado na costa da cidade, e com a ilhota de Villegaignon. Antigamente, os navios entravam por esse canal, que tem excelente profundidade. Hoje em dia, a maioria das embarcações ancora do lado de fora, pois é mais seguro, mais cômodo e razoavelmente próximo da cidade. Na região ocupada pelo banco de areia, a profundidade é pouca e só as pequenas embarcações podem ancorar sem risco.

A baía do Rio de Janeiro é um braço de mar ou golfo, onde deságuam alguns rios de bom caudal. Segundo os portugueses, do extremo norte até a linha do horizonte, ela mede cerca de 17 léguas. A região costeira é formada por terras altas, o que faz com que, a menos de um tiro de fuzil da praia, haja profundidade suficiente para fundear. A baía conta com muitas ilhas, na maior delas, chamada ilha do Governador, há quatro engenhos de açúcar; a ilha de Santa Bárbara, já mencionada, abriga um paiol de pólvora e a das Enxadas, uma pequena habitação.

Esse porto, além de não oferecer obstáculos para a aproximação dos navios da costa, conta com uma Alfândega, com armazéns de açúcar e com uma série de outras benfeitorias que, em razão da excelente localização, permitem às embarcações carregarem e descarregarem com muita rapidez. Como se pode concluir, tais facilidades contribuem muito para o progresso do comércio, já que tornam as operações breves, cômodas e mais baratas. Dá gosto observar a boa ordem com que tudo foi disposto.

Na ponta do canal da cidade, bem ao pé do mosteiro dos beneditinos, foi instalado um arsenal da Marinha que atende tanto à Coroa como ao público em geral. Trata-se de uma construção pequena, que dispõe somente de armazéns e galpões; uma guarda, colocada na porta, vigia-a constantemente. Há, também, no local, um estaleiro, mas esse não é utilizado há mais de oito anos, desde que foi fabricado o navio *São Sebastião*. Vimos, ainda, uma pequena casa onde eram mantidos alguns animais e pássaros naturais deste reino, que posteriormente seriam remetidos para Lisboa. Quando visitamos esse depósito, havia somente algumas espécies de perus, uns porcos selvagens e uma iguana.

As marés desse porto nunca ultrapassam os 12 pés e começam a subir às duas horas da tarde. Os ventos sopram durante todo o ano, tanto os terrais como as virações, o que permite entrar e sair do porto com muita facilidade. As ventanias são bastante regulares, ocorrendo durante estações específicas do ano; provenientes do primeiro e terceiro quadrantes, geralmente são acompanhadas de raios e de muita chuva, porém duram pouco. No verão elas são mais freqüentes, apesar de, ainda nessa estação, fazerem-se sentir. As calmarias são raras, pois constantemente sopra uma brisa que permite a navegação.

Esta é a descrição que posso oferecer do porto do Rio de Janeiro, da sua disposição e formosura. Não será nenhum exagero afirmar que se trata de um local admirável, pois a localização que lhe deu a Providência coloca-o em pé de igualdade com qualquer outro do resto do globo.

DESCRIÇÃO DA CIDADE DO RIO DE JANEIRO

A cidade de São Sebastião do Rio de Janeiro tomou seu nome do porto. Ela está situada, segundo as análises que anualmente são feitas pelos observadores, na latitude meridional de 22° 54' 15" e na longitude de 37° 8' 45", a ocidente do Real Observatório da Marinha de Cádis. Sua distância de Lisboa é de aproximadamente 1.385 léguas, a S. 27°8'O.; de Buenos Aires, 360 léguas, a N. 49° 28' E.; e de Cabo Blanco, na África, 270 léguas, a S. 80° 46' O. Num dia, a variação da agulha é de 6° 40' N.E.

A marinha do Rio de Janeiro começa na ilha das Cobras e estende-se em direção ao sul, estando separada das serras, localizadas na parte detrás da cidade, por uma grande planície. Dois são os pontos de desembarque, ambos muito cômodos: um em frente à Alfândega e outro em frente ao palácio. Embora reputados como molhes, esses desembarcadouros encontram-se na linha da praia. Isso, contudo, não constitui problema, pois ela é acessível e o mar bonançoso.

A cidade, de formato quadrangular, tem ruas excelentes, dispostas nas direções N. N.O., S. S.O., E. N.E. e O. S.O. As quadras são extremamente bem alinhadas e somente umas poucas ruas apresentam, na sua extremidade, uma pequena curvatura. O anterior vice-rei, o marquês de Lavradio, ampliou consideravelmente a área calçada da cidade e colocou passeios laterais em muitas vias públicas. Como essas são muito retas, tais benfeitorias causam, não se pode negar, um efeito muito bonito e enobrecem esta capital.

Tanto as igrejas quanto as casas são, em geral, bastante regulares. Destacam-se a Capela dos Terceiros de N.S. do Carmo, que foi primorosa e ricamente trabalhada com pedras vindas de Lisboa; o palácio do vice-rei, um edifício alto, espaçoso e bonito; a Casa da Moeda e a cadeia – estas, cada uma no seu estilo, são razoavelmente bem-feitas.

As casas, na sua grande maioria, são de pedra. Muitas delas são altas e contam com balcões nas janelas superiores. As janelas das casas baixas têm gelosias, sem as quais dificilmente se conseguiria alugá-las. O piso das moradias é, em geral, de tábua, apesar de esse material ser mais adequado para os países frios.

Há, na cidade, além da catedral, cinco conventos, quatro igrejas paroquiais e muitas capelas. Nenhuma dessas igrejas merece elogios, pois têm uma única nave, são desprovidas de abóbadas e contam com poucos adornos. As únicas exceções são as de são Bento e de santo Antônio, que têm três naves e uma decoração mais rica.

Quando da fundação do Rio de Janeiro, optou-se por construir a catedral no morro do Castelo, situado na extremidade sul da cidade. Contudo, como a urbe cresceu pela planície, a freqüentação dessa igreja tornou-se difícil. O rei ordenou, então, que se erguesse uma outra catedral na parte oeste. Esse novo templo promete ser uma obra de grande envergadura, isso se for concluído, já que os trabalhos estão parados há muitos anos. Atualmente, serve de sé a Igreja de Nossa Senhora do Rosário, igreja modesta e freqüentada por negros; indigna, pois, de tamanha distinção. Trata-se, porém, de uma solução provisória, enquanto se espera a retomada dos trabalhos de construção referidos.

A Igreja local é composta por um bispo diocesano, cinco dignidades, um deão, um chantre, um magistral, um mestre-escola e doutoral e 13 cônegos. O número de clérigos é bastante significativo, o que permite a realização de ofícios aparatosos, entre os quais destacam-se aqueles que têm lugar na Semana Santa.

O episcopado está a soldo do rei e os vencimentos são os que se seguem. O bispo recebe 100 mil réis de côngrua, acrescidos, como propina, de um terço da renda da câmara eclesiástica, o que perfaz um total de mais de três contos anuais. O atual bispo é um crioulo nascido nessas plagas, chamado dom José Joaquim Mascarenhas Castelo Branco, que passa por pessoa de grande nobreza e é o primeiro exemplar de mitra em sua pátria. O deão recebe metade dos vencimentos do bispo, ou seja, 50 mil-réis; porém, somados a algumas propinas, o seu vencimento aumenta para mais de mil cruzados anuais. Os vencimentos das outras dignidades vão caindo gradativamente até chegar no salário do cônego, que recebe 300 réis. As prebendas raramente ficam vagas e, quando ficam, o que ocorre por pouquíssimo tempo, as propinas acumulam para o próximo ocupante.

Os vencimentos, a bem da verdade, são bastante limitados. E isso não só na esfera religiosa, mas também, como veremos, na civil. Todavia, é preciso levar em conta que a vida no país é barata e, com o que se ganha, pode-se passar sem dificuldades. Pretender, como querem alguns, que o soberano sustente uma vida luxuosa é um absurdo. Além disso, os súditos mais bem pagos não são necessariamente os mais dedicados.

A cidade, afora a antiga catedral, conta com quatro igrejas sedes de paróquias: Candelária, São José, Santa Rita e Nossa Senhora do Rosário. As quatro primeiras são de portugueses e a última, apesar de estar funcionando como sé, pertence aos negros. O cura da Candelária intitula-se vigário e sua paróquia é tão cobiçada como um bispado, pois rende 4 mil cruzados anuais. As outras sedes de paróquias são pobres e, tanto a arquitetura quanto a decoração, refletem esse pauperismo.

Os conventos são em número de três: um dos monges beneditinos (São Bento), outro dos monges franciscanos (Santo Antônio) e um terceiro dos carmelitas (Santa Teresa). Há ainda um hospício dos capuchinhos missionários.

O convento de São Bento é o mais rico do Brasil, sua renda atinge mais de 30 mil cruzados anuais. A casa pode receber cerca de cem monges, mas atualmente, em razão de uma ordem, datada do tempo do marquês de Pombal, que proíbe a admissão de novos religiosos, só abriga 30. A igreja e o convento, situados no alto de um morro no lado setentrional da cidade, são espaçosos, muito arejados e têm uma vista admirável. O termômetro assinala aí 5° a menos do que na cidade.

A riqueza desse convento advém, sobretudo, de quatro engenhos de açúcar, que empregam 1.200 escravos, e de algumas casas de aluguel espalhadas pela cidade. Os monges levam uma vida prazerosa e dão-se ao luxo de manter, junto ao convento, uma oficina para prestar-lhes serviços.

A propósito dos escravos, ninguém na cidade os possui em tão grande número quanto os monges beneditinos. Conta-se que, por uma espécie de vaidade, esses monges têm preferência por escravos de cor clara e de boa fisionomia, escravos que se confundam com os portugueses. Os jesuítas, ao contrário, preferiam outrora os escravos negros, o que a meu ver parece mais adequado.

A biblioteca do convento de São Bento, segundo dizem, é a maior do Rio de Janeiro. Seu acervo é composto de 3 mil volumes. Quando o número de monges era satisfatório, havia aulas no local. Nos dias que correm, porém, estão suspensas.

O convento dos religiosos menores de Santo Antônio está situado a S. S.O. do convento de São Bento, sobre um morro igualmente espaçoso e aprazível. A casa conta com 120 religiosos e a sua renda, proveniente de esmolas recolhidas ao pé do altar, ultrapassa, segundo dizem, a renda dos beneditinos. Dignas de destaques, são as aulas de filosofia aí ministradas.

A Ordem Terceira de São Francisco tem como membros quase toda a gente pobre da cidade e muitos cidadãos ricos. Além de uma capela, essa ordem mantém um hospital de 24 leitos, com dois encarregados que atendem enfermos de ambos os sexos.

O convento dos Carmelitas é bastante grande, podendo receber comodamente cem religiosos. Situada na praça do palácio, essa casa é a mais procurada pelos fiéis para o cumprimento das suas obrigações espirituais. Segundo contam, é o convento mais antigo da cidade. Suas posses são poucas e sua renda consiste basicamente nas esmolas dadas pela Ordem dos Terceiros. Essa ordem é a mais brilhante da cidade, pois, entre os homens ricos e importantes, poucos são os que não possuem o escapulário carmelita. Ela mantém metade do hospital de São Francisco.

As monjas da Conceição são pobres, assim como as de Santa Teresa. As primeiras estão sujeitas aos estatutos de sua congregação e as últimas, que vivem num convento de fundação régia, estão submetidas diretamente ao ordinário.

O hospício dos capuchinhos, situado no lado sul da cidade, conta com 12 religiosos italianos e alguns missionários alemães, enviados, a pedido da Corte, pela congregação da *Propaganda Fide*. Esses missionários atuam tanto aqui como na África e suas ações fazem jus à fama que gozam e aos elogios que recebem dos habitantes desta cidade.

Por ordem real, todos os conventos são obrigados a admitir um número idêntico de europeus e de nativos, o que é respeitado escrupulosamente.

Além das igrejas já mencionadas, há no Rio de Janeiro a sé velha, que ainda não tem destino certo, o colégio dos jesuítas, que serve de hospital para a tropa, e a Igreja de Nossa Senhora da Misericórdia, que mantém um hospital e a casa dos expostos. A irmandade formada pelos paroquianos da Misericórdia contribui com copiosas somas para essas instituições. Isso permite que se mantenham cem leitos no hospital e que se sustentem as crianças expostas de ambos os sexos até que elas possam abraçar uma profissão. É verdade que a piedade dos habitantes locais também muito contribui para o sucesso dessas obras pias. A irmandade, sob administração de dois de seus membros mais destacados, pede esmolas e cobra propinas. No hospital, são tratados os marinheiros dos navios mercantes do país. Esses navios, a propósito, pagam, por cada entrada no porto, uma pataca para o hospital. Cabe ainda assinalar que não eram poucos os que teciam comentários não muito elogiosos acerca da administração dos fundos dessa instituição.

Dez são as capelas existentes na cidade; entre as quais se distinguem, por sua utilidade pública, as seguintes: N.S. da Conceição, que serve de hospício para os pardos; N.S. do Parto, onde funciona um hospital e um retiro para arrependidas; São Joaquim, um orfanato que, atualmente, oferece abrigo e estudo a 25 meninos brancos; N.S. da Lapa, onde se ensina gramática e as primeiras letras aos pobres; e São José, um seminário que recebe jovens interessados em aperfeiçoar os seus estudos e tomar os votos.

Uma das coisas que mais chama a atenção no Rio de Janeiro é a abundância de águas de fontes públicas. As fontes são em número de três. A mais abundante e magnífica é a de Santo Antônio, situada em frente ao convento homônimo, que conta com 12 bocas. A água que aí jorra é armazenada num tanque e, antes de correr, aproveitada para vários misteres. A segunda tem seis bocas e localiza-se na praça do palácio, junto ao cais. Ela destina-se, sobretudo, à aguada dos navios, que pode ser feita com muita comodidade. A terceira não merece muita atenção. Todos os conventos e uma ou outra casa particular dispõem de bocas de água. Além disso, o governo local, tendo em vista a comodidade dos habitantes, está construindo mais seis chafarizes públicos.

Toda essa água vem de um manancial que nasce na parte sul da cidade e corre até o morro de Santa Teresa. Aí, a água é colhida pelo famoso aqueduto do Rio de Janeiro. A princípio, esse aqueduto constava de 31 arcos baixos que levavam a água somente até o morro de Santo Antônio. Mais tarde, foi ampliado com o propósito de abastecer os conventos situados nas colinas. Essa obra é motivo de grande orgulho para os habitantes locais, que a julgam digna de admiração. Contudo, quando a contemplamos com atenção, vemos que tal admiração não tem muita razão de ser, já que, mesmo na América, há obras de maior vulto do que essa. Foi esse deslumbre pelo seu aqueduto que fez com que os naturais desta cidade ficassem conhecidos como cariocas, nome da fonte de onde provém a água que abastece a região. Logo que estabelecem contato com um europeu, os cariocas apressam-se em dizer-lhe que essa água tem o poder de enfeitiçá-lo e de fazê-lo fixar residência na cidade.

Há no Rio de Janeiro um local destinado à representação de comédias, que os habitantes chamam Casa da Ópera. Apesar de pequeno, esse teatro é bastante adequado ao seu fim. Diria mesmo que é mais adequado do que o seu congênere de Lisboa. Atualmente é o único do reino que conta com mulheres no elenco das comédias, pois, na Europa, a rainha só permite a representação de peças desse gênero quando encenadas por homens.

A cidade é dominada por montanhas, que formam, na parte ocidental, uma espécie de paredão. Essa configuração impede a circulação do ar e não permite que o vento refresque a região, de ordinário muito quente. Ao entardecer, quando o calor abranda um pouco, os habitantes costumam sair a passeio. Nessas ocasiões, dois trajetos são muito procurados: um que vai do campo de São Domingos até as chácaras e outro que sai de N.S. da Glória, passando pela praia. O primeiro, apesar de não receber muito ar fresco, por se encontrar nas proximidades das montanhas, permite ao caminhante desfrutar do verde da região e contemplar bonitas chácaras. Esse caminho é a única via de comunicação com a cidade, sendo muito procurado pelos cavaleiros e pelas pessoas que dispõem de caleças. O segundo é mais adequado para quem vai a pé, pois ali se pode aproveitar a refrescante brisa marítima. Em ambos os trajetos, vêem-se poucos homens a passeio e nenhuma mulher, a não ser aquelas que estão às voltas com os seus afazeres.

No caminho que dá acesso à cidade, denominado novo, estão localizadas muitas chácaras, nas quais se nota uma forte influência do gosto inglês. Essas propriedades são bem cultivadas, contam com boas casas e dispõem, até mesmo, de lugares para banhos com abundância de água. Nelas há fartura de frutas tropicais e muitas hortaliças; essas são enviadas para o mercado da cidade, e comercializadas. Os proprietários procuram sempre instalar as suas chácaras num local que lhes permita fugir do forte calor do verão, o que têm conseguido com brilho.

Para concluir esta descrição geral do Rio de Janeiro, resta afirmar que a cidade é de tamanho considerável, muito bonita e, embora não seja das mais opulentas, considerando o seu estágio de civilização e a sua aparência, inclino-me a classificá-la num lugar de destaque entre as cidades do mundo.

ADMINISTRAÇÃO POLÍTICA E MILITAR DO RIO DE JANEIRO

O governo do Rio de Janeiro compõe-se de diversos tribunais, como exigem uma capital e uma população de qualidade. Vê-se logo que a organização jurídica local, salvo alguns aspectos, tomou como modelo aquela que outrora vigorava nas nossas possessões da América. Sem pretender esgotar tão importante matéria, passamos a descrever esta organização nas suas diversas partes.

O primeiro tribunal, aquele que julga soberanamente os casos relacionados à vida, à honra e às posses das gentes, é a Audiência, denominado pelos portugueses Relação. Ele é composto pelo vice-rei, que atua como presidente, por um chanceler e por sete desembargadores – chamados ouvidores e agravistas –, assessorados por um ouvidor geral do crime e outro do cível.

O senhor vice-rei tem uma enorme autoridade nesse tribunal, de modo que tanto as condenações à pena capital, quanto outras deliberações importantes dependem da sua aprovação. Se Sua Excelência pronuncia uma sentença, não é possível recorrer à Relação – coisa que entre nós não ocorre. Em uma palavra, essa autoridade é de fato a imagem do soberano e é somente a esse que se pode recorrer das determinações daquele.

Para bem conduzir os seus trabalhos, o vice-rei tem o poder de nomear assessores e desincumbir-se dos contenciosos que correm nos diversos tribunais. Contudo, muito acertadamente, ele chama a si tudo quanto se refere às questões militares, políticas, administrativas e financeiras.

Nota-se, pois, que o cargo de vice-rei é muito importante e pode envaidecer o mais modesto dos homens. Mas, mesmo com esse inconveniente, é o que mais convém a estes domínios, por ser sobremodo semelhante ao sistema monárquico metropolitano. O ocupante do cargo deve ser um indivíduo de virtude comprovada, capaz de desempenhar as suas funções com prudência e retidão. Como tem demonstrado a experiência, a educação civil dos nossos dias forma indivíduos que, procedendo com moderação, levam os seus vassalos a respeitá-los e a demonstrarem um verdadeiro gozo em obedecê-los, recebendo em troca a garantia de justiça e sossego.

Três dias por semana, o vice-rei preside o Tribunal da Relação; nos outros dias, na parte da tarde, o Tribunal de Contas. Ambos os tribunais estão instalados no palácio, de onde Sua Excelência não sai senão para fazer pequenos passeios, observando sempre o cerimonial de jamais visitar quem quer que seja e tomar as refeições sozinho.

A escolha do ocupante do cargo de vice-rei é feita sem levar em consideração a carreira pregressa do candidato. Uma vez escolhido o ocupante, todos os meios são postos a seu dispor para que suscite veneração entre os comandados. O tratamento a ele dispensado é de Ilustríssimo e Excelentíssimo Senhor; seu palácio é grandioso e rodeado por guardas; e o acesso a sua pessoa é bastante difícil. Somente o soldo não corresponde à tamanha ostentação, pois é de somente 15 mil cruzados. O fato de presidir o Tribunal de Contas e ser regedor da justiça faz com que seu salário chegue a 24 mil cruzados.

Essa renda, tão exígua, não permite aos vice-reis fazerem uma figura magnífica. Alguns poucos, ainda que não lancem mão de meios menos lícitos para encherem as suas algibeiras, não se conformam com essa situação, como foi o caso do último ocupante do cargo, o marquês de Lavradio. A maior parte deles, porém, acostuma-se com esses magros rendimentos e, quando tomam conhecimento da renda de um vice-rei das possessões castelhanas, ficam aturdidos. Não raro, temos de ouvir insinuações maldosas a esse respeito, como, por exemplo, a de que os representantes do monarca português não são venais. Em defesa dos meus compatriotas, posso dizer que a generosidade da Coroa espanhola permite que os nossos governantes estabelecidos na América sejam incluídos na classe dos ricos. Certamente que a Coroa portuguesa não precisa de exemplos de como obsequiar os seus altos dignitários; contudo, com o que ganham, esses nem de longe podem ser comparados aos castelhanos.

O atual vice-rei, d. Luís de Vasconcelos, é um fidalgo jovem, de bela fisionomia e dotado de algumas virtudes que o fazem estimado por todos os habitantes. Proveniente da magistratura, Sua Excelência ocupou cargos na Audiência do Porto e no Desembargo do Paço. Quando foi nomeado pela rainha para o posto que ora ocupa, todos na Corte ficaram muito surpresos, pois d. Luís não tinha mais do que 34 anos.

Durante a cerimônia do beija-mão, Sua Excelência recebe a sua corte em pé, instalado sob um dossel e sob o retrato da rainha. Nessa ocasião, traz vestido o uniforme vice-real: uma farda escarlate e uns calções brancos com botões de ouro. D. Luís não usa nenhum adereço; coisa bastante rara, pois os militares do Rio de Janeiro gastam galões. Talvez a atitude do vice-rei vise a demonstrar aos seus subordinados que a simplicidade e a moderação no vestir são próprias da virtude. Todos os que vão cumprimentar Sua Excelência fazem três profundas reverências e retiram-se. À última, o vice-rei responde com um leve meneio de cabeça. Durante nossa estada, tomamos parte no cortejo do Domingo da Ressurreição, no qual, por ordem do ajudante do vice-rei, seguimos atrás dos chefes militares e antes dos desembargadores.

Nos dias de festa, o vice-rei mostra-se em público num carro puxado por seis cavalos e faz-se acompanhar por quatro batedores e 60 soldados de um regimento de dragões. Nos dias normais, esse senhor utiliza um cupê, puxado por dois cavalos, e faz-se acompanhar por dois batedores e quatro soldados. Diariamente, uma companhia inteira de infantaria monta guarda na parte externa do palácio e um destacamento de dragões cuida da vigilância das escadas, da câmara e do gabinete.

Quando Sua Excelência passa, todos imediatamente fazem-lhe reverência. Nas igrejas, ele só ocupa a tribuna. Trata-se, como se vê, de um cargo com muito prestígio, que oferece vantagens dignas daquele a quem o vice-rei representa nessas terras, o monarca. D. Luís de Vasconcelos foi designado para a função que ocupa por um período de cinco anos, mas esse prazo é prorrogável segundo as circunstâncias.

O chanceler da Relação recebe um soldo de 5 mil cruzados e cada ouvidor, 2.250 cruzados; contudo, acrescido das propinas, os rendimentos desses atingem os 3 mil cruzados. A renda de cada fiscal varia entre os 7 e os 8 mil cruzados, sendo as suas funções idênticas àquelas desempenhadas pelos nossos. Dos oito ouvidores que compõem a Relação, dois são nomeados por Sua Majestade para ocupar as funções de intendente e de provedor da Real Fazenda. O primeiro cuida de todos os assuntos de natureza econômica e tem como superior imediato o vice-rei. Entre as suas funções está a inspeção das cargas que entram e saem do porto, o combate ao contrabando, o controle dos diamantes e do quinto do ouro, a cobrança dos direitos aduaneiros, das sisas e dos demais impostos que existem; as contas referentes a esses recebimentos são entregues diretamente à Junta do Erário. Já o provedor, encarrega-se do controle das finanças públicas, paga a tropa e os empregados da Coroa e cuida da manutenção das fortificações. Para controlar os gastos extraordinários do governo, é nomeada uma comissão que presta contas anualmente.

A administração do Erário Público é, sem dúvida, a função que exige o maior controle por parte do soberano, pois sempre há o perigo da corrupção. Deixar tudo a cargo do vice-rei não convém; todavia, privá-lo de qualquer autoridade nesse setor também não é indicado. A atitude mais prudente parece ser a de submeter os gastos a uma comissão presidida por Sua Excelência, sobretudo porque evita os privilégios, que em muito contribuem para gerar intranqüilidade e insubordinação.

O Senado da Câmara compõe-se de um presidente e quatro senadores. O presidente é um magistrado, nomeado pela Coroa, que exerce também a função de ouvidor e de chefe da polícia da Casa da Moeda, além de cuidar das apelações dirigidas à Relação. Os quatro senadores são eleitos anualmente, alternando entre europeus e homens da terra. As nomeações devem ser aprovadas pelo vice-rei. O Senado cuida dos interesses da cidade e administra a polícia. A cada três meses, dois dos senadores assumem a função de almotacel, encarregando-se da taxação dos víveres e da execução das obras públicas. Nos dias que correm, o que não falta a essa cidade são fundos próprios para obras; outrora, porém, a situação era bem diversa.

Além do presidente da Câmara, são igualmente magistrados o juiz do comércio e o juiz de órfãos. O Tribunal do Comércio compõe-se do referido juiz e de dois inspetores, nomeados pelos comerciantes, dos quais um pertence ao corpo de corregedores da Corte.

Essa cidade e a da Bahia são as duas únicas do Brasil que contam com a estrutura de governo acima apresentada. Os contenciosos civis e criminais das demais povoações são administrados pelo capitão geral e pelos magistrados, todos subordinados à Relação do território. O que significa que o governo das capitanias é muito mais simples do que os das duas capitais (...).

USOS E COSTUMES DOS PORTUGUESES DO RIO DE JANEIRO

É verdade que o comércio tem prosperado muito nesta cidade; contudo, não há entre os habitantes indivíduos detentores de grandes capitais. Quanto aos funcionários da Coroa, esses ganham somente o suficiente para viver.

A sociedade local, refletindo essa situação, não tem, ao contrário da fama que corre, nada de brilhante. As gentes da cidade vivem num estado de mediania: não há nem opulentos, nem miseráveis.

O uso do coche é extremamente limitado. Em toda a cidade, não devem ser mais do que seis, incluindo o de Sua Excelência e o do tenente-general – os únicos que chegamos a ver transitando pelas ruas. O uso da liteira é freqüente, no entanto, a cadeirinha é o meio de transporte mais popular. Essa quase não apresenta nenhum adorno, ficando o pouco luxo todo reservado para a libré dos escravos carregadores; e isso somente nos dias de festa, porque nos dias normais a roupa desses é bastante modesta.

Há, entre os habitantes do Rio de Janeiro, uns poucos fidalgos e alguns homens que ostentam o hábito da Ordem de Cristo. A pertença a essa distinta ordem, todavia, não parece trazer-lhes muita honra, pois, pelo que pude observar, muitos deles desempenham funções não muito decentes. Tal situação, no entanto, não impede que a maioria se ache tão importante quanto o vice-rei.

Pelas poucas casas que conhecemos, pudemos concluir que os portugueses apreciam muito os móveis em madeira, alguns dos quais bastante curiosos. Igualmente apreciados são os jardins. Nas ruas, as suas vestimentas são discretas e, excetuando as gentes de farda, quase não se vêem galões ou quaisquer outros objetos de ouro e prata. Tais objetos não são produzidos em Portugal e, desde o governo do marquês de Pombal, a importação de produtos estrangeiros é muito reduzida. Observamos que os portugueses quase não usam seda, preferindo os tecidos de algodão ingleses ou indianos. As casacas de lã, apesar do intenso calor que faz nessa região, são bastante comuns; ninguém as dispensa. Os oficiais e mestres de qualquer ofício usam perucas, as quais parecem ser mais estimadas do que o próprio cabelo. Nem mesmo os negros dispensam esse adereço e estão sempre bem penteados e empoados. Mas o forte dos adereços são as pedras preciosas, que adornam os chapéus, os anéis, os botões, os peitilhos e as fivelas.

As mulheres do Rio de Janeiro vestem-se como as de Portugal. Há algumas senhoras que não dispensam o uso da mantilha e dos penteados adornados com fitas. O que mais interessa-lhes, porém, é estarem bem calçadas e empoadas. Para irem às igrejas ou a qualquer outra parte, usam sempre uma capa de castor – seja qual for a estação do ano. As fidalgas portam, em geral, saia e manta. Durante a Semana Santa, quando as vestimentas ganham maior luxo, as saias são abertas na frente e deixam à mostra um saiote bordado em ouro e prata. Nessa ocasião, as senhoras portam uma grande quantidade de pedras preciosas e fazem-se acompanhar de igual número de escravos. Os portugueses que as contemplam julgam que estão diante das mais formosas damas do universo.

A moda não tem grande penetração entre as mulheres do Rio de Janeiro e o gosto é bastante flexível, o que faz com que as cores e os padrões das vestimentas variem muito. Observamos que há uma grande predileção pelas cores fortes, como o azul, o violeta e o vermelho, e pelos desenhos de ramagens. O apreço pelas pedrarias, como mencionamos, é enorme. Uma noite, no teatro, parou ao nosso lado uma senhora que, em razão dos grandes anéis e de outras jóias que trazia, era apelidada pelas gentes da terra de *Tabuleta* ou *Vitrina de Ourives*. Essa mesma dama usava um penteado copiado de uma inglesa que há pouco passara por esta cidade a caminho do Oriente.

Tanto os homens quanto as mulheres são muito asseados e adoram vestir roupa branca, a qual é bem tratada, lavada e engomada primorosamente. Todos têm especial predileção pelos laivos azuis que o emprego do anil deixa no tecido branco.

A atenção e a cortesia são características desse povo. Todavia, devo dizer que essa observação diz respeito somente à exterioridade, na medida em que não me foi possível avaliar como procedem no trato íntimo: e é aí que realmente apreciamos o verdadeiro grau dessa virtude. Os visitantes espanhóis gozam de um estatuto especial que os torna diferentes de outros estrangeiros. Mesmo assim, somente os poucos habitantes que mantinham conosco algum negócio chegaram a dispensar-nos alguma atenção. O que, a ter-se em conta o natural retraimento com que são tratados os estrangeiros, não foi pouco.

Entre o diminuto número de portugueses com os quais nos relacionamos, houve um, moderado e judicioso, que confessou abertamente achar vergonhosa a maneira como os seus conterrâneos tratavam os visitantes. Disse-nos, contudo, que tais modos eram justificáveis, pois o governo era tão ciumento, que os súditos de Sua Majestade temiam demonstrar um pouco de atenção para com os estrangeiros e tornarem-se suspeitos aos olhos das autoridades. Daí serem poucos aqueles que se arriscavam a proceder como ele, sendo o contrário, isto é, a reserva em relação aos estrangeiros, sobretudo em relação aos vizinhos espanhóis, a atitude mais comum.

Semelhante procedimento não corresponde àquela boa vontade que caracteriza o relacionamento sincero e cortês entre os povos; por conseguinte, não posso tecer grandes elogios a essa nação. Propus-me escrever com toda a sinceridade e não pretendo dissimular impressões fundamentais para um justo conhecimento dos habitantes dessa cidade tão-somente para obsequiá-los. Não devo, igualmente, omitir que os portugueses não podem queixar-se do nosso comportamento, que foi sempre impecável. Chegamos mesmo a relevar muitas das indelicadezas que sofremos. Quando da nossa partida, o próprio vice-rei do Rio de Janeiro elogiou-nos e mandou dizer ao vice-rei de Buenos Aires que havíamos procedido de maneira muito honrada. Tudo isso foi dito por Sua Excelência da forma mais espontânea, o que só vem confirmar a correção da nossa conduta, que, a propósito, foi constantemente observada.

Notamos, com espanto, que os habitantes do Rio de Janeiro são reservados não somente com os estrangeiros, mas também com os seus conterrâneos. Dizem que os portugueses são terrivelmente ciumentos, mas sempre pensei que essa afirmação fosse exagerada e sem fundamento. Ledo engano. Fomos informados de que as visitas às damas só são permitidas, mesmo aos parentes, depois de tomadas muitas precauções. Inclino-me a acreditar que esse costume foi herdado dos antepassados da Europa. Venha de onde vier, no entanto, a verdade é que se funda no exagerado ciúme masculino.

Esse excesso de zelo e preocupações não parece, contudo, ter como resultado costumes sãos e, menos ainda, puros. A libertinagem, causa maior da degradação do espírito humano, é coisa comum no Rio de Janeiro. Diria mesmo que, nesse particular, a cidade ocupa o primeiro lugar em todo o mundo. Pouco depois do anoitecer, vêem-se muitas mulheres que, a pretexto de fazerem compras nas lojas e cuidarem dos seus haveres, perambulam pelas ruas convidando à perversão.

Essas senhoras, em geral, têm um talhe medíocre e pouco dão nas vistas. As feições, todavia, são bastante delicadas e o sotaque é bem mais agradável do que aquele das mulheres de Portugal. Para um envolvimento amoroso, dizem, tais damas preferem o europeu ao filho da terra. Reina uma feroz oposição entre aquelas nascidas na colônia e as provenientes da Europa.

Os naturais do Rio de Janeiro são vivos, engenhosos, vaidosos e vingativos; adoram a dança e a música e praticam-nas com bastante desenvoltura. Embora habitem numa zona tórrida, não são preguiçosos. Digo isso a título de impressões gerais, pois, como é natural, há na cidade gente de todos os tipos.

No tocante à alimentação, os naturais do Rio de Janeiro, como sucede em todos os países do mundo, têm as suas iguarias regionais. Informaram-me, porém, que essas especialidades são muito miseráveis, apesar de a caça, as aves, as verduras, o pescado e tudo mais serem abundantes na região. A carne de vaca é vendida a um vintém a libra e sua qualidade é razoável. A carne de carneiro é horrível. Uma galinha vale uma pataca e o pescado, muito abundante, pode ser adquirido a preços muito baixos. A alimentação dos menos abastados consiste basicamente de pescado e farinha.

Os peixes mais apreciados são o cherne, a cavala, e a anchova, espécies grandes, que julgamos de qualidade superior. Nas peixarias, situadas no lado noroeste da cidade, passam de 60 as espécies de pescados à venda. Costumávamos percorrer essas bancas simplesmente para apreciar a variedade e a abundância da mercadoria exposta. Há poucos peixes no interior da baía, o que obriga os pescadores a irem capturá-los no mar. Os melhores locais para a pesca são a ilha Grande, Ubatuba, São Sebastião e, sobretudo, Cabo Frio. Os navegantes têm por hábito salgar as tainhas, os chernes e os namorados e utilizá-los nos seus ranchos; outro peixe que também é salgado e consumido nessas ocasiões é o peixe de Angola, cujo gosto é sofrível.

A farinha de pau faz as vezes de pão nessas plagas. Estranhamente, os habitantes ficam muito desgostosos quando um estrangeiro menciona o gosto que têm por tal produto. Impressionou-me muito a agilidade com que o consomem: tomam um punhado entre os dedos e, à distância de um palmo, atiram para a boca sem perder um único farelo. O uso do pão, porém, está cada vez mais generalizado, sobretudo depois que o Rio Grande passou a enviar trigo para a cidade. Um pão grande, de boa qualidade, custa um vintém. A carne de porco, o arroz e os doces, abundantemente consumidos, constituem os alimentos preferidos dos habitantes.

A piedade e a devoção são as virtudes dominantes entre os portugueses. Os habitantes do Rio de Janeiro pensam mesmo que não há povo mais devoto em todo o mundo católico. E, a julgar pelas manifestações exteriores de fé, somos obrigados a dar-lhes razão. Grande é a freqüência nas igrejas, tanto para as orações, como para receber os sacramentos. No interior desses templos sagrados, a tomar pela postura dos fiéis, a devoção e a contrição são enormes. O uso do hábito e do escapulário de Nossa Senhora do Carmo e de São Francisco é bastante comum. Como se isso não bastasse, em quase todas as esquinas, há nichos para santos, alguns dos quais tão ricamente decorados que poderiam passar por altares de uma igreja de bom tamanho. Em frente a tais nichos, a partir do anoitecer, vozes descompassadas e atordoantes cantam o rosário.

Como afirmei, se consideramos as manifestações exteriores de devoção, os portugueses do Rio de Janeiro são realmente os melhores católicos do mundo. Contudo, tais manifestações nem sempre correspondem à devoção íntima, aos sentimentos que vão na alma. Pelo que observamos, embora os habitantes dessa cidade pareçam muito fiéis e submissos ao catolicismo, ouvem-se aqui e ali algumas falas que, quando proferidas por membros dessa religião, ainda que sem veneno, dão a entender a presença de laivos voltairianos.

As comemorações da Semana Santa são verdadeiramente magníficas e instigam à devoção. Tivemos oportunidade de assistir aos ofícios na catedral e de acompanhar duas procissões: a do Senhor Morto, na Sexta-feira Santa, e a do Triunfo, no Domingo de Ramos. Ambas saíam do convento dos carmelitas e, no seu decorrer, eram representados os diferentes passos da vida do Redentor, bem como alguns episódios da Sua paixão. Em nenhuma dessas procissões vimos metais ricos nas imagens; somente os andores eram dourados, mas feitos de madeira. Essas procissões são formadas exclusivamente pelos numerosos irmãos professos e noviços da Ordem Terceira dos Carmelitas e pela comunidade dos religiosos de Nossa Senhora do Carmo. O hábito dos seculares não difere do dos regulares, salvo pela ausência de capuz. O ato é representado com extrema gravidade, causando forte e boa impressão.

A saúde dos habitantes do Rio de Janeiro não é das melhores, o que equivale a dizer que o povo tem um temperamento enfermiço. Afora as doenças conhecidas de toda a gente, como as febres intermitentes e não intermitentes, são muito comuns na cidade a peste, as disenterias, as erisipelas e as inflamações nos testículos e nas pernas. Disseram-nos que, ano passado, a disenteria vitimou duas mil pessoas. Quanto às inflamações, a sua freqüência é tanta que, ao caminhar pela rua, é impossível não notar os muitos indivíduos que padecem de inchaços e apresentam uma aparência verdadeiramente monstruosa.

Felizmente, esse último mal não impede que a vítima continue com os seus negócios, nem provoca sofrimentos por períodos muito longos. O que, de certa forma, compensa o caráter incurável da enfermidade, ao menos na cidade do Rio de Janeiro. Para curar ou minorar tal doença, a vítima precisa deslocar-se para São Paulo ou para uma outra região fria.

A palidez estampada no semblante dos habitantes deixa claro que essa região é péssima para a saúde. Há quem afirme que isso se deve à temperatura, outros dizem que à alimentação, há ainda os que culpam a falta de ventilação e a diminuição das ventanias. A temperatura realmente é bastante elevada. Durante o verão, o termômetro, instalado no alto do Castelo de São Sebastião, nunca marca menos do que 82°F, subindo até 86°. No inverno, os termômetros dificilmente marcam menos de 60°F. Essa temperatura, somada à alimentação, à falta de ventilação, ao curso regular dos ventos e à atmosfera, produz as deploráveis condições de saúde da população dessa cidade. Tenho para mim, contudo, que o consumo excessivo de peixe e de carne de porco e a ausência de ventos, que torna o ar muito seco, são as causas principais.

EDIÇÃO UTILIZADA

AGUIRRE, Juan Francisco de. "Diário de J. F. de Aguirre". In: *Anales de la Biblioteca. Publicatión de Documentos Relativos al Rio de la Plata.* Buenos Aires: Imprenta y Casa Editora de Coni Hermanos, tomo V, 1905, p. 23-34, 66-80, 114-123.

BIBLIOGRAFIA

FAZENDA, José Vieira. *Antiqualhas e memórias do Rio de Janeiro.* Rio de Janeiro: separata da *Revista do Instituto Histórico Geográfico Brasileiro,* vol. 149 (1924), tomo 95, p. 525-534.

GROUSSAC, P. "Noticia de don Juan Francisco de Aguirre". In: *Anales de la Biblioteca. Publicatión de Documentos Relativos al Rio de la Plata.* Buenos Aires: Imprenta y Casa Editora de Coni Hermanos, tomo V, 1905.

TAUNAY, Afonso de Escragnolle. *No Rio de Janeiro dos vice-reis.* São Paulo: Anais do Museu Paulista, tomo XI, 1943.

Friedrich Ludwig Langstedt

As tropas inglesas na Índia, desde muito cedo, contaram com um largo contingente de mercenários alemães. Sua Majestade britânica, demonstrando zelo pela vida de seus súditos, optou por abastecer os batalhões de além-mar com levas de homens comprados a bom preço de alguns principados do Reno.

Em 1781, o capitão do navio inglês Benjamin and Ann, *embarcação de transporte que rumava para a Índia e que certamente contava com muitos desses homens adquiridos no Reno, julgou por bem contratar um pastor protestante para amparar espiritualmente os germânicos. A vaga foi preenchida por um capelão de nome Friedrich Ludwig Langstedt, acerca do qual não conseguimos obter nenhuma informação. Pela sua relação, ficamos a saber que o* Benjamin and Ann *e mais 23 embarcações zarparam de Portsmouth em outubro de 1781. As condições da viagem devem ter sido as piores possíveis, pois, em 29 de abril de 1782, quando a frota ancorou na baía de Guanabara, a doença e a morte tinham feito muitas baixas no seio das tripulações.*

Os que resistiram à dura travessia tiveram três meses (3 de julho) de descanso em solo carioca. Período aproveitado pelo pastor alemão para cuidar das almas de alguns doentes e recolher, com o auxilio do marechal-de-campo Henrique Böhm – um germânico contratado pela Coroa portuguesa para organizar a defesa do Brasil meridional –, um conjunto significativo de informações sobre a cidade do Rio de Janeiro.

Navegávamos agora ao longo da costa do Brasil. Às 12 horas, o comandante deu um sinal para que nos aproximássemos do porto do Rio de Janeiro. Às cinco horas da tarde, vimos uma fortaleza com a bandeira portuguesa a tremular no mastro. O comandante disparou então dois tiros de canhão e todos os navios hastearam a bandeira inglesa. Às seis horas, lançamos âncora a uma distância de cinco milhas da embocadura, numa profundidade de 17 braças. Achei as serras do Rio de Janeiro as mais pitorescas que alguma vez tinha visto.

A diferença entre a corrente de ar que vinha da terra e aquela proveniente do mar, que até então respirávamos, era bastante sensível. Conseqüentemente, o navio tornou-se úmido e impossibilitou que a nossa gente continuasse a dormir no convés.

De manhã, apesar do nevoeiro que subia pela costa e que parecia um muro alto, vimos, do lado esquerdo da terra, próximo ao mar, um pequeno convento católico, onde, segundo dizem, estão exilados aqueles que cometeram pecados carnais em outras casas religiosas. Ao longe, avistamos duas pequenas fortalezas e a cidade do Rio de Janeiro, cidade que é apelidada de São Sebastião nos tratados geográficos. Em uma das rochas altas à esquerda e em duas fortalezas flutuava o pavilhão português.

Apesar de ser inverno, o tempo era tão agradável e tão quente que lembrava os mais belos dias de maio em nossa terra. Às três horas, aproximamo-nos das fortalezas e o comodoro resolveu cumprimentá-las com 15 e 21 tiros de canhão; cumprimento que foi respondido com igual número de tiros tanto pelas duas fortalezas como pela fortaleza principal, denominada São Sebastião. A neblina, que se elevava do mar até o firmamento, freqüentemente nos ocultava o aspecto pitoresco da baía;

quando descortinada, a paisagem exibia uma seqüência de montanhas, de variadas formas, cobertas de magníficas floresta que exalavam um odor aromático.

Eram quase seis horas quando lançamos âncora em frente à cidade, numa profundidade de 12 braças. Aproximaram-se, então, numerosas embarcações cobertas por guarda-sóis; a bordo das quais se encontravam muitos nobres portugueses que vinham apreciar a bela frota inglesa, formada por 24 velas.

Manobravam esses pequenos barcos uns negros, quase nus, que trajavam somente tangas e remavam em pé. No dia seguinte, 30 de abril, tivemos oportunidade de comprar uma grande quantidade de alimentos: laranjas, limões doces e azedos, inhame, cana-de-açúcar, pimenta comprida, bananas, café, cocos, melancias, caranguejos, camarões e uma espécie de peixe grande e saboroso denominado *cavalo*. Por um xelim inglês comprava-se cerca de 150 laranjas graúdas.

No dia 31, os comandantes das tropas da nossa frota foram, em companhia do comodoro Richard Bicherton, fazer a corte ao então vice-rei Luís de Vasconcelos. Solicitaram-lhe um sítio cômodo para que pudéssemos instalar os nossos doentes. Esse jovem e bem-educado senhor – que recebeu os nossos oficiais sentado num trono, numa sala caiada de branco – pôs à disposição dos nossos doentes uma ilha agradável e salubre, situada à direita da nossa embarcação, e deu licença para que diariamente quatro oficiais de cada navio pudessem ir à terra; porém, proibiu-nos de caçar e pescar.

Durante a nossa estada, as sentinelas foram obrigadas a montar guarda dia e noite, pois a populaça local é um tanto ladra. Recebemos água fresca vinda dos arredores da cidade através de um aqueduto. Esta água nem tem um gosto ruim nem é tão nociva como dizem alguns relatos de viagem. O pão é muito bom, apesar de a farinha ser importada de Portugal. A carne de vaca não é tão boa como a inglesa; a de carneiro é um tanto magra; a de porco, no entanto, é muito boa e foi servida até mesmo aos doentes, visto que impede a transpiração e é bem digerível. Os habitantes não conhecem a carne de vitela. O rum, a araca, o vinho, o café, o açúcar e as amêndoas são muito baratos. As aves são excelentes, mas um pouco caras, especialmente os patos turcos e as galinhas. Extremamente baratos são os macacos e os papagaios, que podem ser adquiridos por dois xelins a unidade.

No mesmo dia da visita ao vice-rei, desembarcamos nossos doentes, cerca de 400 pessoas, na ilha das Enxadas. Esses homens desfrutaram aí de um ar fresco e perfumado, recuperando logo as suas forças vitais. Para essa ilha, foram transferidas, somente do nosso navio, 109 pessoas, 17 das quais responsáveis pelo tratamento dos enfermos e pela guarda. Todos esses homens eram diariamente vigiados por um oficial. Os mantimentos necessários para o pronto restabelecimento dessa gente vinham do navio.

Nos dias que se seguiram, com o fim de conhecer um pouco melhor o país, fiz uma visita ao general Böhm, inspetor geral de todas as tropas portuguesas. Esse homem, além de ser um senhor com muitos conhecimentos, especialmente militares, e ser dotado de um excelente caráter, possui uma volumosa e seleta biblioteca. Havia 15 anos que ele estava a serviço da Coroa portuguesa e recebia do rei, além de equipagem, cerca de 2 mil Reichstaler. Fui recebido benevolentemente e devo a ele o conhecimento de muitas das coisas que agora comunico ao público.

No mesmo dia da visita, assisti à profissão de fé de uma freira razoavelmente bonita. A cerimônia teve lugar no Convento Justiniano e foi conduzida pelo bispo auxiliar. Lia ele a fórmula da profissão de um altar situado defronte a uma grade de ferro bastante estreita, atrás da qual a freira realizava as cerimônias de praxe. A música que ouvi nesse convento de religiosas superou as minhas expectativas. Tive ainda oportunidade de conhecer alguns monges, que me trataram com muita cortesia.

O caráter da nação em seu conjunto não é o mais recomendável, assim como não são recomendáveis os costumes e hábitos dos portugueses da América. Segundo nos contam os viajantes mais inteligentes que escreveram sobre o assunto, esse povo encontra-se mergulhado num luxo mais que feminino, é dotado de um temperamento hipócrita e dissimulado, age de maneira desonesta, além de ser preguiçoso, orgulhoso, cruel e mesquinho. Semelhantes aos povos de todos os climas meridionais, os portugueses do Brasil, segundo dizem, apreciam mais o fausto e o luxo do que os divertimentos de uma sociedade livre e os encantos de uma boa mesa. As suas festas, bastante freqüentes, são dispendiosas e excessivamente ostentatórias. Esse quadro desabonador, no entanto, além de ser um pouco exagerado, deve dizer respeito somente à populaça, pois há entre os habitantes locais indivíduos honestos e de caráter amigável.

Os arredores da cidade são encantadores e magníficos. Ali, encontram-se os mais deliciosos limoeiros e laranjeiras e aves de uma beleza tal que o mais hábil pintor não conseguiria reproduzir. A par das casas de campo bem construídas, das hortas e plantações de pés de anil, de laranjeiras e de limoeiros, há cercas feitas de arbustos de laranjeiras que chegam a 20 pés de altura.

Após ter tido uma amostra das belezas da cidade e das circunvizinhanças, visitei ainda a ilha das Enxadas, atraído que fui tanto pelos encantos do local como pelas obrigações impostas pelo meu cargo. Os nossos homens tinham erguido num e noutro sítio pequenas pousadas, com o auxílio da bondosa natureza. Quase que espontaneamente, eles recuperaram a saúde e deram graças ao Senhor pelas dádivas que receberam numa zona tão longínqua. À noite houve fogos de artifício na cidade, espetáculo que, durante a nossa estada, foi repetido inúmeras vezes, até mesmo por ocasião de reuniões a serviço de Deus.

Após alguns dias, fui outra vez à terra. Nessa ocasião, tive oportunidade de assistir a uma revista da tropa, que mostrou muita habilidade no marchar, nas manobras e na execução de outras evoluções. Visitei algumas igrejas muito suntuosas e ornadas de ouro, prata e pedrarias; visitei também algumas estrebarias e cavalariças, a Casa da Ópera – prédio espaçoso e razoavelmente bem construído –, a Casa da Moeda, a cadeia e um quartel – estes dois últimos me pareceram bem construídos, limpos e saudáveis.

Na cidade, os católicos realizavam muitas procissões, algumas das quais brilhantes. Esses eventos contribuem muito para entreter a populaça. No dia da Ascensão, presenciei uma dessas manifestações religiosas. Conheci o capelão de um regimento português, que falava razoavelmente bem o latim, e alguns simpáticos monges do mais famoso convento local, o de Santo Antônio. O prior desse convento chegou até mesmo a me abraçar, sem que para isso exigisse que eu renegasse a minha fé. Esse religioso interrogou-me sobre o estado da filosofia e da religião na Europa e me entreteve durante algum tempo de uma maneira muito agradável.

Na noite do dia 18 de maio, vimos muitos fogos na praia e nas encostas. Os habitantes soltavam foguetes e queimavam uma cruz que produzia um bonito fogo azulado. Também ouvimos ao longe uma música bastante agradável. Sem dúvida, tratava-se de uma comemoração religiosa qualquer.

No segundo dia de Pentecostes, retornei à ilha das Enxadas, onde fiz uma prédica debaixo da magnífica sombra dos limoeiros e das laranjeiras. Os doentes, deitados sobre a relva, ouviam-me pregar. Nossos corações foram, então, penetrados por um grande sentimento de devoção ao divino autor de tantas maravilhas.

No dia 23, saboreei, em casa do venerável general Böhm e de sua irmã solteira, um gostoso almoço preparado à maneira alemã. Nessa visita, pude admirar a ampla e bem situada horta de que dispunha a casa desse senhor. Dela, podia-se avistar toda a baía; um local verdadeiramente encantador. Como era inverno, encontrei pouca variedade de flores, mas muitas rosas, cravos, bertalhas, belas balsêminas e um tipo de acalifa de um rubro extremamente belo. Encontrei também as nossas vagens grandes e as nossas ervilhas. Árvores européias não vi nenhuma; vi, no entanto, muitos pés de café.

O verão aqui queima quase tudo, o que faz do inverno a estação mais benevolente para os habitantes locais. É preferencialmente nessa época que as hortas e plantações são cultivadas. Infelizmente, esse cultivo não é feito com a diligência necessária. A fertilidade dos terrenos, porém, faz com que quase tudo cresça espontaneamente e permite que o país produza açúcar, índigo, ipecacuanha, bálsamo e pau-brasil.

Diversas montanhas, situadas nas redondezas da cidade, são ocupadas por bandos de 60 ou mais selvagens. Esses nativos sabem esconder-se tão artificiosamente que é praticamente impossível aproximar-se deles sem correr perigo de vida.

No dia 27, penetrei o interior do país. Vi muitas casas de campo, hortas e plantações, muitas das quais de índigo. Tive, então, oportunidade de observar como os negros punham essa planta na prensa para ser trabalhada. Durante essa minha excursão, várias mulheres brancas portuguesas presentearam-me com flores de cheiro agradável; talvez, como acredita o capitão Cook, por pura cortesia. Muitos campos eram cultivados com alface, feijão, ervilhas, batatas e inhames – a propósito desses últimos, não os apreciei muito, pois têm um gosto extremamente doce. Em lugar de esterco, os negros transportavam para os canteiros uma espécie de areia amarela. Antes da descoberta das minas de ouro e diamantes, os produtos da terra eram suficientes para alimentar os habitantes. Contudo, a farta mão-de-obra absorvida pelas minas e pelas muitas plantações de açúcar lançou a agricultura de subsistência num estado de quase completo abandono, de maneira que, no tocante à alimentação diária, o Brasil depende atualmente da Europa.

Na tarde desse mesmo dia, resolvi visitar a igreja, a sacristia, o colégio de debates e outras dependências do convento de Santo Antônio. A biblioteca desse estabelecimento religioso é excelente e distingue-se por uma coleção completa dos doutrinadores da igreja. Manuscritos não encontrei, mas pude apreciar um exemplar da *Bíblia Complutense,* diversas edições da *Vulgata,* alguns escritos dos escolásticos, vários livros de direito canônico e de direito dos reis portugueses, a história eclesiástica *Pagi, Scriptores historiae Byzant. Xantis Pagnini Bibl. Hebr. e o Reineccii.* Quanto aos *libris prohibitis,* disseram-me que naquele preciso dia a chave do armário que os continha tinha sido extraviada.

Apesar de possuírem uma biblioteca considerável, poucos desses dignos padres eram capazes de compreender o latim, isso para não falar do grego e do hebraico. Perguntei a um frade, que me mostrou o seu *Missale Romanum,* se todos os religiosos eram capazes de entender tal livro. Não, respondeu-me ele num latim aportuguesado, e completou: basta que possamos lê-lo. Como eles notaram que eu entendia um pouco mais do que eles, cobriram-me de elogios e deram-me a entender, de uma maneira assaz clara, que caso eu rejeitasse a minha religião, eles me cederiam a melhor prebenda do convento. Proposta que rejeitei de maneira elegante, pois a minha religião é para mim mais preciosa que o ouro.

Tudo estava pronto para a nossa partida desse agradável sítio, contudo, uma doença inesperada do capitão obrigou-nos a adiar a nossa saída por dois dias. Antes de cair enfermo, o capitão mandara embarcar 12 bois e uma grande quantidade de porcos, ovelhas e aves. Finalmente, no dia 2 de julho, a primeira divisão da frota deixou o porto, acompanhada, no dia seguinte, pelos navios restantes. Ao sair, o comodoro saudou a fortaleza com 21 tiros de canhão, os quais foram respondidos um a um. Conseguimos deixar o porto sem incidentes, todavia, uma calmaria fez-nos ancorar do lado de fora por dois dias. O navio *Nottingham* teve de deixar na cidade quatro homens; o *Ann Amelie* sofreu 12 baixas, mas conseguiu reembarcar 28 doentes. Dos outros navios, ficaram no hospital do Rio de Janeiro 63 pessoas.

DESCRIÇÃO PORMENORIZADA DA CIDADE DO RIO DE JANEIRO

Após esses comentários mais gerais, talvez não fosse desagradável ao leitor acompanhar uma descrição mais pormenorizada dessa memorável cidade, dos seus habitantes, da religião que professam e do comércio que praticam. O Rio de Janeiro está situado a 23° de latitude meridional, debaixo do Trópico de Capricórnio, e a 32° 23' de longitude ocidental, na margem de um rio homônimo. As suas casas são em geral de pedra, mas mal construídas e assimétricas. Em todas elas há proeminências feitas de madeira. As ruas não são calçadas, mas são bastante largas e regulares. É provavelmente em razão desse último traço que o capitão Cook afirma ser a cidade bem construída. O número de habitantes, incluindo os homens da tropa, atinge os 30 mil. O palácio do vice-rei – que está longe de ser faustoso –, a Casa da Moeda, as cavalariças reais, a cadeia e a ópera distinguem-se entre os prédios da cidade, aos quais é preciso juntar ainda alguns vastos conventos, situados em lugares privilegiados, e muitas igrejas sobrecarregadas de ouro, prata e pedrarias. Excetuando um pequeno número de casas, não se vê por essas plagas uma única habitação cujos cômodos tenham as paredes forradas; a regra é que elas sejam somente caiadas. As janelas não contam com vidraças, mas sim com gelosias, através das quais as mulheres brancas portuguesas olham embasbacadas e curiosas para o pedestre que passa, não lhe dando a mão por falso recato.

A população é composta por portugueses, negros e mulatos, sendo a proporção entre brancos e negros de um para 14. Os escravos, na sua maioria, andam quase nus, cobrindo somente a vergonha. Em vez de pão, comem mandioca, uma raiz farinhosa incomparavelmente mais barata do que o trigo. Em geral, eles são de boa índole, trabalhadores e simpáticos para com os estrangeiros, especialmente se forem clérigos. Quando, em grupo, carregam água e produtos da terra, tentam encorajar-se mutuamente por meio de um canto selvagem muito monótono, que ofende os ouvidos do europeu. O tratamento que lhes dispensam os seus senhores é menos tirânico do que em outras partes do mundo, sobretudo quando o escravo abraça a religião católica. Eles são autorizados até mesmo a casarem-se entre si. Isso, contudo, não quer dizer que inexistam alguns abusos. Há de se notar, por fim, que esses negros exalam um cheiro profundamente desagradável para quem deles se aproxima pela primeira vez. Certa feita, num albergue, um oficial português quis vender-nos um jovem negro muito bem-educado por 24 guinéus. Deram-lhe alguma coisa para comer, a qual ele ingeriu não sem antes fazer umas mímicas caninas.

O clero local é muito tolerante, mesmo para com aqueles que professam uma religião diferente da católica. Aos seus membros não é permitido nem fazer prosélitos, nem manter publicamente discussões calorosas acerca de assuntos religiosos. Caso algum fiel tenha dúvidas sobre artigos de religião, ele é obrigado a confessá-las aos padres do convento dos carmelitas, que dão a última palavra a respeito do assunto. No que tange à horrorosa Inquisição, não há dela mais nenhum traço no país. As freiras gozam de uma liberdade extraordinária. O cavalheiro que tiver acesso à abadessa pode manter correspondência com uma noviça e até mesmo encontrar-se pessoalmente com ela. A senhora abadessa do convento justiniano deixava que o vice-rei, o bispo e os generais lhe fizessem a corte.

Há na cidade um convento dos carmelitas, um dos franciscanos, um dos beneditinos e o já referido Convento de Santo Antônio, onde estão estabelecidos os monges mais cultos. Além desses, há ainda um convento de freiras e uma casa religiosa que recebe mulheres perdidas e mulheres que querem se retirar do mundo. Nos enterros, os habitantes cultivam o estranho hábito de queimar pau aromático. Segundo dizem, tal prática causa alívio às almas que se encontram no purgatório, ajudando-as a deixarem mais cedo esse local.

As mulheres nobres portuguesas portam sempre capas vermelhas e as negras e mulatas, capas pretas e saias azuis. As pedras preciosas penduradas nos braços e nos arranjos dos cabelos, os rosários de pérola ou de coral e os amuletos ornados com pedrarias são muito apreciados pelas damas locais. Os habitantes de poucas posses, quando saem à rua, utilizam uma espécie de assento puxado por uma mula; os mais abastados fazem-se carregar, por seus negros, dentro de um leito de algodão, suspenso por um bambu de 12 a 14 pés. Esses leitos, denominados serpentinas, são bastante luxuosos e muito enfeitados; contam, em geral, com um cortinado que permite àquele que vai dentro passar sem ser identificado. Não é incomum ver uma pessoa, no meio da rua, manter uma demorada conversação com algum conhecido sem se levantar desses confortáveis leitos.

Muitas são as mercadorias européias que podem ser encontradas nas casas comerciais do Rio de Janeiro. Contudo, o preço que pedem por elas é extremamente elevado. As poucas mercadorias produzidas no país, que possui um número diminuto de fábricas, são vendidas a bom preço. Na cidade, há sapateiros, alfaiates, relojoeiros, marceneiros, comerciantes e um avultado número de joalheiros.

O Brasil é um país rico e florescente. A sua exportação de açúcar aumentou muito nos últimos 40 anos. O tabaco, apesar de não crescer tão facilmente como nas colônias britânicas, é de boa qualidade e bem preparado. Na parte meridional e setentrional do país, há fartura de gado cornudo. Isso sem falar nas minas de ouro e diamantes, que, após terem sido descobertas em 1730, tornaram o país extremamente valioso.

EDIÇÃO UTILIZADA

Não tivemos acesso à única versão completa desse relato, publicada na cidade de Hanôver, em 1789, sob o título *Reisen nach Südamerika, Asien und Afrika (Viagem à América do Sul, Ásia e África)*. Utilizamos a versão preparada por Malte-Brun, em 1789, complementando-a com a tradução brasileira, assinada por Carlos H. Oberacker Jr. A primeira tem o inconveniente de ser truncada e a última, de ter passagens quase ilegíveis. Procuramos, dentro do possível, remediar essas falhas.

LANGSTEDT, Friedrich Ludwig. "Rio de Janeiro, en 1782". In: MALTE-BRUN, *Voyage à la Conchinchine,* 1789, cap. III, p. 137-149.

BIBLIOGRAFIA

OBERACKER JR., Carlos H. "O Rio de Janeiro em 1782 visto pelo pastor F. L. Langstedt". In: *Revista do Instituto Histórico Geográfico Brasileiro,* vol. 299 (1973), p. 3-15.

TAUNAY, Afonso de Escragnolle. *No Rio de Janeiro dos vice-reis.* São Paulo: Anais do Museu Paulista, tomo XI, 1943.

Os fundadores da Austrália

Em 1771, depois que James Cook retornou da sua bem-sucedida viagem ao Pacífico, o governo inglês, de posse das detalhadas informações que o capitão recolhera durante a sua permanência na Nova Gales do Sul, começou a pensar seriamente em estabelecer postos de colonização na região. Essa intenção, no entanto, veio a transformar-se em ação efetiva somente em 1787, quando a Coroa decidiu enviar à costa australiana, nomeadamente a Botany Bay e Port Jackson, uma grande expedição colonizadora. Foram preparadas, então, 11 embarcações, com o fim de transportar para o local uma carga humana nada desprezível: 736 condenados (188 dos quais mulheres), 203 marinheiros e oficiais desacompanhados, 27 acompanhados de suas esposas e 37 crianças.

A Primeira Frota, como ficaria conhecida, zarpou de Plymouth a 12 de maio de 1787, alcançando Tenerife (Canárias) um mês mais tarde. A travessia do Atlântico – iniciada em Cabo Verde – não foi das mais felizes: os navios enfrentaram uma interminável calmaria, os alimentos frescos e a água escassearam e o escorbuto desatou a fazer vítimas entre os condenados, os quais viajavam acorrentados e amontoados nos porões dos navios. Para grande alívio de todos, a 2 de agosto, a frota avistou Cabo Frio e, três dias depois, lançou ferro na baía de Guanabara.

Dessa arribada, que durou um mês (4 de setembro de 1787), dão-nos conta pelo menos três relatos: um, atribuído ao almirante Arthur Phillip (1738-1814), o oficial escolhido pelo Almirantado britânico para governar os primeiros núcleos de povoamento da Nova Gales; outro, saído da pena de John White (1756?-1832), cirurgião-mor da esquadra; e um terceiro, assinado pelo tenente-capitão Watkin Tench (1758?-1833).

Esses visitantes, como veremos, desfrutaram de uma liberdade de circulação nunca antes experimentada por um estrangeiro. E isso porque o almirante Arthur Phillip, que havia servido com distinção na Armada portuguesa (1774-1778), era muito respeitado pelas autoridades locais.

No dia 5 de junho de 1787, a 26° 10' de longitude ocidental de Greenwich, a frota passou do hemisfério setentrional para o hemisfério meridional. Após três semanas de tempo sereno e favorável, chegamos ao Rio de Janeiro. No dia 5 de agosto, lançamos âncora nas proximidades do porto. Parte da frota, alguns dias antes, tinha passado por Cabo Frio, mas o mau tempo a obrigara a desviar-se ligeiramente da rota.

O Rio de Janeiro, assim nomeado por ter sido descoberto por João Dias Solis no dia da festa de São Januário, no ano de 1525, não é realmente um rio, ainda que se tenha acreditado nisso. Trata-se, na verdade, de um braço de mar, onde deságua um número considerável de pequenos rios. A cidade, chamada por alguns escritores de São Sebastião, nome de seu santo padroeiro, está situada sob o Trópico de Capricórnio, a aproximadamente 40° oeste do meridiano de Greenwich. Presentemente, é a capital do Brasil e o local de residência do vice-rei. Esse privilégio, que anteriormente cabia a S. Salvador, a primeira capital do país, foi conquistado graças à descoberta (1730), na vizinhança da cidade, das minas de ouro e diamantes. A partir desse feliz acontecimento, o Rio cresceu rapidamente, foi fortificado e, em 1738, recebeu um governo autônomo. O porto, um dos mais belos do mundo, é muito estreito na entrada, mas alarga-se consideravelmente à medida que avança. O seu interior é grande o suficiente para abrigar mais navios do que algum dia ele virá a receber. A sua profundidade varia entre as 20 e as 100 braças. Uma montanha com a forma de um pão de açúcar, situada na margem oeste, assinala aos navegantes a altura em que devem penetrar no porto. A duas milhas e meia de distância da entrada avistam-se algumas pequenas ilhas. Uma delas, denominada Redonda, é bastante alta e assemelha-se a uma meda de feno. A entrada do porto é defendida, sobretudo, por dois fortes: o de Santa Cruz e o de Santa Luzia. Comumente, a ancoragem faz-se em frente à cidade, numa pequena ilha a norte, denominada ilha das Cobras.

Ao entrar e sair da baía, cada navio mercante, português ou estrangeiro, tem de pagar uma taxa de três libras e 12 xelins – além dos cinco xelins diários que são cobrados pela ancoragem no porto. A taxa de entrada foi cobrada pela embarcação de transporte, mas, quando o governador Phillip apresentou as suas credenciais, não se tocou mais no assunto. Nesse meio-tempo, o capitão do porto, juntamente com a tripulação da sua chalupa, veio ajudar-nos a entrar, pois o vento fraco não nos permitia navegar baía acima.

Na narrativa do capitão Cook, escrita em 1768, lê-se que, quando esse navegador chegou a essa costa, o vice-rei mostrou-se muito desconfiado a seu respeito, impôs severas restrições ao desembarque de seus homens, mesmo dos sábios que acompanhavam a expedição, e chegou até a tomar algumas atitudes violentas. A recepção que nos fez o atual vice-rei e seus oficiais foi bem diferente: polida, lisonjeira e despida de qualquer desconfiança.

Dom Luís de Vasconcelos, o atual vice-rei, pertence a uma das primeiras famílias de Portugal e é irmão do marquês de Castelo Maior e do conde de Pombeiro. O governador Phillip, que servira alguns anos na

Marinha portuguesa e gozava de muita estima entre os membros dessa nação, não era desconhecido do vice-rei. Outrora, nesse mesmo porto, quando o governador comandava o Europa, os dois, embora agissem unicamente em prol da nação que representavam, tinham tido algumas rusgas. Esse mal-entendido poderia, numa alma menos generosa, produzir disposições hostis. O vice-rei, porém, homem honrado, compreendeu que o governador procedera movido por intenções semelhantes às suas e não guardou nenhum ressentimento. Assim que foi informado da natureza da nossa expedição, ele deu ordens à sua guarda para que prestasse ao governador Phillip as mesmas honras que a ele próprio eram prestadas. Aquele, porém, teve a modéstia de recusar essa distinção. Recusa que de nada valeu, pois nossos oficiais foram todos recebidos no palácio e foram tratados da maneira mais atenciosa possível. Foi-lhes permitido, sem nenhuma vigilância, visitar todas as partes da cidade e excursionar pelas redondezas até a uma distância de cinco milhas. Esses favores dificilmente são concedidos aos estrangeiros, ainda porque o governador tem grande ciúme das minas de ouro e diamantes, situadas nas proximidades da cidade.

As provisões eram tão baratas que, apesar de o governador ter fixado as rações em 20 onças por dia, os marujos podiam comprar arroz, vegetais frescos e lenha – tudo a três soldos e meio por cabeça. O vinho, durante a estação em que permanecemos na cidade, só era encontrado nos mercados de retalho. Tivemos, porém, oportunidade de adquirir rum e todos os grãos e plantas que acreditávamos ser possível plantar nas terras da Nova Gales do Sul (café, índigo, algodão e figueira-da-índia). Como o pão é muito raro nessas plagas, nós o substituímos com vantagem por cem sacos de farinha de mandioca.

A farinha de mandioca, que serve de pão aos milhares de homens que vivem nos trópicos, é um dos exemplos do triunfo do espírito humano sobre a natureza, uma prova de que o desejo da Providência é o de que desenvolvamos todas as nossas potencialidades em prol da nossa conservação.

Quando crua, a mandioca, raiz que dá origem a essa farinha, é um poderoso veneno; porém, após ser lavada, amassada e posta para secar, ela perde todas as suas propriedades nocivas e transforma-se numa farinha com a qual se produz uma massa saudável e saborosa.

Quando da partida do barco de transporte, o vice-rei teve a bondade de abrir o arsenal real e abastecer o nosso depósito de munição militar. Em verdade, ele pôs à nossa disposição tudo o que precisávamos e que poderia ser fornecido ou pelo comércio local ou pelos armazéns do governo.

O que nesse país mais chama a atenção de um estrangeiro, principalmente de um protestante, é a quantidade prodigiosa de imagens de santos espalhadas pela cidade e a devoção de que são alvo. Essas imagens estão colocadas em quase todas as ruas e os habitantes jamais passam por elas sem fazer uma respeitosa saudação. Durante a noite, os devotos reúnem-se em torno do seu santo de eleição, recitam preces e cantam, em bom som, hinos religiosos. Os costumes dos habitantes, no entanto, segundo se comenta, não faz jus a esse excesso de fervor. Mas, é preciso dizer, em todos os países, sob todos os climas, os atos exteriores de devoção superam os atos interiores, estes bem mais essenciais. Confesso, no entanto, que não achei as mulheres locais tão complacentes como querem alguns viajantes.

Demoramos quase um mês para abastecer devidamente os navios. Enfim, no dia 4 de setembro, levantamos âncora e, ao passar diante do forte, recebemos a última saudação da cidade: 20 tiros de canhão. O *Syrius* respondeu da mesma maneira, pondo fim a uma honrosa comunicação entre duas nações.

* * *

Latitude 22° 39’S. O capitão Phillip fez, ao entardecer, o sinal costumeiro para que tomássemos a longitude indicada, mas estávamos demasiado distantes e não pudemos vê-lo.

Pela manhã do dia 2 de agosto, passamos perto de um brigue português com o qual estabelecemos contato. Ele percorria a mesma rota que nós, tendo como destino a costa do Brasil. Essa embarcação navegava tão lentamente que parecia estar ancorada. Às três horas da tarde, o navio de reforço da nossa frota fez um sinal anunciando que nos aproximávamos da terra. Esse sinal foi transmitido pelo comodoro ao resto do comboio. Às nove horas, avistamos Cabo Frio e diminuímos as velas. O vento estava muito forte.

O comodoro, julgando impossível lançar âncora, despachou o tenente King no navio de reforço, que navegava com mais facilidade, e ordenou-lhe que fosse informar ao vice-rei que o nosso comboio se encontrava detido na entrada do porto.

Durante a manhã do dia 4, já próximos da costa, enfrentamos um vento contrário, o que nos obrigou a ziguezaguear pelo mar com medo de naufragar. Tal operação dificultou em muito a nossa entrada no porto.

Na manhã seguinte, com o mar calmo, chegou até nós um barco, trazendo três portugueses e seis escravos, do qual compramos laranjas, bananas e pão. Ao realizar essa transação, descobrimos que um dos nossos prisioneiros de nome Thomas Barret, tinha, com a ajuda de dois outros indivíduos, encontrado um meio de fabricar moedas falsas, utilizando velhos brincos, botões e colheres de estanho. A impressão, os caracteres, tudo, enfim, fora copiado com tanta perfeição que, se o metal utilizado fosse de uma qualidade um pouco melhor, estou convencido de que a fraude não teria sido descoberta. Procuramos com atenção todos os instrumentos utilizados nessa operação, mas não descobrimos nem um único vestígio deles. Tampouco conseguimos deduzir como os falsificadores puderam levar a cabo uma operação tão complicada, pois não lhes era permitido aproximarem-se do fogo. Além disso, havia uma sentinela na porta da escotilha e um oficial os vigiava com regularidade, inviabilizando o transporte do metal fundido para o interior dos alojamentos. Não pudemos deixar de admirar a habilidade e a extrema sutileza desses velhacos. Quanto aos portugueses, possíveis vítimas da trapaça, fomos obrigados a explicar-lhes a natureza dos indivíduos envolvidos na patifaria, a fim de evitar que eles ficassem com uma péssima imagem dos ingleses.

Por volta das 13 horas, uma brisa que soprava de leste conduziu-nos em direção à barra, onde lançamos âncora com seis braças de profundidade. A calmaria tinha de tal modo retardado o barco de reforço que nós o alcançamos e lançamos âncora simultaneamente.

No dia 6, o comodoro despachou, logo pela madrugada, um oficial para fazer contato com o vice-rei. Este o acolheu com cortesia. Às onze horas, o oficial retornou com o barco repleto de vegetais e frutas enviados por alguns amigos do comodoro.

O capitão Phillip conhecia a costa, pois já tinha comandado um navio de guerra português. Nessa ocasião, distinguira-se por um grande número de valorosas ações. Além dessas provas dadas, o capitão mostrara-se um homem extremamente afável e de excelentes qualidades. Daí ele ter se tornado muito popular entre os portugueses e ter conseguido uma apreciável reputação na corte de Lisboa. Quando a Inglaterra requisitou os seus serviços, ele recusou um comando que lhe ofereceram os portugueses e retornou à sua pátria na qualidade de simples tenente – posto que ocupara antes de ter sido enviado para Portugal, no navio *Alexandre*, sob o comando do bravo lorde Langford.

Às duas horas da tarde, com a ajuda de uma brisa, passamos próximo do forte de Santa Cruz. O comodoro saudou o forte com 13 tiros de canhão, atitude que não tardamos em copiar. Neste mesmo dia, um barco português fazia vela com destino a Lisboa e aproveitamos a ocasião para escrever aos nossos amigos na Inglaterra.

Na manhã do dia 8, o comodoro, seguido de muitos oficiais, fez uma visita de cortesia ao vice-rei. Fomos recebidos, ao desembarcar, por um oficial e um frade que nos conduziram até o palácio. A guarda, que estava de prontidão, estendeu um tapete para receber o comodoro, prova do grande respeito que tinham por ele. Seguimos, então, em direção aos aposentos do vice-rei. Primeiro, fomos levados a uma ante-sala repleta de soldados e de serviçais, onde um grupo de oficiais da casa do governador e o cirurgião da armada, que havia estudado em Londres e falava bem o inglês, nos receberam. Alguns minutos depois, seguimos para a sala de recepção e o comodoro apresentou-nos ao vice-rei. Em seguida, passamos para uma grande sala. Fiquei surpreendido com a mesquinhez do mobiliário, pois a numerosa guarda que eu vira do lado de fora fazia antever a morada de um príncipe. Qual não foi minha surpresa quando entrei naquele cômodo humildemente mobiliado com seis mesas de jogo e decorado com os retratos do rei d. Sebastião e da atual rainha de Portugal.

O vice-rei era um homem de meia-idade, robusto, muito gordo e estrábico dos dois olhos. Ele falava pouco, mas de maneira polida. Não pude deixar de reparar a grande diferença entre esse homem e o elegante governador das Canárias, o marquês Branciforte.

O comissário forneceu às tropas e aos prisioneiros arroz, carne de vaca fresca, vegetais e laranjas, gêneros que rapidamente fizeram desaparecer os sintomas de escorbuto presentes em alguns membros da tripulação.

No dia 11, o comodoro ordenou que seis mulheres, que tinham se comportado adequadamente durante a viagem, fossem retiradas do navio *Friendship* e colocadas a bordo do *Charlotte*, substituindo um igual número de mulheres cujo comportamento tinha deixado a desejar. Ele queria com isso separar aquelas de comportamento decente das que pareciam ter renunciado a todo sentimento de virtude.

Dois dias depois, Cornellius Connel, marinheiro, após sentença de uma corte marcial, foi punido com cem chibatadas por ter mantido comunicação com uma mulher. Thomas Jones, que deveria receber 300 chibatadas por agredir uma sentinela e tentar penetrar na parte do navio onde estavam alojadas as mulheres, foi perdoado pelo comodoro devido à sua boa conduta passada. John Jones e James Reiley, acusados da mesma falta que Connel, foram punidos.

No dia 15, iniciamos contatos mais diretos com a população local. Por volta das 12 horas da manhã, vimos um grande número de habitantes, vestidos com seus mais belos trajes, sair do Rio de Janeiro e tomar a estrada que conduz à Igreja de Nossa Senhora da Glória, situada numa elevação próxima ao mar, distante uma milha da cidade. Pessoas de todas as classes, umas em carruagens, outras a cavalo e outras a pé, juntavam-se à multidão. Não consegui, contudo, saber qual a razão de tal ajuntamento nem a origem dessa cerimônia. A Igreja da Glória, de ordinário mais limpa do que rica, estava neste dia brilhantemente iluminada e decorada com flores dispostas harmoniosamente. Observei que o povo passava algum tempo nessa igreja e aí recitava certas preces antes de retornar à cidade. Essa festa durou todo o dia, no entanto, as pessoas de distinção só se integraram aos festejos depois do meio-dia.

Ao cair da tarde, quando retornava para a cidade, observei que um numeroso grupo de homens, mulheres e crianças entrava numa igreja ricamente decorada, situada numa rua afastada. Por curiosidade, resolvi juntar-me a eles. Mas tudo o que ganhei com essa atitude, após ter sido empurrado e ter feito infinitos esforços para sair do meio daquele aperto, foi ver os que tinham entrado ajoelharem-se e orarem com aparente fervor. Em um dos lados da igreja, encontrava-se um homem coberto de farrapos, vendendo à multidão alguns rosários bentos. Ao sair, encontrei à porta outro desses vendedores. Confesso que não pude deixar de rir e de os comparar àqueles charlatões que, do alto de um cavalete, oferecem suas drogas aos passantes. Vi ainda, na rua, um número considerável desses piedosos mercadores e acabei por comprar, de um deles, alguns dos tais rosários. Assim procedi, porque temia comprometer-me caso não imitasse o comportamento dos devotos habitantes da colônia.

Em frente à porta da igreja, fora construído um palco, onde uma trupe de atores, instrumentistas e cantores fazia o possível para atrair a atenção dos passantes. Por volta das dez horas, ofereceu-se ao povo um espetáculo com fogos de artifício; gênero de divertimento muito apreciado pelos portugueses. Sem dúvida, as intrigas amorosas encerravam a festa, pois percebi que, ao fim da tarde, as mulheres estavam paradas nas soleiras das portas e nas janelas das casas com um ramalhete de flores na mão. Asseguraram-me de que era hábito local as senhoras presentearem com flores aqueles que elas mais tarde brindariam com os seus favores. De fato, nesta mesma tarde, vi algumas mulheres muito adornadas que passeavam livremente no meio da multidão. Contudo, após um mês de permanência neste país, acabei por convencer-me de que somente as mulheres de classe inferior se permitem tal liberdade.

A boa reputação do comodoro aos olhos do vice-rei e dos principais habitantes da cidade permitiu aos oficiais ter liberdade de trânsito pelas diversas partes da colônia. Todo estrangeiro que desembarca neste porto deve ser constantemente acompanhado por um soldado; a nossa tripulação, contudo, foi dispensada dessa prescrição, o que facilitou em muito o exame detalhado dos costumes e do caráter dos habitantes.

No dia do aniversário de nascimento do príncipe do Brasil, o *Syrius* e uma das fortalezas locais saudaram-se com cargas de artilharia. Em seguida, o capitão Phillip, seguido de seu Estado-maior, foi apresentar sua homenagem ao vice-rei. Um oficial veio receber-nos na saída do navio e conduziu-nos à sala de recepções, onde Sua Excelência, sentada num trono, recebia os cumprimentos dos oficiais da guarnição, dos principais da cidade e dos estrangeiros. A Corte, se é que uma Corte sem a presença de mulheres pode assim ser chamada, estava brilhante. Os homens encontravam-se vestidos elegante e ricamente; os chefes da armada e da milícia faziam-se notar pelo bom gosto dos seus adereços. Somente os cabelos deixavam a desejar, pois os portugueses, pródigos em matéria de pomada, são muito avaros no uso de pó aromatizante. O dia terminou tão seriamente como tinha começado. Não houve nenhum festejo público. Como conhecíamos o gosto dos portugueses por fogos de artifício e por iluminações especiais, muito nos surpreendeu que nada do gênero tivesse sido preparado para celebrar o aniversário do príncipe.

No dia 31, James Baker, marinheiro, recebeu 200 chibatadas por ter feito uso de uma moeda falsa. Sem dúvida, essa peça tinha saído da fábrica dos nossos prisioneiros.

Após termos abastecido amplamente os navios com todas as provisões necessárias e depois de a tripulação ter descansado o suficiente, o comodoro, seguido de um certo número de oficiais, dirigiu-se à residência do vice-rei para agradecer-lhe os favores que nos prestara e pedir-lhe autorização para partirmos. O mesmo oficial que nos acompanhara em todas as cerimônias públicas conduziu-nos à sala de recepções. Mais uma vez foi estendido o tapete aos pés do comodoro, honra que sempre lhe era feita. Esse gesto, como já afirmei, é um sinal de distinção de que somente o governador é digno.

Assim que chegamos ao palácio, um oficial de Sua Excelência conduziu-nos por uma passagem muito agradável, ornada com flores odoríficas e arbustos aromáticos; pássaros de bela plumagem, colocados em gaiolas ao longo do caminho, entoavam cantos melodiosos. A passagem conduzia a uma sala bem decorada. O vice-rei esperava na porta e acolheu-nos, cada um em particular, com a maior cortesia e cordialidade. Depois de nos sentarmos, ele colocou-se à nossa frente, ao lado do comodoro, e respondeu aos nossos agradecimentos dizendo que ficava contente com o fato de termos encontrado no país as provisões de que necessitávamos. Pediu, ainda, ao comodoro que o informasse dos desdobramentos da nossa expedição e concluiu o seu discurso desejando-nos uma justa recompensa pelos nossos trabalhos, recompensa que, segundo ele, a se ter em conta a opinião que toda a Europa tinha acerca da generosidade da nação inglesa, era certa.

A sala onde nos recebeu o governador era o seu lugar preferido quando queria estar só. Os móveis eram de uma simplicidade elegante. No teto, podiam-se ver algumas pinturas de frutas tropicais e das mais raras aves da região; nas paredes, via-se uma série de estampas representando temas religiosos.

O Rio de Janeiro foi assim chamado por ter sido descoberto no dia de São Januário. A cidade, capital dos domínios portugueses na América meridional, situa-se na parte ocidental de um rio, ou melhor, de uma baía e, à exceção do lado voltado para o mar, é toda rodeada por altas e românticas montanhas. Ela está construída sobre um terreno plano e regular. A principal rua, denominada rua Direita, começa no palácio do vice-rei, situado próximo da extremidade meridional da cidade, e vai até a parte norte, onde há um rico convento beneditino erguido sobre uma elevação. Essa rua é larga, bem construída e repleta de belas lojas. Nenhuma das restantes vias públicas do Rio de Janeiro se compara a essa, pois são muito estreitas e as calçadas não permitem que duas pessoas caminhem lado a lado.

As casas da cidade são de dois ou três andares. As partes térreas, mesmo das residências mais abastadas, funcionam como lojas ou como alojamentos para empregados domésticos e escravos. Os patrões habitam, em geral, na parte superior, onde podem respirar um ar mais fresco e salubre.

As igrejas são em grande número e a maior parte delas apresenta uma arquitetura de bom gosto e uma decoração magnífica. Algumas foram construídas em estilo moderno. As três mais belas, no entanto, ainda se encontram inacabadas e os trabalhos caminham muito lentamente – malgrado as imensas somas de dinheiro que diariamente são recolhidas para esse fim. Como a única receita para tais obras vem da contribuição dos fiéis, tem-se o cuidado de reanimar a generosidade desses com procissões noturnas freqüentes, nas quais os irmãos mendicantes ocupam um lugar de destaque. Nessas piedosas cerimônias, os atores religiosos portam uma espécie de capa e trazem na mão uma lanterna pendurada numa vara. O efeito causado por cerca de 300 a 400 dessas lanternas caminhando pelas ruas é bastante agradável, chegando mesmo a surpreender aqueles que não estão acostumados com esse tipo de espetáculo. Na esquina de cada rua, de dez em dez passos, encontra-se a imagem de algum santo, objeto de grande veneração pública.

A cidade está abundantemente provida de água, água que desce das montanhas vizinhas através de um aqueduto, sustentado por grandes arcos, construído sobre um vale. Daí, ela é distribuída, através de canais, pelos diferentes quarteirões da urbe. A principal fonte encontra-se perto do mar, numa praça vizinha ao palácio. É aí que todas as embarcações ancoradas no porto fazem a aguada – tão fácil e comodamente como em Tenerife. Num dos lados dessa fonte, foram colocadas algumas torneiras destinadas a fornecer água às pessoas da vizinhança. O local é tão próximo do palácio que, quando se instaura uma disputa qualquer entre a tripulação de um navio e os escravos da cidade, a ordem é imediatamente restabelecida pelos soldados da guarda palaciana. Esses agentes da justiça, devido ao seu grande poder, tratam o povo com uma severidade pouco comum.

Durante a nossa estada no Rio de Janeiro, fizemos muitas excursões pelo país, mas sempre com o cuidado de nunca nos aproximarmos das minas, tentativa que seria perigosa e inútil. Além do que, tínhamos consciência de que a liberdade por nós desfrutada se devia à boa reputação do comodoro entre as autoridades locais, reputação que poderia ser abalada caso nossos passeios fossem demasiado longos e parecessem suspeitos.

Em todos os lugares por onde passamos, os habitantes acolheram-nos com muita simpatia, creio mesmo que nunca um estrangeiro foi tão bem-tratado em nenhuma nação européia.

O governo do Brasil é de tal modo complicado que só com muito custo consegui recolher um pequeno número de notas sobre esse aspecto tão importante para a história dos homens. O vice-rei pareceu-me dispor de um grande poder. Mas, em certas circunstâncias, pode-se recorrer de suas decisões, apelando para a Corte de Lisboa. Por esse motivo, o vice-rei raramente emprega toda a sua autoridade, mesmo porque não é um amante nem da exibição de poder nem da pompa. Quando sai para passear, por exemplo, sua guarda é composta somente por oito dragões. Os únicos dias em que ostenta maior luxo são aqueles em que há alguma cerimônia pública. Eu o vi, certo dia, dirigir-se a uma das cortes de justiça, situada a mais ou menos cem passos do seu palácio, seguido por uma numerosa tropa de cavalaria. Sua carruagem, nessa ocasião, era puxada por quatro magníficos cavalos malhados.

Há, na cidade, um grande número de seges. Toda família distinta tem a sua. O modelo mais utilizado não passa de uma espécie de assento sobre rodas puxado por mulas – animais muito mais requisitados aqui do que os cavalos, pois se cansam menos facilmente e têm o trotar mais firme, qualidades apreciáveis numa cidade montanhosa.

A força militar do Brasil é formada por uma tropa de cavalaria, que faz a guarda do palácio do vice-rei, 12 regimentos de tropas regulares vindas da Europa e seis regimentos recrutados no país; nesses últimos, aceitam-se homens de cor, o que é terminantemente proibido nos outros corpos. Mantêm-se, ainda, 12 regimentos de milícia. Todas essas tropas são passadas em revista no primeiro dia de cada mês, pela madrugada, em frente ao palácio do governador.

As tropas, apesar de gozarem de grande prestígio entre o povo, não são nem desobedientes nem insubmissas, demonstrando grande respeito pelos superiores. Quanto à relação entre a população e a força militar, pode-se dizer que, embora a cidade seja governada em grande parte pela força das armas, os habitantes são corteses com os oficiais e estes procuram ser amáveis com os cidadãos.

O palácio do governador conta com uma guarda permanente. As poucas vezes em que o comodoro Phillip por aí passou, essa guarda estendeu-lhe o mencionado tapete. Para evitar esta cerimônia, o comodoro desembarcava na parte noroeste da cidade.

Nas duas margens da baía, a paisagem é muito pitoresca: o solo é coberto de flores e de arbustos aromáticos, as árvores são repletas de pássaros com lindas plumagens, e o céu é pleno de insetos de cores brilhantes e de uma beleza indescritível. Os lugares que visitamos são pouco cultivados, formados em geral por simples pastagens. Aqui, o gado é de pequeno tamanho e a carne pior que na Inglaterra. Contudo, ela não é tão ruim como dizem alguns viajantes. Cheguei mesmo a comer uma carne bovina bastante suculenta e de excelente paladar. Foi, porém, impossível encontrar carneiros. Disseram-me que muitos moradores criam tal espécie, mas que ela é ainda em número muito reduzido.

As hortas produzem a maior parte dos vegetais que encontramos na Europa: couves, alfaces, salsas, alhos, rabanetes brancos, favas, cenouras, nabos, melancias, excelentes abóboras e abacaxis – esses últimos de um tamanho reduzido e qualidade mediana. O país produz também, em abundância, limões, limas, laranjas, cocos, tangerinas, maçãs e mangas. Cultiva-se, ainda, uma grande quantidade de mandioca para consumo dos escravos e da gente pobre. Não que falte trigo, ao contrário, em nenhum dos lugares por onde passei, encontrei uma farinha tão boa e tão barata como a do Rio de Janeiro.

No Brasil, especialmente na parte setentrional do país, são encontradas drogas de excelente qualidade. Nos boticários locais, podem ser comprados o sulfato, o óleo de castor, o bálsamo e muitas outras preciosas resinas. Mas, embora essas drogas sejam nativas, são vendidas na cidade a preços superiores àqueles praticados na Europa.

Não há dúvida de que imensas riquezas minerais são extraídas do Brasil; contudo, como já afirmei, é impossível estimar o quanto, pois ninguém pode aproximar-se das minas sem autorização. Todas as estradas que conduzem a elas são guardadas com escrupulosa atenção. As pessoas que são encontradas nessas vias e que não conseguem justificar o porquê da sua presença são imediatamente detidas e, freqüentemente, condenadas a trabalhos forçados nos subterrâneos da mina mais próxima. Que se saiba, nenhum estrangeiro foi, até agora, autorizado a aproximar-se dessas cobiçadas jazidas.

Além de tal gênero de riquezas, o país produz excelente tabaco e cana-de-açúcar. Desta, os habitantes extraem um licor espirituoso que, com o tempo e os cuidados devidos, se transforma num bom rum. Como essa espécie de rum é aqui muito barata, o comodoro comprou cem pipas para serem consumidas pela tripulação quando chegássemos à Nova Gales.

Também pode ser encontrada nesta parte do Brasil uma grande quantidade de pedras preciosas, embora o governador tenha feito esforços no sentido de limitar a sua produção e, com isso, sustentar o preço no comércio. Nas joalherias da cidade, que são em grande número, vi alguns diamantes de valor, belos topázios e uma série de outras pedras de qualidade inferior. Acabei por comprar alguns topázios lapidados, pois tive receio de adquirir pedras brutas e enganar-me quanto à qualidade.

As manufaturas são aqui em número diminuto. Todas as mercadorias provenientes da Europa são vendidas a um preço exorbitante. Os naturais do Brasil produzem redes de algodão bastante elegantes e muito variadas, tanto na forma quanto na cor. Tais redes constituem o meio de transporte mais utilizado pelas pessoas ricas, ainda que essa moda venha perdendo terreno para os palanquins, que hoje já são bastante comuns. Esses últimos, pelo que observei, são de um tipo menos lesto que aqueles que utilizamos na Inglaterra. Eles são conduzidos por dois negros, que os sustentam sobre os ombros por meio de um pau grosseiramente trabalhado, colocado no meio de uma espécie de cadeira. Esse pau permite que a cadeira fique elevada do chão o suficiente para que o passageiro não se ressinta dos desníveis do terreno. O escravo que vai à frente segue pela calçada e o que vai atrás, pela rua, de modo que o palanquim adquire um movimento diagonal muito diferente daquele dos de Londres. Esses condutores caminham com muita rapidez e não incomodam minimamente os passantes.

Os habitantes locais são joviais e alegres, apresentando melhor disposição que os portugueses e demonstrando maior simpatia pelos naturais do nosso país. Os homens são de boa estatura, bem proporcionados, muito sóbrios e esporadicamente bebem licores fortes. As mulheres, antes da idade de casar, são magras, pálidas e delicadas. Depois de casadas, tornam-se robustas, sem, contudo, perder a palidez, ou melhor, uma certa cor esverdeada. Elas têm os dentes muito bonitos e melhor tratados do que a maioria das mulheres que habita países quentes, onde o consumo de açúcar é elevado. Seus olhos são negros e vivos e sabem como ninguém utilizá-los para cativar os cavalheiros que lhes agradam. Em geral, são muito atraentes e suas maneiras livres enriquecem suas graças naturais.

Tanto os homens quanto as mulheres deixam crescer prodigiosamente os seus cabelos negros: as damas, em forma de grossas tranças que não combinam com a delicadeza de seus traços. Mas o hábito torna familiares as mais estranhas modas.

Estando um dia na casa de um rico particular do país, comentei com ele a minha surpresa relativa à grande quantidade de cabelos das damas e acrescentei que me era impossível acreditar que tais cabelos fossem naturais. Esse homem, para demonstrar que eu estava errado, chamou a sua mulher, desfez o seu penteado e, diante dos meus olhos, puxou duas longas tranças que iam até o chão. Ofereci-me, em seguida, para rearranjá-los, o que foi aceito com simpatia. Crê-se, comumente, que os portugueses são ciumentos. Quanto a mim, não percebi essa disposição entre eles; ao contrário, observei que qualquer elogio dirigido às suas mulheres ou às suas filhas é por eles aceito com muito orgulho.

A moeda corrente no Rio de Janeiro é a mesma de Portugal. As peças de ouro e de prata são cunhadas na cidade, onde está instalada uma Casa da Moeda. As de ouro são de diferentes tamanhos e trazem impresso o número de réis que contêm. A moeda mais comum é a de 4 mil-réis, que equivale a uma libra esterlina, ainda que não seja do mesmo peso de um guinéu. As peças de prata, denominadas patacas, correspondem a dois xelins e trazem igualmente impresso o número de réis que contêm. Dez patacas fazem um guinéu, mais ou menos quatro xelins. Aqui, como em Portugal, há peças de cinco, dez e 20 mil-réis. Um réis é uma moeda nominal, 20 réis fazem um vintém; oito vinténs fazem um xelim. Uma pataca vale dois xelins e as peças dobradas valem quatro xelins.

Numa manhã, fui visitar o grande hospital da cidade na companhia do senhor Ildefonso, um homem muito habilidoso que ocupa o cargo de cirurgião geral da Armada. Nessa ocasião, trouxeram-nos um soldado que tinha sido ferido do lado direito do abdome. O instrumento cortante tinha penetrado o órgão, mas não chegara a atingir o intestino. Pela forma e pela natureza do ferimento, era possível perceber que tinha sido causado por um golpe de estilete. Após os primeiros curativos terem sido feitos, o acidentado contou-nos que, na noite anterior, tivera uma querela com dois camaradas por causa de uma mulher e que um deles, aproveitando-se da escuridão, o tinha golpeado com um instrumento pontiagudo. A partir dessa história, deduzi que os assassinatos eram bastante comuns no Brasil. O senhor Ildefonso, no entanto, assegurou-me do contrário: os brasileiros, disse-me, não gostam de sangue e os crimes de morte, exceto entre os negros, que são muito vingativos e não perdem uma oportunidade para se livrarem de um qualquer inimigo, são bastante raros no Rio de Janeiro.

Durante a nossa permanência na cidade, que coincidiu com a estação fria, obtive do cirurgião chefe, que se preparava para realizar uma amputação nos moldes tradicionais, a autorização para operar o paciente utilizando o *método de Alanson.* O dito cirurgião e os seus alunos não esperavam grandes resultados desse método, mesmo porque desconheciam-no completamente. Contudo, logo mudaram de opinião. Dezoito dias após a intervenção, pouco antes de eu deixar o Rio de Janeiro, tive a satisfação de verificar que a ferida estava quase inteiramente cicatrizada. Esse feliz resultado proporcionou grande alívio ao cirurgião, que me confessou ter sido fortemente repreendido por permitir que eu fizesse tal intervenção e que, por isso, temia pelas conseqüências, caso o homem tivesse morrido.

O resultado positivo da operação e a rápida cicatrização da ferida que demorou alguns poucos dias, em vez de semanas como é habitual – causaram grande estardalhaço na cidade e angariaram opiniões muito favoráveis em prol do *cirurgião inglês.* Após esse feito, quando eu entrava no hospital, vários doentes vinham consultar-me e, somente com muito custo, conseguia ver-me livre deles. Todos, sem exceções, ter-se-iam submetido ao tratamento que eu indicasse, mas como percebi que essa popularidade desagradava o cirurgião, optei por nada prescrever.

O porto do Rio de Janeiro está situado a 22° 54' de latitude meridional e a 43° 19' de longitude ocidental, distante 18 léguas de Cabo Frio. A sua entrada é boa e facilmente detectável, pois, do lado direito, existe uma alta montanha em forma de um pão de açúcar e, ao fundo, avistam-se algumas ilhas, uma das quais é oblonga e lembra, quando observada de longe, uma casa coberta de palha. Essas ilhas estão situadas a duas léguas do porto, a sudoeste. O forte principal, denominado Santa Cruz, foi construído, na parte direita da baía, sobre um rochedo; sua situação é tal que nenhuma embarcação pode entrar na baía sem passar diante dos seus canhões. O outro forte, chamado Santa Luzia, é menor e foi construído na parte esquerda da baía, sobre uma ilhota ou rochedo vizinho do continente. Na entrada do porto, a maré raramente sobe além dos seis ou sete pés, contudo, os barcos evitam, tanto quanto possível, lançar âncora nessa estreita passagem, pois o fundo é pedregoso e o fluxo das águas é muito rápido. Além do mais, é possível evitar todo e qualquer perigo tanto para entrar como para sair do porto, bastando para isso ter-se o cuidado de manter a embarcação ou no meio do canal ou do seu lado direito.

Após passar o forte de Santa Cruz, deve-se dirigir para N. N.O.; mas, como já assinalei, o olho é o melhor piloto. Quando uma embarcação se encontra a uma milha da ilha das Cobras, ilha bem fortificada e separada do porto por um estreito canal, é sinal de que se encontra em boa direção. Ancoramos próximo dessa ilha, num fundo de 15 braças. Se o navegador julga oportuno aproximar-se mais da cidade, faz-se necessário contornar a ilha das Cobras pelo lado setentrional e lançar âncora em frente ao convento dos beneditinos, situado na extremidade noroeste do Rio de Janeiro.

A cidade e o porto são bem defendidos, ainda que as fortificações não sejam muito regulares. No entanto, as montanhas e a costa são tão elevadas, tão pouco acessíveis que, pode-se dizer, a cidade deve sua segurança mais à natureza do que à arte. Em uma frase, eu diria que esse porto é um dos melhores que vi até então, constituindo um dos mais favoráveis pontos de parada que os navios podem encontrar nessa parte do globo.

Todos os víveres necessários podem aí ser encontrados em abundância e a excelente preço. A carne bovina vale sete quartos de pêni a libra. Os porcos, as galinhas da Índia e os patos são vendidos a bons preços. As carnes de caça e as aves domésticas são um pouco mais caras, contudo, mais baratas que na Inglaterra. Durante nossa permanência na cidade, o peixe estava em falta, todavia, asseguraram-nos de que, nas outras estações do ano, esse artigo é oferecido no mercado com abundância e com grande variedade. As laranjas custam somente cinco soldos o cento.

A meia milha da cidade, na direção sudeste, pode-se ver, sobre uma montanha, um convento de mulheres denominado Santa Teresa. As religiosas, aproximadamente umas 40, não têm permissão para tirar os seus véus quando vão ao locutório. Entre esse convento e a cidade, há um outro, denominado Convento da Ajuda. Essa casa religiosa está instalada num grande edifício, onde algumas freiras, sob a direção de uma abadessa e a vigilância de um bispo, educam aproximadamente 70 jovens. As pensionistas são submetidas a todas as regras monásticas, mas não precisam aparecer no locutório usando o mencionado véu. Quando as internas atingem uma certa idade, elas podem optar entre o casamento e a vida religiosa. Só lhes é permitido deixar o convento solteiras com o consentimento do bispo.

Achei muitas das jovens alunas bastante simpáticas. Nossas freqüentes conversações com essas amáveis reclusas criaram, entre nós, laços tão ternos quanto permitem os contatos através de ferrolhos e locutórios. Eu e mais dois oficiais da frota dedicamos especial atenção a três dessas jovens, cujas maneiras nos pareceram mais vivas e livres. Oferecemo-lhes pequenos presentes e recebemos em troca outros de maior valor. Essas doces e encantadoras criaturas apegaram-se a nós de tal modo que, na hora do último adeus, suas lágrimas correram soltas. Enfim, tudo contribuiu, nesse belo país, para tornar a nossa estada deliciosa. O único ponto negativo a assinalar é a inexistência, na cidade, de cafés e de hotéis, o que não nos permitiu nem desfrutar de alguns momentos de prazer ao redor de uma mesa, nem passar uma noite ou duas em terra.

* * *

O Brasil é um território muito mal conhecido na Europa. Os portugueses, por razões políticas, não divulgam quase nenhuma informação sobre essa sua colônia. Daí, as descrições vinculadas nas publicações geográficas inglesas serem, estou certo, terrivelmente errôneas e imperfeitas.

A cidade de São Sebastião situa-se do lado oeste do porto, num terreno baixo e insalubre, rodeado por montanhas. Tal localização impede a livre circulação do ar e expõe os habitantes a febres intermitentes e a doenças pútridas. A extensão dessa urbe é considerável. O senhor Cook comparou-a a Liverpool; mas Liverpool, em 1768, ano em que o senhor Cook escreveu, não tinha dois terços do tamanho que tem hoje. Nos dias que correm, São Sebastião tem, mais ou menos, a extensão de Chester ou Exeter, porém, é infinitamente mais populosa. As ruas são retas, razoavelmente bem construídas, excelentemente pavimentadas e com lojas de todos tipos. Todas as necessidades de um estrangeiro, se o dinheiro não for uma delas, podem ser aí satisfeitas. No centro da cidade, a pouca distância da praia, está o palácio do vice-rei, um edifício comprido e baixo, que, externamente, não apresenta nenhum atrativo, mas que dispõe de cômodos bonitos e espaçosos.

As igrejas e os conventos são numerosos e ricamente decorados. Quase todas as noites, um desses edifícios é iluminado em honra ao seu padroeiro. Esse espetáculo, quando visto do mar, causa uma excelente impressão; da primeira vez que o vimos, julgamos que era uma festa pública. Em quase todas as esquinas, há um pequeno nicho iluminado que abriga uma imagem da Virgem, diante do qual os passantes, freqüentemente, param para rezar e cantar em alto e bom som. O zelo religioso, neste lugar, chega a causar algum espanto ao estrangeiro. A maioria dos habitantes parece não ter outras ocupações além de fazer visitas e freqüentar igrejas. A qualquer hora do dia, é possível vê-los passear pelas ruas, sempre ricamente vestidos, *en chapeau bas,* e enfeitados com peruca e espadim. Até mesmo os garotos de seis anos de idade ostentam esses indispensáveis acessórios. Quanto às mulheres, é muito difícil encontrá-las na rua, a não ser quando vão a caminho das igrejas. Segundo a descrição de um viajante inglês, que recentemente retornou à Inglaterra, a beleza das portuguesas deixa muito a desejar.

Para ser inteiramente justo com as damas de São Sebastião, vejo-me na obrigação de afirmar que, ao contrário do que contam o dr. Solander e um outro senhor do navio do capitão Cook, nem eu nem nenhum dos membros da nossa tripulação chegou a ver sequer uma senhora atirar flores sobre os estrangeiros a título de declaração amorosa. Fomos infelizes ao ponto de, todas as tardes, caminharmos sob os balcões e janelas sem sermos honrados com nenhum buquê, embora houvesse igual abundância de ninfas e de flores na cidade.

Quando falei dos edifícios públicos, esqueci-me de mencionar um observatório bem equipado, situado quase no meio da cidade. Durante a nossa estada, alguns matemáticos espanhóis e portugueses estavam aí reunidos para tentar determinar os limites dos territórios pertencentes às duas Coroas. Mas, infelizmente para a causa da ciência, esses cavalheiros ainda não tinham sido capazes de entrar em acordo sobre seus cálculos, pois qualquer cedência significaria prejuízo para uma das partes. Até que ponto esse desentendimento era decorrente de razões políticas, não estou habilitado a dizer. Merece, no entanto, menção o fato de os portugueses acusarem o abade de La Caille – que esteve nessas plagas fazendo algumas observações a mando do rei da França – de ter espichado a longitude deste lugar 45 milhas além da costa.

Até 1770, todo o trigo consumido no Brasil vinha da Europa. Hoje, porém, a produção local, que progrediu muito desde aquela data, atende sobejamente à demanda. A principal região produtora desse cereal é o Rio Grande, situado a 32º de latitude sul. As plantações aí são tão florescentes que chegam a produzir de 70 a 80 alqueires por um. O café, que outrora também vinha de Portugal, agora cresce em tal abundância que permite uma considerável exportação. Contudo, a principal mercadoria do país continua a ser o açúcar. Infelizmente, os habitantes locais ainda não aprenderam a arte de fazer com esse açúcar um rum que seja palatável. As tropas inglesas na Nova Gales do Sul serão disso testemunhas, já que uma grande quantidade desse produto de péssimo sabor foi comprada aqui para consumo da guarnição de Port Jackson.

Em 1771, São Salvador, que fora a capital do Brasil por mais de cem anos, perdeu o seu posto para São Sebastião. Essa mudança deveu-se à guerra colonial travada entre as Cortes de Lisboa e de Madri. O que determinou a transferência da capital foram razões de segurança. O lugar que ora descrevo é, sem dúvida, um dos mais seguros que conheço. Sua localização privilegiada, somada às dificuldades de levar a cabo um ataque contra as fortificações, fazem dele uma praça dificilmente conquistável.

Suponho que o governo português tenha consciência de tal fato e por isso não teme perder tão importante possessão. Só assim se pode explicar a sua total negligência para com as tropas da guarnição desta cidade. Os regimentos foram enviados para cá com a promessa de serem substituídos e retornarem à Europa após três anos de serviço. Foi com base nessa promessa que os soldados organizaram a sua vida pessoal. O governo, contudo, não a cumpriu. Ao fim de 20 anos, só resta a esses pobres homens manter um silêncio submisso. Certa tarde, caminhava com um oficial português, quando esse assunto veio à baila. Disse-lhe, então, que, se isso acontecesse com as tropas inglesas, um inquérito parlamentar seria fatalmente instaurado. Ele tomou vivamente a minha mão e exclamou: *O senhor vive numa terra de liberdade, mas nós...* A sua comoção exprimiu o que a voz calava.

A propósito dos militares, sinto-me no dever de mencionar que não cheguei a ver aqui nada que confirmasse uma observação do senhor Cook. Segundo ele, os habitantes locais, ao encontrarem na rua um oficial da guarnição, curvavam-se com grande subserviência e, apesar de raramente serem retribuídos, quando não cumpriam esse ritual, arriscavam-se a levar umas pancadas. Pelo que pude perceber, a troca de delicadezas entre a população e os oficiais é uma constante e não parece imposta. Ora, um povo que aceitasse a insolente arrogância descrita pelo capitão mereceria realmente ser tratado como escravo.

A polícia do Rio de Janeiro é excelente. As ruas são assiduamente patrulhadas e os distúrbios são raros. O deplorável costume do esfaqueamento por vingança foi quase totalmente extinto, depois que as igrejas deixaram de dar abrigo aos criminosos. Em outros aspectos, o progresso tem sido lento e continuamente entravado por obstáculos quase insuperáveis, cuja maléfica influência persistirá enquanto os habitantes não adotarem um modo de vida mais civilizado. De manhã até a noite, os ouvidos do estrangeiro são brindados com o repicar dos sinos dos conventos e seus olhos, saudados com procissões de devotos. Nessas procissões, a piedade e a leviandade caminham lado a lado, revezando-se continuamente. *Queres fazer com que teu filho deteste a tropa? Leva-o para ver uma companhia da milícia burguesa de Londres num dia de exercício.* Quem quiser que o filho tome aversão ao papismo, basta expô-lo à preguiça, à ignorância e à beatice deste lugar.

No dia 1º de setembro, estávamos prontos para partir. Muitos dos oficiais dirigiam-se, então, ao palácio do vice-rei para se despedirem. Tínhamos sido previamente apresentados à Sua Excelência, que sempre que teve oportunidade nos honrou com um tratamento distinto e atencioso. Tal comportamento devia-se, em parte, ao fato de o governador Phillip gozar de grande prestígio entre os portugueses. O governador servira, outrora, como capitão na Marinha portuguesa e comandara um dos seus navios de guerra. Em razão disso, desfrutamos de muitos privilégios que, dificilmente, são concedidos aos estrangeiros. Tivemos permissão para excursionar pela região e, tanto nesses passeios como naqueles que realizamos pela cidade, fomos dispensados da irritante vigilância de um oficial da guarnição. Bastava-nos comunicar, quando desembarcávamos, os nossos nomes e postos ao ajudante de ordens do palácio. Algumas vezes, contudo, nós próprios solicitávamos a companhia de um oficial para evitar que os comerciantes nos vendessem as suas mercadorias por um preço superior ao que normalmente praticavam. Nessas ocasiões, o oficial acompanhante, quando solicitado, dizia-nos prontamente o preço e auxiliava-nos nas negociações.

Na manhã do dia 4 de setembro, deixamos o porto do Rio de Janeiro bem providos das boas coisas que o clima privilegiado e o solo fértil deste lugar produzem em abundância. Os futuros viajantes podem com segurança procurar esta praça para se reabastecerem. Entre os produtos aqui disponíveis encontram-se: o açúcar, o café, o rum, o vinho do Porto, o arroz, a tapioca, o tabaco e, ainda, madeira de qualidade para trabalhos de marcenaria. As aves não são muito baratas, mas, quando há fartura no mercado, o preço cai bastante. O comércio conta com bons estoques de carne de açougue, e vegetais de todos os tipos podem ser encontrados a preços insignificantes; o inhame, em especial, é excelente. As laranjas, assim como as limas, são abundantes e muito baratas (seis pences o cento). As bananas, os cocos e as goiabas são muito comuns, mas os poucos ananases que encontramos no mercado não eram nem saborosos nem baratos. Além desses produtos tentadores, o naturalista, em visita a essa cidade, se procurar com cuidado, poderá adquirir a preços razoáveis uma infindável variedade de belos pássaros e de insetos exóticos.

Encerrarei minhas notas sobre este lugar, informando aos futuros visitantes que os portugueses dividem o seu dinheiro em réis, uma unidade abstrata. Vinte réis faz um vintém e 16 vinténs, uma pataca. Todas as peças trazem o seu valor cunhado; contudo, são possíveis os enganos. A moeda de prata inglesa não goza de muito prestígio por aqui, sendo o dólar a moeda estrangeira mais facilmente encontrada.

EDIÇÕES UTILIZADAS

O relato de Arthur Phillip conheceu inúmeras edições em língua inglesa, a primeira em 1789 e a última em 1989. Em 1791, a obra foi traduzida para o francês e, em 1910, para o alemão. Optamos pela primeira edição inglesa da obra, cotejando-a com a edição organizada por James J. Auchmuty.

Quanto à narrativa de John White, servimo-nos igualmente da primeira edição inglesa. Vale ressaltar, porém, que a obra foi reeditada mais de dez vezes nessa língua (a primeira em 1790 e a última em 1971) e ainda ganhou duas edições em francês (1795 e 1798) e duas em alemão (1792 e 1793).

No referente ao relato de Watkin Tench, foram também tiradas muitas edições em inglês, a primeira em 1789 e a última em 1979, além de duas em francês (ambas de 1789), duas em holandês (1789 e 1794) e uma em alemão (1789). Utilizamos a primeira edição em língua inglesa, confrontando-a com a excelente edição de 1961, preparada por L. F. Fitzhardinge.

PHILLIP, Arthur. *The voyage of Governor Phillip to Botany Bay.* Londres: John Stockdale, 1789, cap. IV, p. 29-35.

WHITE, John. *Journal of a voyage to New South Wales.* Londres: J. Debrett, 1790, p. 44-76.

TENCH, Watkin. *A narrative of the expedition to Botany Bay.* Londres: J. Debrett, 1789, cap. V, p. 20-32.

BIBLIOGRAFIA

CRITTENDEN, Victor. *The voyage of the First Fleet,* 1787-1788. A partir de relatos contemporâneos. Canberra: Mulini Press, 1981.

GILLEN, M. *The founders of Australia. A biographical dictionary of the First Fleet.* Sydney: Library of Australian History, 1989.

MACKNESS, George. *Admiral Arthur Phillip.* Sydney: Angus & Robertson, 1937.

MOORE, John. *The first fleet marines,* 1786-1792. Brisbane: University of Queensland Press, 1987.

PHILLIP, Arthur. *The voyage of Governor Phillip to Botany Bay.* Introdução e notas por James J. Auchmuty. Publicado em associação com a Royal Australian History Society. Sydney: Angus and Robertson, 1970.

RUTTER, Owen. *The First Fleet. The record of the foundation of Australia from its conception to the settlement at Sydney Cove...* Introdução e notas por Owen Rutter. Londres: The Golden Cockerel Press, 1937.

TAUNAY, Afonso de Escragnolle. *No Rio de Janeiro dos vice-reis.* São Paulo: Anais do Museu Paulista, tomo XI, 1943.

______. *Rio de Janeiro de antanho. Impressões de viajantes estrangeiros.* São Paulo: Companhia Editora Nacional, 1942.

TENCH, Watkin. *Sydney's first four years. Reprint of a narrative of an expedition to Botany Bay, and a complete account of the settlement at Port Jackson.* Introdução e notas por L. F. Fitzhardinge. Sydney: Angus & Robertson, 1961.

George Barrington

George Barrington, o célebre batedor de carteiras, nasceu em Maymooth, próximo a Dublin, por volta de 1755, e faleceu em Parramatta (Austrália), em 1804. Filho de um ourives, de nome Henry Waldron, o irlandês teve uma infância pobre e estudou graças à generosidade de algumas pessoas influentes que admiravam o seu talento e inteligência. O nome de família Barrington é uma invenção do jovem George, que sempre divulgou ser filho de um certo capitão Barrington, homem de ascendência nobre.

Em 1771, George Barrington, ou George Waldron, transferiu-se para Dublin, onde deveria concluir os seus estudos. Pouco durou, no entanto, a sua estada na cidade. Meses depois de ser admitido numa instituição de ensino, o rapaz roubou uns colegas e evadiu-se. A sua carreira de larápio profissional começou, nesse mesmo ano, ao lado de um outro estropiado, chamado John Price. Este, caiu nas garras da lei em 1773, sendo julgado e condenado a cumprir pena na América. O jovem irlandês, ao contrário, com seus modos requintados e sua relativa cultura, penetrou nos círculos abastados da sociedade inglesa e aí furtou o maior número de carteiras que pôde. Em 1790, porém, os ventos mudaram de feição: após diversas passagens pela prisão, o notório batedor de carteiras foi condenado a cumprir sete anos em Botany Bay (Austrália).

Barrington e mais 292 condenados partiram de Plymouth, no navio Albemarle, *em janeiro de 1791. Na altura da Madeira, os condenados amotinaram-se e tentaram apoderar-se da embarcação. Narra o supostamente arrependido batedor de carteiras que esses revoltosos falharam graças à sua providencial intervenção. Verdade ou não, o fato é que Barrington desfrutou de inúmeros privilégios durante a viagem, privilégios que se estenderam à sua bem-sucedida estada na Austrália.*

Quanto à viagem, uma vez abafada a tentativa de motim, o Albemarle *rumou diretamente para o Rio de Janeiro, arribando na baía de Guanabara entre os meses de abril e maio de 1791. O futuro juiz de paz da colônia de Parramatta teve, então, três semanas para apreciar a capital dos domínios portugueses na América.*

Impulsionados por uma brisa favorável, avançamos depressa e logo avistamos Cabo Frio. Ao meio-dia, encontrávamo-nos já muito próximos da terra. O cabo é uma pequena ilha, situada a duas ou três milhas do continente. Entre esse ponto e o Rio de Janeiro, distante cerca de 50 ou 60 milhas, o vento esteve muito fraco e o tempo extremamente instável. Nas imediações do porto, uma forte rajada de vento marítimo empurrou-nos por entre umas ilhas. Acabamos por ancorar na entrada da baía.

Na manhã seguinte, enviamos um emissário à terra para saudar o vice-rei. À tarde, levantamos âncora e entramos no porto. Ao passarmos pelo forte que se encontra na embocadura, nós o saudamos com 13 tiros de canhão; mas como a nossa embarcação não era um navio de guerra, ele respondeu com somente 11 tiros. Ancoramos em frente à cidade.

Nossos navios, no geral, estavam todos em bom estado e poucos dos condenados que transportávamos tinham morrido. De Tenerife até este lugar, perdemos quatro homens e uma mulher, número relativamente baixo quando se tem em conta que esses infelizes viajavam confinados, tinham sofrido as agruras da mudança de tempo e eram alimentados somente com carne salgada. Logo que ancoramos, chegaram-nos da terra carne fresca, legumes e muitos barcos carregados de bananas, laranjas, ananases e outras espécies de frutas dos trópicos. Distribuímos proporcionalmente as várias espécies de frutas pelos condenados; a abundância era tanta que, todas as manhãs, despendendo uma pequena soma, podíamos fazer uma nova distribuição.

O porto é muito cômodo e tem espaço para receber um grande número de embarcações, que podem aí ancorar em segurança e manterem-se protegidas dos ventos. A cidade de São Sebastião é grande e bem construída, mas situada num terreno baixo, úmido e cercado por altas montanhas. Ela nunca recebe ar fresco, nem do mar nem da terra, por isso, o calor, durante o verão, é insuportável e o ar, em todas as estações, é terrivelmente insalubre. Há na urbe algumas ruas largas, a maioria delas, porém, é estreita. A praça situada em frente ao lugar de desembarque é grande e abriga, na extremidade sul, o palácio do vice-rei, um belo edifício construído em pedra, que, segundo dizem, é ricamente mobiliado. O interior das igrejas é fartamente decorado e em muitas delas podem ser encontrados belos órgãos e valiosos quadros.

Na cidade de São Sebastião, os artesãos e os comerciantes estão distribuídos de acordo com a sua especialidade. Assim, pode-se encontrar uma rua inteira só de alfaiates, outra só de carpinteiros etc.

O grande número de fortificações e baterias que cercam a cidade conferem-lhe um ar inexpugnável. Contudo, se um inimigo ocupar a ilha das Cobras, ilha que domina a urbe a pouca distância, e for auxiliado por alguns navios ancorados nas suas proximidades, ele poderá facilmente levá-la a capitular.

O Rio de Janeiro exporta ouro, açúcar, arroz, café e muitas drogas. Adquirimos uma série de sementes e algumas mudas de bananeiras, laranjeiras e limoeiros. Talvez elas possam desenvolver-se sob o sol das nossas novas possessões do sul.

Após três semanas de permanência em São Sebastião, estando os doentes curados, os barcos abastecidos de água e carregados de legumes e frutas de todas as espécies, fizemos vela.

EDIÇÃO UTILIZADA

O curioso relato do *príncipe dos batedores de carteira,* George Barrington, conheceu diversas edições, a mais antiga datando de 1795 e a mais recente, de 1968. Optamos por utilizar a cuidada edição de 1810, a qual vem acompanhada de uma longa notícia biográfica e de nove estampas.

BARRINGTON, George. *An account of a voyage to New South Wales.* Londres: M. Jones, 1810, cap. III, p. 91-93.

BIBLIOGRAFIA

LAMBERT, Richard S. *The prince of pickpockets.* Londres: Faber & Faber Limited, 1930.

A embaixada de lorde Macartney à China

Durante quase todo o século XVIII, os negociantes ingleses mantiveram contatos comerciais com a China, contatos mediados pela poderosa Companhia das Índias Orientais, que contava com alguns representantes na cidade de Cantão. Os mandatários da Companhia, no entanto, não tinham acesso direto às autoridades chinesas e eram obrigados a utilizar como intermediário um oficial escolhido entre os comerciantes cantonenses. Essa situação, além de ser bastante danosa para os negócios, fazia com que os ingleses carregassem o estigma de comerciantes bárbaros e, conseqüentemente, fossem vistos com desconfiança pelos habitantes locais.

Em 1792, Jorge III, com o intuito de tornar as relações com os chineses mais cordiais e sobretudo mais produtivas, resolveu enviar à China uma missão diplomática. À frente dessa pioneira missão, preparada com extremo cuidado pela Coroa, estava o renomado lorde George Macartney (1737-1806), um homem com larga experiência político-diplomática e excelente conhecimento dos povos do Oriente. A ele estava reservada a delicada incumbência de negociar com as autoridades de Pequim um acordo que garantisse os interesses comerciais ingleses na região.

A comitiva de lorde Macartney partiu de Portsmouth, em 26 de setembro de 1792, a bordo de três embarcações: o Lion, *vaso de guerra de 64 canhões; o* Hindostan, *navio de três mastros da Companhia das*

Índias; e a corveta Jackall, *que desapareceu no início da viagem, depois de uma tempestade. Do porto britânico, os navios dirigiram-se para a ilha da Madeira, e daí para Tenerife, onde permaneceram ancorados por uma semana. A 2 de novembro, as embarcações, carentes de água e de víveres, alcançaram Santiago (Cabo Verde). Os habitantes da ilha, porém, desgraçados por uma longa seca, poucas provisões puderam fornecer aos visitantes. Um mês mais tarde, a 30 de novembro de 1792, a frota entrava na baía de Guanabara.*

Os representantes de Sua Majestade britânica, embora tenham sido muito bem recebidos pelo vice-rei conde de Rezende, permaneceram pouco mais de duas semanas no Rio de Janeiro (17 de dezembro de 1792). Dessa curta estada restaram pelo menos sete testemunhos, três dos quais o leitor poderá apreciar a seguir. O primeiro é assinado por sir George Leonard Staunton (1737-1801), secretário da embaixada e, em caso de ausência do embaixador, ministro plenipotenciário; o segundo é da lavra do ex-tutor do filho de Staunton, John Barrow (1764-1848), que embarcou na qualidade de intendente da missão; o último é atribuído a Aeneas Anderson, criado pessoal do embaixador. Desses três relatos, os dois primeiros estão, ao lado das narrativas de Aguirre e de John White, entre as mais detalhadas descrições do Rio de Janeiro colonial feitas por estrangeiros.

O Rio de Janeiro situa-se a 24° 54' de latitude sul e a 42° 44' de longitude oeste do meridiano de Greenwich. A bússola aí varia 4° 55' a oeste. A maré sobe às sete horas e atinge cinco metros e meio. Durante a nossa permanência nesse porto, o termômetro marcou uma temperatura entre 77 e 82°F.

Há poucas cidades que dispõem de um porto tão amplo e seguro como o Rio de Janeiro. Poucas, igualmente, contam com uma situação tão privilegiada para o comércio e acham-se numa região tão fértil e rica. A entrada desse porto é, de um lado, assinalada por uma montanha oblíqua de sete pés de altura e, do outro, por uma enorme massa de granito, sobre a qual está construída a fortaleza de Santa Cruz. No meio, encontra-se uma pequena ilha, onde foi edificado o forte de Santa Luzia. Ao penetrar no porto, observamos que ele tinha cerca de três ou quatro milhas de largura e que, em muitos lugares, a profundidade escapava ao alcance dos olhos. Há, no interior da baía, uma grande quantidade de ilhas, algumas inteiramente cobertas de vegetação, outras de baterias, outras, ainda, de casas. As margens são embelezadas por aldeias, fazendas e plantações, essa últimas separadas por regatos, cadeias rochosas, pequenas baías arenosas e bordas de floresta. Mais além, vê-se um vasto complexo de montanhas, cujas formas são muito variadas (algumas vezes bizarras) e as superfícies cobertas de árvores até os cumes.

A quatro milhas da entrada do porto, sobre uma língua de terra avançada, está construída a cidade de São Sebastião, comumente chamada Rio de Janeiro. Toda a parte traseira da cidade está repleta de colinas e rochedos cobertos de bosques, casas, conventos e igrejas. Um convento dos padres beneditinos e um forte, situados numa das extremidades do porto, em frente à ilha das Cobras, dominam toda a cidade. Entre a ilha mencionada e a urbe há um canal bastante estreito, mas suficientemente fundo para a passagem de navios de qualquer porte. É ao redor dessa ilha que comumente ancoram as embarcações que freqüentam o porto, embarcações que podem servir-se dos estaleiros e armazéns aí instalados. Para além da cidade, o porto alarga-se consideravelmente e parece um imenso lago com muitas ilhas pelo meio.

Nos últimos anos, o Rio de Janeiro foi consideravelmente embelezado. Hoje, suas casas são, em boa parte, de tijolos e suas ruas são retas, bem pavimentadas e com calçadas dos dois lados. Algumas vias públicas são estreitas, mas isso não é um inconveniente num país onde o calor faz com que sempre se busque um lugar à sombra. As praças são ornadas com fontes que recebem água de um aqueduto extremamente longo; água imprescindível numa cidade que, apesar do nome, não conta com nenhum rio ou regato no seu perímetro. Em minha opinião, seria mais fácil transportar essa água através de barris, porém, o aqueduto, que atravessa um extenso vale e é sustentado por um conjunto de arcos duplos enfileirados, constitui um dos ornamentos do lugar. Esse monumento prova que os portugueses que o construíram não ignoravam a lei da hidrostática, segundo a qual a água retoma sempre o seu nível. Sem dúvida, não ignoravam também as muitas obras que os antigos romanos construíram nos arredores de Roma, obras que, tal como a referida, eram tão úteis quanto ostentatórias.

As fontes do Rio de Janeiro são guardadas por soldados encarregados de velar pela distribuição da água. Esse artigo, tendo em vista as demoradas filas que se formam em torno das bicas, é bastante raro na cidade. A fonte que se acha ao lado do cais, em frente ao palácio do vice-rei, fornece água às tripulações dos navios ancorados no porto; para obtê-la, é necessário colocar, numa das bicas, um tubo de lona ou de lã, chamado mangueira, suficientemente longo para levá-la até os barris que se encontram comumente a bordo das canoas. O senhor Erasmus Gower observou que essa água é bastante boa e que, quando armazenada para viagens marítimas, tem vida longa. Segundo esse mesmo senhor, a opinião negativa do capitão Cook acerca de tal água deveu-se antes a alguma impureza que se encontrava dentro dos barris por ele utilizados do que à má qualidade do produto.

As lojas do Rio de Janeiro estão repletas de tecidos de Manchester e de outras mercadorias inglesas, entre as quais se encontram até mesmo gravuras e caricaturas importadas de Londres. Um negociante português estabelecido na cidade, refletindo sobre as vantagens obtidas pelo país que exporta essas mercadorias, observou que a prosperidade de Portugal e de suas colônias se convertia, quase inteiramente, em proveito da Inglaterra. Mas esse proveito tem sido, sem dúvida, recíproco, pois tudo leva a crer, ao menos no Rio de Janeiro, que o país se encontra num estado florescente e os habitantes estão bem-dispostos e satisfeitos: a maior parte da população mora em casas bem construídas, grandes e adequadas ao clima; as lojas e mercados acham-se repletos de mercadorias; o número de edifícios públicos e particulares aumenta de dia para dia; não falta trabalho para aqueles que o procuram; e, além do aqueduto e das fontes mencionadas, notam-se muitos outros embelezamentos na cidade, entre os quais alguns passeios públicos e um grande cais de granito construído em frente ao palácio. A propósito desse cais, o granito utilizado na sua edificação, extraído de uma pedreira das redondezas, é o mesmo utilizado para erguer a maior parte das moradias.

Diz-se, em geral, que essa cidade é insalubre e que poucos são os exemplos de longevidade aí encontrados. Essa insalubridade, contudo, provém de algumas circunstâncias acidentais e não da influência do clima. O Rio de Janeiro está, em grande parte, situado numa planície que, excetuando a costa marítima, se encontra rodeada de altas montanhas cobertas por espessas florestas. Essa configuração não somente impede a livre circulação do ar como ainda torna as manhãs e os crepúsculos extremamente úmidos. As partes aquosas, que são banhadas pela luz solar durante o dia, condensam-se ao entardecer e retornam à cidade em forma de cerração ou de chuva fina. As noites úmidas, precedidas de dias quentes, causam freqüentemente febres pútridas e intermitentes.

Não é incomum ver-se, na cidade, indivíduos brancos e negros contaminados pela elefantíase, doença cruel que destrói os tegumentos da pele, deformando e descolorando todas as partes do corpo que ataca. As pernas, quando atingidas por esse mal, cobrem-se de rugosidades, incham enormemente e tornam-se semelhantes àquelas do animal colossal do qual essa horrível doença tira o seu nome.

Além da proximidade dos bosques, outro fator extremamente nocivo para a saúde dos cariocas é a existência, no interior da cidade, de muitas águas estagnadas. Inúmeros são os pântanos que precisam ser drenados e cobertos. Os estrangeiros, quando aí chegam, sofrem imensamente com as nuvens de mosquitos provenientes desses lodaçais. Após algum tempo no lugar, esses insetos passam a incomodar menos, não porque a pele deixe de ser sensível às suas picadas, mas talvez porque o seu ferrão depare com mais resistência para penetrar na pele ou, então, porque eles não encontram mais, nos nossos corpos, as substâncias que apreciam.

A picada de insetos não é, todavia, o único incômodo que experimentam os estrangeiros que chegam ao Rio de Janeiro. Há, durante a noite, um outro inconveniente. Aqui, como em Lisboa, as rodas dos carros são, segundo nos conta o senhor Kaims, construídas de modo a produzirem um barulho agudo e ensurdecedor, barulho que, reza a tradição, impede que o diabo faça mal aos animais que os puxam. O fértil poder da imaginação dificilmente poderia ter encontrado um meio mais eficiente de produzir tão horrível ruído.

Nenhuma ameaça real ou imaginária é capaz de abalar o gosto do carioca de todas as classes pela alegria e pelo divertimento. Comenta-se que, nos conventos da cidade, três para homens e dois para mulheres, não se pratica nem a austeridade nem a abnegação de si mesmo, fins primeiros de instituições desse gênero. Os portugueses, se não fosse o desejo de converter os gentios ao cristianismo, não teriam tão rapidamente empreendido a conquista do Brasil. Muitas foram as providências tomadas em favor dos monges encarregados de pregar o evangelho a esses infiéis. Nos dias que correm, porém, os religiosos não se ocupam mais dessa perigosa, aborrecida e, talvez, inútil missão. Somente uns poucos missionários italianos ainda insistem nessa tarefa, procurando conquistar, através de presentes e exortações, alguns nativos que freqüentam a cidade para, posteriormente, enviá-los ao interior do país a fim de converterem os seus compatriotas.

Os religiosos de claustro, assim como os monges, também não parecem interessados em mergulhar nos tristes e obscuros caminhos da devoção. Nada é mais animado do que a conversação que costumam manter com os estrangeiros que visitam os conventos. Certamente, tamanho desprendimento não se deve à leitura de escritos filosóficos, pois tais escritos não existem na língua do país e poucos são os portugueses que falam outro idioma. Além disso, a cidade conta apenas com duas livrarias, cujos acervos só contêm livros de medicina e de devoção. O sistema religioso, que aí imperou por tão longo tempo e com tão felizes resultados, pode hoje ser comparado a uma máquina que, devido ao excesso de uso, perdeu a eficiência. A Inquisição ou o denominado Tribunal do Santo Ofício nunca se estabeleceu no Brasil. Contudo, as cerimônias religiosas são, ao menos no Rio de Janeiro, numerosas e regularmente praticadas. A qualquer hora do dia, os sinos anunciam uma solenidade a celebrar numa das muitas igrejas locais e, após o pôr-do-sol, as ruas estão sempre cheias de procissões. Em cada esquina vê-se, dentro de um nicho envidraçado, uma imagem da Virgem Maria, imagem que sempre recebe uma homenagem dos transeuntes.

No Rio de Janeiro, os homens de classe inferior portam sempre um manto; os de médias posses e os de classe elevada jamais aparecem em público sem uma bengala. As damas trazem sempre o rosto descoberto e os cabelos, que geralmente estão arranjados em longas tranças, adornados com fitas e flores. Essas damas, quando não estão nas igrejas assistindo às matinas e vésperas, o que fazem com escrupulosa regularidade, podem ser vistas sentadas nas janelas e balcões de suas casas. Muitas delas têm belos olhos negros e um ar extremamente vivo. Ao entardecer, divertem-se tocando algum instrumento, especialmente a guitarra. É nessa hora que as portas e janelas das casas são abertas para facilitar a circulação do ar fresco. Se por acaso um desconhecido pára diante de uma porta para escutar a música que vem de dentro da casa, o pai, o marido ou o irmão daquela que toca dirige-se a ele e, delicadamente, convida-o a entrar. Em certas ocasiões, as cariocas trazem na mão um buquê de flores, com o qual presenteiam alguns cavalheiros que passam sob suas janelas. Esse hábito, provavelmente, é originário de Lisboa, onde as damas, nos dias de entrudo, costumam atirar flores sobre as pessoas que passam embaixo de seus balcões. Certamente que o caráter inocente dessa prática diz respeito aos tempos de outrora, tempos em que as damas do Rio de Janeiro raramente transgrediam as leis do decoro. Nos dias que correm, contudo, é necessário confessar que a solicitude de muitas delas salta aos olhos. É verdade que alguns dos seus maridos são acusados de faltas bem mais graves. Segundo se diz, em matéria de amor, os seus gostos são não só depravados, como também antinaturais.

Entre os prazeres inocentes que preenchem os dias dos dois sexos contam-se a ópera, a comédia e os bailes de máscaras. Tais divertimentos, todavia, foram, desde que chegamos à cidade, interrompidos por causa do anúncio da doença da rainha de Portugal. A boa sociedade freqüentemente se reúne num jardim público, situado à beira-mar, em uma das extremidades da cidade. Esse jardim apresenta espécies variadas de plantas e é bastante bem conservado. Aí podemos encontrar gramíneas diversas, canteiros, arbustos, belas árvores e caramanchões de madeira – estes últimos pintados de verde e decorados com jasmins, madressilvas e outras plantas odoríficas. Durante a bela estação, as pessoas que gostam de se divertir podem passear por esse jardim e, às vezes, apreciar aí algum concerto. Nessa ocasião, são organizadas excelentes ceias, acompanhadas de música e fogos de artifício, que se alongam pela noite adentro.

No meio desse jardim há uma grande fonte feita com uma rocha artificial. Dois crocodilos, muito bem esculpidos, soltam água pela boca, dentro de um tanque de mármore, onde muitos pássaros aquáticos, talhados em bronze, parecem se divertir. A alguma distância dessa fonte, existe uma outra imitação bastante inútil e dispendiosa: um mamoeiro de cobre, pintado de verde. Essa obra é tanto mais despropositada, quando se tem em conta que tal espécie cresce fácil e rapidamente nos trópicos.

Ao lado do jardim, próximo ao mar, há um terraço de granito, no meio do qual foi colocada uma segunda fonte com uma estátua representando uma criança. Essa estátua traz, numa das mãos, um pássaro com o bico mergulhado na água do tanque e, na outra, uma placa com a seguinte inscrição: *Sou útil ainda que brincando.*

Nas duas extremidades do terraço, foram construídos dois bonitos pavilhões. Na parede de um deles, mandou-se pintar diferentes vistas do porto e uma cena retratando a pesca da baleia – prática que foi muito popular nessa região antes de a baía tornar-se tão freqüentada por navios como é hoje. O teto é ornado com desenhos variados e a cornija exibe muitos peixes coloridos, naturais dos mares do Brasil, feitos com conchas incrustadas. O teto do outro quiosque é decorado com plumas artisticamente trabalhadas, e a cornija é decorada com desenhos dos mais belos pássaros do país, curiosamente enfeitados com suas próprias plumagens. As paredes estão cobertas de pinturas que, apesar de bastante mal executadas, oferecem uma descrição das principais atividades que tornaram esse país famoso pela sua opulência. Nessas pinturas, podemos identificar: a extração do ouro e do diamante do seio da terra; o plantio e a preparação da cana-de-açúcar; a feitura de corantes a partir da cochonilha; a produção da tapioca, farinha extraída de uma raiz venenosa denominada mandioca; e, ainda, a cultura e a preparação do café, do índigo e do arroz. Nesse jardim, denominado Passeio Público, os habitantes locais podem, em suma, encontrar variadas formas de divertimento. Construído para promover a saúde e o prazer dos cariocas, ele tem dois obeliscos que indicam esse duplo objetivo. Em um deles lê-se: *À saúde do Rio;* no outro: *O amor do público.*

Perto da cidade, à beira-mar, há um outro jardim, esse destinado ao progresso da botânica. Atualmente, salvo uma pequena manufatura de cochonilha controlada pela Coroa, ele não apresenta qualquer interesse.

Esse gênero de manufatura, a propósito, não é o único que pode ser encontrado nas imediações do Rio de Janeiro. No interior do porto, em frente à cidade, uma companhia adquiriu da Coroa o controle da produção de óleo de baleia negra, em troca de 50% dos lucros. A captura desse mamífero, que antigamente tinha lugar no interior da baía, faz-se agora nos locais onde o fluxo de embarcações é menos intenso. Além do óleo, extraído das gorduras, o Rio de Janeiro envia para a Europa os ossos desse animal, depois de tê-los separado e limpado devidamente.

As baleias brancas, das quais é extraído o *sperma-coeti,* são capturadas no oceano Pacífico. Durante a nossa permanência na cidade, um navio inglês proveniente dessa rota ancorou no porto para abastecer. Ele trazia nos seus depósitos 69 baleias, cada uma avaliada em cerca de 200 libras esterlinas. Alguns desses mamíferos, em virtude da sua dimensão e peso, chegam a valer mil guinéus. Como recentemente foi descoberto que das partes musculares desse animal também pode ser extraído o *sperma-coeti,* é provável que o lucro dos pescadores venha a diminuir.

Nas imediações da cidade do Rio de Janeiro, próximo ao mar, há um lugar chamado Valongo. Nesse endereço, estão estabelecidos os armazéns encarregados de comercializar os negros importados de África, especialmente de Angola e de Benguela. Quando chegam aos armazéns do Valongo, os negros são banhados e sua pele é coberta por uma camada de óleo ou de graxa. Além desses cuidados, busca-se, por meio de artifícios diversos, ocultar todo e qualquer defeito ou moléstia que eles possam ter, a fim de facilitar a venda. Esses seres desafortunados, contudo, parecem ser pouco sensíveis ao seu estado humilhante.

O Brasil importa, a cada ano, cerca de 20 mil escravos. Desses, 5 mil são vendidos para indivíduos que habitam o Rio de Janeiro. O preço de um escravo é em média de 28 mil libras esterlinas. Aqueles que os compram na África não podem embarcá-los sem antes pagar, ao agente do rei de Portugal, 10 mil-réis por cabeça. Esse imposto atinge, anualmente, uma receita de 60 mil libras esterlinas, dinheiro que entra nos cofres da Coroa, mas que não é considerado como parte do erário público.

Estima-se que a população de escravos do Brasil, entre nativos da África e descendentes, ronde os 600 mil indivíduos; enquanto a de brancos, dizem, não ultrapassa os 200 mil. No Rio de Janeiro, essa desproporção é bem maior do que no restante do país, pois a cidade não conta com mais de 3 mil brancos, sendo que o número de negros atinge facilmente a casa dos 40 mil.

Deixando de lado os escravos empregados nas plantações, os quais são submetidos a duros trabalhos, aqueles que ficam na cidade não parecem infelizes. O corpo humano tem menos necessidades nos climas quentes, pois é sujeito a menos provações. Nos climas frios, ao contrário, uma casa para abrigar contra as inclemências do ar, roupas quentes para vestir e calor artificial no inverno são quase tão necessários quanto a alimentação, na medida em que, sem tais artigos, a vida se torna insuportável. Mas, num país situado nos trópicos, pode-se passar sem boa parte dessas coisas e obter as outras com menos esforço. A natureza aí é pródiga numa grande quantidade de alimentos que ela recusa nos climas frios. Nas regiões frias, o uso de licores fermentados, licores obtidos com arte e trabalho, é muitas vezes necessário; já nas regiões quentes, cada riacho, cada fonte fornece a bebida mais agradável e mais saudável que se pode desejar. Os escravos das Índias Ocidentais não têm, pois, nada a invejar aos camponeses de muitos dos reinos da Europa.

Os negros que vivem nas plantações do Brasil podem trabalhar dois dias por semana em benefício próprio – o dobro do tempo de que dispõem os escravos das Antilhas. Procura-se coibir a prática do roubo e da mentira entre os escravos brasileiros, mas parece que esses vícios pertencem à sua própria condição. A escravidão não é determinada somente pela cor negra: trata-se de uma herança funesta transmitida por linha materna. No Rio de Janeiro, por exemplo, há escravos de todos os matizes entre o branco e o negro.

Os africanos parecem naturalmente alegres e plenos de vivacidade. Eles acomodam-se facilmente à sua situação, gozam de todos os prazeres que lhe são permitidos e raramente utilizam o álcool como antídoto contra o sofrimento ou como meio de abafar as reflexões suscitadas pelo seu estado. As grandes paixões dessa classe de indivíduos são a música e a dança. É comum encontrar, no Rio de Janeiro, cocheiros negros que, nos seus momentos de lazer, sentados nos bancos das carruagens que conduzem, aproveitam para tocar viola.

A Coroa portuguesa possui uma grande quantidade de escravos, 10 mil dos quais são empregados na exploração das minas de diamantes. A propósito dos diamantes, durante nossa estada no Rio, foi encontrada uma pedra que dizem ser a maior já descoberta, maior mesmo do que aquelas que foram compradas pela imperatriz da Rússia.

Os conventos também possuem grande quantidade de escravos. Os beneditinos têm cerca de mil, trabalhando nas suas plantações. Esses opulentos monges são muito caridosos e extremamente hospitaleiros. O seu comportamento para com os intérpretes chineses que viajavam com a embaixada inglesa ilustra bem tal hospitalidade. Quando os religiosos souberam que esses intérpretes eram padres católicos, trataram logo de convidá-los para ocupar um apartamento no convento e, durante a nossa permanência na cidade, dispensaram-lhes um tratamento esplêndido.

Os beneditinos têm tido ocasião de observar que, entre os escravos de tenra idade, os mulatos – frutos da união do negro com o branco – são dotados de mais inteligência e talento do que os outros. Os padres têm instruído alguns desses meninos com especial cuidado, obtendo tanto sucesso que julgam não estar longe o dia em que serão obrigados a enviar alguns deles para completarem a sua educação literária nas universidades portuguesas. Esses monges contaram-nos, cheios de orgulho, que um mulato tinha acabado de ser eleito para ocupar uma cadeira de ensino em Lisboa.

Os naturais do Brasil, os índios, não foram nem reduzidos à escravidão nem convertidos ao estado de civilização. Algumas crianças nativas foram educadas no seio de famílias portuguesas, famílias que, quer por curiosidade, quer por benevolência, tomaram todos os cuidados possíveis para inspirar nessas pequenas almas o gosto pelos costumes sociais. Mas, comenta-se, o caráter dessas crianças é de tal modo intratável que, na maior parte das vezes, após um breve contato com a civilização, elas optam por retornar à vida selvagem e abandonam quase todos os princípios morais que lhes foram ensinados.

Os selvagens, ainda que pobres, raramente se prestam a trabalhar para os portugueses; estes, por sua vez, só os empregam em serviços de canoagem, atividade em que são muito hábeis. No que diz respeito à sua aparência, esses selvagens têm, em geral, metade da altura de um europeu médio, mas são robustos, musculados e muito ágeis. Sua pele é de cor parda, seus cabelos são escuros, grossos e lisos, seu corpo apresenta poucos pêlos e seus olhos são negros, levemente puxados e não anunciam falta de inteligência. O conjunto dos seus traços não revela nenhum defeito de caráter e a sua fisionomia é plena de expressão e de nobreza. Eles conservam, sem dúvida, uma antipatia hereditária pelos usurpadores de seu país. Não é, pois, por acaso que muitos deles vivem afastados das possessões portuguesas e mantêm um permanente estado de guerra com esse povo, massacrando sem piedade todo e qualquer europeu desprotegido que for encontrado pelas matas. A maior parte da costa marítima que se estende do Rio de Janeiro à Bahia é habitada por esses selvagens, o que tem impossibilitado o estabelecimento de uma comunicação regular, por terra, entre esses dois lugares.

Não há caminhos para carruagens nas imediações do Rio de Janeiro e nem mesmo nas zonas mais para o interior. O senhor Barrow e dois outros ingleses que acompanhavam a embaixada fizeram, na companhia de um habitante local, uma excursão pelo lado oeste da cidade. Segundo eles, a terra aí é cultivada de uma maneira pouco industriosa e pouco cuidada. O máximo que conseguiram ver foi um conjunto de pequenas hortas, onde se cultivavam legumes para a população branca e raiz de mandioca para os negros. Mais para o interior, eles encontraram uma bela plantação de trigo, cereal que cresce em todas as regiões do Brasil a uma altura muito superior àquela a que estamos habituados na Europa. Os moinhos de que se servem os habitantes do país apresentam uma estrutura tão rudimentar que quase não merecem ser descritos. O senhor Barrow e seus companheiros tiveram oportunidade de ver um desses instrumentos instalado à beira de um regato que cortava uma floresta da região. Era uma roda com poucos pés de diâmetro, assentada horizontalmente num nível mais baixo do que a água que caía do alto de uma rocha. A roda não tinha mais de 12 pás, que tocavam obliquamente a correnteza e se moviam muito rapidamente. O eixo dessa roda atravessava uma mó imóvel e de pequeno diâmetro, colocada na parte superior da estrutura, e acabava numa mó menor, a qual era empurrada em direção à primeira, moendo os grãos que caíam da tremonha. Assim, com uma só roda, produzia-se um efeito que geralmente só é passível de ser obtido a partir de mecanismos muito mais complexos e dispendiosos. Conta-se que, na Criméia, existem moinhos semelhantes ao acima descrito.

A floresta, na qual estava instalado esse moinho, era repleta de palmeiras, aroeiras, mangueiras e goiabeiras. O feto aí crescia até a altura de uma árvore. Havia também, nessa floresta, uma grande quantidade de plantas completamente desconhecidas dos nossos exploradores. A descrição pormenorizada dessa rica flora deverá vir à luz com a publicação da obra *Flora fluminense,* cujo autor é um monge franciscano residente no Rio de Janeiro.

A planta de onde se extrai a ipecacuanha, planta natural de Santa Catarina, um dos distritos do Rio de Janeiro, será, sem dúvida, também descrita por esse franciscano. Embora a raiz dessa planta já há algum tempo venha sendo empregada com sucesso pela medicina, os botânicos ainda ignoram em que classe, gênero e espécie ela deve ser enquadrada. A pedido de um dos membros da embaixada, um mensageiro foi enviado a Santa Catarina com o encargo de trazer um pé de ipecacuanha. Esse mensageiro, porém, trouxe uma planta herbácea, de três ou quatro pés de comprimento, com um caule de onde brotavam folhas longas e pontiagudas. A planta não tinha nem flores nem sementes, sendo completamente impossível determinar o seu verdadeiro caráter.

Tivemos oportunidade de conhecer, no Rio de Janeiro, um colecionador de pássaros e de insetos. Ele possuía espécimes muito curiosos, entre os quais um pássaro denominado *palamedea,* ou anhuma. Esse pássaro tem uma unha, ou melhor, um resistente esporão, nas articulações das asas, e uma espécie de corno com aproximadamente seis polegadas de largura, na parte superior da cabeça. Poucos são os gabinetes de história natural da Europa que dispõem de um exemplar dessa espécie. Percorrendo a floresta, nossos exploradores encontraram grande quantidade de flores, das mais diferentes cores, e também variada plumagem de pássaros. Diz-se que esses bosques abundam de serpentes, algumas das quais de avantajado tamanho e de grande periculosidade. Contudo, os silvos desses répteis anunciam sempre a sua presença, o que evita surpresas desagradáveis àqueles que andam pelas matas; além disso, tais animais dificilmente atacam sem serem provocados. Nossos exploradores não se aperceberam de nada que lhes pudesse causar o menor alarme. Os próprios habitantes desses cantões embrenham-se na floresta sem o menor receio e, ainda que admitam a possibilidade de um ataque, não lhes causa especial apreensão um mal de que nunca foram vítimas. Eles procedem como o europeu, que apesar de não desconhecer o risco, freqüente em certas épocas do ano, de ser atacado por um animal enraivecido, não altera os seus hábitos cotidianos.

A floresta da qual estamos falando conduz ao vale da Tijuca, vale situado no centro de uma espécie de funil, circundado por montanhas – exceto do lado sul, onde há uma abertura pela qual penetram as águas do mar – e banhado por um riacho cristalino que se precipita do alto de um enorme rochedo de granito, formando uma magnífica cascata. As plantações da região não parecem demandar grandes cuidados. Num espaço de aproximadamente 20 jardas quadradas, não é incomum vermos crescer, quase espontânea e desordenadamente, índigo, mandioca, café, cacau, laranjeiras, limoeiros, bananeiras e canas-de-açúcar. O café e o índigo demandam especial atenção, pois a temperatura do vale, rodeado por montanhas rochosas que refletem os raios de sol, é excessivamente quente. O termômetro aí, às quatro horas da tarde, marca 88°F, à sombra.

Os ingleses da expedição pernoitaram na casa de um amigo do acompanhante português, onde foram muito bem acolhidos. O calor não permitiu que eles dormissem numa cama, por isso os donos os instalaram num pequeno estrado, ligeiramente elevado em relação ao solo, coberto por esteiras e munido de uma almofada elástica. Foi nesse leito improvisado que os convivas, vestidos com um robe de tecido leve, puderam repousar.

Muitos distritos do Rio de Janeiro produzem, em abundância, algodão, açúcar, café, cacau, arroz, pimenta e tabaco. O distrito do Rio Grande colhe um excelente trigo. As videiras também crescem com facilidade nessa região, no entanto, a produção de vinho não é permitida para não causar dano aos produtores portugueses.

Sem contar o governo do Rio de Janeiro, cujo representante tem o título de vice-rei, existem no Brasil mais oito governos independentes, a saber: Pará ou Amazonas, Maranhão, Pernambuco, Bahia, São Paulo, Mato Grosso, Minas Gerais e Minas-Goiás. No passado, a baía de Todos os Santos era a sede do governo colonial e o centro do comércio brasileiro. Contudo, a descoberta e a exploração das minas de ouro e diamantes, situadas a cem léguas do Rio de Janeiro, conferiram a essa cidade uma importância inquestionável. Na verdade, todas as províncias do Brasil experimentaram um significativo progresso nos últimos anos. Elas passaram a produzir grande parte dos produtos necessários à sua subsistência e começaram a desfrutar de uma balança comercial favorável. Nem mesmo o grande número de mercadorias que chega da Europa tem sido suficiente para pagar o que exportam.

Durante a administração do marquês de Pombal, que foi durante muito tempo primeiro-ministro de Portugal, o Brasil foi poupado de alguns monopólios que o oprimiam. Após essa fase de maior liberalidade, a metrópole, com medo de que a prosperidade da sua colônia favorecesse o surgimento de idéias independentistas, tentou restabelecer as antigas e odiosas regras opressoras. Mas era tarde demais. Os brasileiros sentiam-se já suficientemente robustos para dispensarem os cuidados da metrópole. Segundo eles, ou Portugal transferia para o Brasil a sede do Império ou deveria deixar que o país, servindo-se dos meios que a natureza lhe deu, seguisse o seu caminho sem ser obrigado a submeter-se ao peso de um cetro distante. O grande interesse que a Revolução Francesa despertou nos brasileiros e o cuidado com que buscaram se informar sobre ela pareciam anunciar que em breve a colônia seguiria o exemplo da nação francesa.

O projeto de transportar para o Brasil a capital do governo lusitano foi cogitado pelo marquês de Pombal, em 1761, quando da invasão de Portugal pelos espanhóis. Chegou-se mesmo a calcular quantos navios seriam necessários para transportar a família real, os principais oficiais da corte e todo o seu séquito. As primeiras medidas no sentido de procurar esses tais navios foram inclusive tomadas, mas o projeto acabou quando a ameaça que o havia suscitado deixou de existir. Portugal voltou, então, a considerar o Brasil somente como uma colônia destinada a enriquecer a mãe pátria.

O Rio de Janeiro paga 20% de taxa sobre cada artigo que importa de Lisboa ou do Porto. Em Lisboa, as principais taxas cobradas sobre os produtos brasileiros são: 1% sobre o ouro; 8% sobre o café; 10% sobre o açúcar, o arroz e os couros; 12% sobre o índigo; 17% sobre a madeira; e quatro dólares sobre cada pipa de 180 galões de rum.

O governo reclama a propriedade de toda a madeira comumente chamada madeira vermelha ou madeira do Brasil, bem como de toda aquela destinada à construção de navios. Ele exige também o quinto de todo o ouro extraído das minas. Quando, por acaso, um diamante é encontrado numa mina de ouro, essa é fechada e a extração do ouro interrompida, porque todas as minas de diamantes são propriedade da Coroa.

Os habitantes do Brasil dizem que o governo colonial busca sistematicamente impedir o estabelecimento de manufaturas no país. Apesar disso, muitas delas têm sido abertas na colônia. A mudança que, nos últimos anos, se processou nos espíritos foi tal que alguns nobres portugueses deixaram de olhar com desdém para as manufaturas. Recentemente, um homem nobre inaugurou, nas proximidades do Rio de Janeiro, uma fábrica, onde 60 escravos são empregados na preparação do arroz. Esse homem, um antigo militar, confessa que, ao ver os moinhos rodarem e descascarem o arroz, sente muito mais prazer do que quando assistia aos exercícios militares de seus oficiais. O método que ele emprega na sua fábrica nada tem de especial, a não ser o uso da areia do mar vitrificável para a limpeza dos grãos de arroz; areia que, depois de limpo e descascado o cereal, é devidamente separada.

O proprietário dessa fábrica colocou o seu filho primogênito numa casa de comércio, pois, segundo ele, o comércio é a profissão do futuro no Brasil. Essa opinião é justificável quando se contempla a prosperidade tanto desse setor quanto daquele relacionado às artes mecânicas. E isso apesar dos inúmeros obstáculos impostos pelo governo.

Não faz muito tempo, os habitantes do Rio de Janeiro foram proibidos de trabalhar o ouro proveniente das minas. A arbitrariedade do governo chegou a tal ponto que todos os utensílios relacionados com essa arte foram apreendidos. Contudo, malgrado os monopólios, as proibições e os incontáveis impostos, Portugal não retira do Brasil mais do que um milhão de libras esterlinas, um terço dos quais é gasto na administração da colônia.

Os impostos pesam muito ao Brasil, sobretudo no interior das províncias, onde os transportes e os direitos de trânsito aumentam sobremaneira o preço das mercadorias vindas da Europa (uma garrafa de vinho do Porto chega a custar dez xelins ao consumidor final).

A coragem dos habitantes do Brasil cresce de dia para dia. A impaciência em relação ao jugo colonial tem aumentado muito. Há muito pouco tempo, na província de Minas Gerais, teve lugar uma conspiração que envolveu muitos oficiais do governo e eclesiásticos, e por pouco não alcançou grandes proporções. As tropas que Portugal envia para o Brasil raramente retornam à Europa. Os oficiais civis nunca são substituídos. O vice-rei é o único que ocupa um cargo com duração limitada. Assim, os homens destinados a passar sua vida nesse continente, ainda que nascidos em Portugal, logo perdem a afeição pelo seu país natal e, não raro, tornam-se mais fiéis aos interesses da sua segunda pátria.

Os planos dos conspiradores mineiros foram precocemente descobertos, o que permitiu ao governo abafá-los a tempo. Foi necessário, nessa ocasião, enviar para o interior de Minas uma parte considerável das tropas que estavam estacionadas no litoral. O governo, no entanto, quer por clemência quer por estratégia política, limitou-se a condenar à morte somente um dos conspiradores. Os restantes foram deportados para as colônias portuguesas na África.

A despeito dessas dificuldades internas, o governo português parece não ter negligenciado a possibilidade de um ataque estrangeiro às suas possessões na América. Segundo o capitão Paris, se Portugal estivesse em guerra com uma potência européia, a fraca capacidade de seu Exército e de sua Marinha não lhe permitiriam enviar nenhuma ajuda ao Brasil, por isso, a colônia foi fortificada de maneira a poder defender-se por sua própria conta. As fortalezas, por melhor que fossem construídas, seriam talvez insuficientes para proteger o Rio de Janeiro, pois, ainda que providas de uma numerosa guarnição e de muita munição, elas não resistiriam mais do que algumas semanas a um ataque bem planejado. Ciente disso, Portugal não construiu na cidade nenhuma obra defensiva de envergadura. As fortificações locais consistem em pequenas baterias e pequenos fortes afastados uns dos outros, mas dispostos de maneira a criar muita dificuldade a um inimigo que queira entrar no porto e avançar em direção à cidade.

Se, eventualmente, os inimigos ultrapassassem esses obstáculos, as forças militares do país poderiam fazer-lhes frente em campo raso. Essas forças são compostas de dois esquadrões de cavalaria, seis regimentos de infantaria, dois batalhões de milícias disciplinadas e mais de 200 negros livres arregimentados, perfazendo um total de, pelo menos, 2 mil homens; isso sem contar as inúmeras milícias não arregimentadas que se encontram na cidade e nos arredores.

A entrada do porto mede umas mil jardas e é guarnecida por fortes baterias, que cobrem todas as direções. Há aí uma ondulação que dificulta bastante a utilização de artilharia por parte dos navios. O forte de Santa Cruz, a principal defesa do porto, é uma construção de grande porte. Sua altura é de 24 a 30 pés e ele conta com 23 canhões do lado do mar, 33 do lado oeste e igual número do lado norte. Esse forte foi edificado sobre a ponta menos elevada e mais plana de um rochedo, ponta que está separada do restante desse mesmo rochedo por uma fenda de dez ou doze pés de largura. Ele é flanqueado de baterias a leste e a oeste e protegido por uma linha de mosquetes instalada nas montanhas. No aniversário de nascimento da rainha de Portugal, todos os fortes da cidade dispararam os seus canhões, e, a julgar pelo barulho, eles devem possuir ao menos umas 24 libras de bala.

A defesa da cidade depende, sobretudo, das obras construídas na ilha das Cobras. A parte mais elevada dessa ilha, aproximadamente 24 pés acima do nível da água, encontra-se de frente para a cidade. Há, desse lado, uma pequena fortaleza quadrada. Do lado leste, a ilha declina suavemente até atingir o nível da água e é contornada por uma muralha irregular, guarnecida em alguns flancos. Essa muralha, que em certos pontos não tem mais do que oito pés de altura, não é defendida por um fosso. A ilha, no seu todo, mede uns cem passos e conta com 46 canhões: vinte no lado sul e o restante distribuído pelos outros lados. O parapeito que recentemente foi construído ao longo da cidade será defendido por uma linha de mosquetes e por alguns canhões leves.

Independentemente do destino que o Rio de Janeiro venha a ter, graças à natureza, essa cidade será sempre digna de atenção. Pode-se dizer que os seus contornos estão fortemente desenhados. Seu porto, suas montanhas, seus bosques e seus rochedos são grandes e majestosos. Suas produções crescem com o vigor e a frescura da juventude, nada aí é pobre, árido ou decadente.

As pessoas pertencentes à embaixada tiveram, no Rio de Janeiro, uma liberdade de trânsito até então desconhecida da maior parte dos estrangeiros que passaram por essas plagas. O vice-rei enviou-lhes sua lancha para conduzi-los ao redor do porto e deu-lhes todas as provas de delicadeza possíveis. No que diz respeito ao embaixador, a conduta do governante português para com ele também foi impecável. O representante inglês foi recebido com todas as honras que o seu cargo exigia e tudo o que era necessário para proporcionar-lhe uma estada agradável, inclusive uma guarda pessoal, foi posta à sua disposição.

Lorde Macartney, que estava indisposto quando chegou, ao fim de 15 dias em terra, encontrava-se completamente restabelecido. Mas, ansioso por chegar logo ao seu destino, retornou a bordo antes de o navio estar completamente abastecido com os suprimentos necessários para a continuação da viagem. O agente português cuidou, então, para que os trabalhos fossem apressados. A madeira, a água e os comestíveis foram fornecidos em tão grande quantidade que os viajantes concluíram que não seria necessário parar no cabo da Boa Esperança para um novo abastecimento, antes poderiam seguir viagem diretamente para a China. A embaixada levantou âncora no dia 17 de dezembro de 1792.

* * *

No dia 29 de outubro, encontrávamo-nos perto da parte pontiaguda da costa da América Meridional, denominada Cabo Frio. Durante a noite, dobramos um promontório e entramos, no dia seguinte, no magnífico porto do Rio de Janeiro.

Embora eu tenha a intenção de oferecer ao leitor uma descrição geral dessa parte da costa brasileira, temo que, por maiores que sejam os meus esforços, essa descrição dará somente uma pálida idéia da majestade e beleza da região. O primeiro traço que chama a atenção do viajante que passa por Cabo Frio é uma abertura na verdejante cadeia de montanhas que acompanha a orla marítima. Essa fenda, vista de longe, parece um portal estreito colocado entre dois pilares de pedra, pilares que contrastam com o verde da bela vegetação circundante. Ao aproximarmo-nos dessa abertura, que é na verdade a entrada do porto do Rio de Janeiro, notamos que o pilar da esquerda (oeste) é constituído por uma única massa sólida de pedra, de formato cônico – ou, para utilizar uma expressão náutica, em forma de pão de açúcar –, destacando-se inteiramente do restante da costa. Essa enorme pedra não é totalmente perpendicular, inclinando-se um pouco em direção à entrada do porto. Durante a nossa permanência na cidade, aproveitamos para verificar a altura desse pilar. Descobrimos, então, que ele se eleva a 680 pés acima do nível do mar. O pilar oposto, situado a leste, é uma montanha sem vegetação, composta do mesmo tipo de pedra e quase da mesma altura da montanha cônica. Difere desta, contudo, por ter uma forma, da base ao cume, mais regular e proporcional. Toda essa costa é guarnecida por fortificações e baterias.

Exatamente no meio da entrada do porto, uma ilha muito fortificada reduz a três quartos de milha o espaço de passagem das embarcações. Após atravessar esse estreito canal, a vista mais magnífica que pode oferecer a natureza descortina-se aos nossos olhos maravilhados. Imagine, leitor, o que é estar diante de uma imensa porção de água, circundada por 30 milhas de esplendorosa floresta e por majestosas montanhas, montanhas cujos cumes, elevados e disformes, se ocultam nas nuvens e assumem uma coloração ora azul, ora púrpura. Imagine o que é ver essa porção de água alargar-se gradualmente por 12 ou 14 milhas, a contar da estreita entrada do porto, e formar um imenso lago coberto por inúmeras pequenas ilhas de diferentes formatos, todas revestidas por abundante, variada e colorida vegetação e por belos arbustos odoríficos, semeados em grande quantidade pela própria natureza. Imagine, ainda, essa bela porção de água, emoldurada, de ambos os lados, por verdes colinas de altura média – que se elevam umas acima das outras conformando uma espécie de anfiteatro –, em meio às quais pode-se avistar ao longe numerosas angras, deliciosos vales e murmurantes riachos. Imagine, enfim, leitor, uma seqüência de montes Edgecombes ao redor de um lago com pelo menos cem milhas de circunferência, localizado numa região onde a primavera é eterna. Imagine tudo isso, e ainda assim não terá senão uma idéia imperfeita do magnífico quadro que a baía do Rio de Janeiro oferece aos olhos. Sem dúvida, essa cidade, se considerássemos somente a comodidade e a segurança de suas construções e a fertilidade dos seus campos, poderia figurar com justiça entre as principais estações navais do mundo.

Se, no seu estado atual, as belezas naturais do Rio de Janeiro excitam tão fortemente a nossa imaginação, o que não dizer do estado primitivo dessa região, quando a baía formava um claro e transparente lago? Pois tal foi, sem dúvida, a sua primeira configuração, quando as barreiras naturais, que formavam uma espécie de dique, deram passagem à água, e as partes mais sólidas que resistiram à força das correntes mergulharam no mar.

Ainda hoje, é possível detectar alguns vestígios dessa situação primitiva. Junto à entrada do porto, observa-se a existência de uma espécie de barra, onde a água, que normalmente atinge a profundidade de 18 braças nas proximidades da costa, não ultrapassa nunca a marca das 10 braças. Nessa barra, algumas pontas de rochas, elevadas acima da superfície do mar, lembram a existência do antigo dique.

Os portugueses estabelecidos no Rio de Janeiro se, por um lado, pouco fizeram para tornar mais perfeita a obra da natureza, por outro, mérito lhes seja dado, não contribuíram para deteriorá-la: o lugar onde se construiu a cidade foi bem escolhido e os principais edifícios, embora pouco elegantes, são isentos de extravagâncias e, sob todos os aspectos, adequados à sua localização. Uma fortaleza, ainda que demasiado regular, está longe de ser um objeto desagradável numa paisagem. Quando esses redutos são construídos sobre as escabrosidades de uma montanha verdejante e isolada, acabam por acrescentar à grandeza natural um aspecto pitoresco. Assim ocorre com quase todas as montanhas que circundam o Rio de Janeiro, coroadas que são por um castelo, por uma igreja, por um convento ou por um forte; da mesma forma as ilhas, igualmente embelezadas com esse tipo de ornamentação. Nessas plagas, não se vê nenhuma ilha ou ilhota desfigurada por construções ridículas e grosseiras como aquelas que encontramos no nosso lago Keswick.

A cidade do Rio de Janeiro ou cidade de São Sebastião, para falar com a dignidade que convém à capital do Brasil, está situada sobre um promontório quadrado de superfície bastante regular. Três dos lados desse promontório dão para o porto, o quarto é circundado por altas montanhas, cobertas por florestas, e funciona como uma espécie de proteção para a cidade, evitando que ela seja atingida pelas freqüentes rajadas de vento oeste. A parte da cidade que se encontra próxima do ancoradouro tem cerca de uma milha e meia de comprimento por uma milha de largura. O ângulo setentrional do promontório é formado por um rochedo muito elevado dividido em dois: sobre uma das suas pontas, encontra-se uma fortaleza e, sobre a outra, um convento de monges beneditinos – esse último é contornado por linhas e fortificações, configurando uma espécie de igreja militante. Essas duas colinas dominam tanto a cidade quanto o ancoradouro e asseguram, juntamente com a mais portentosa fortaleza do porto, a defesa do lugar. Tal fortaleza está situada sobre a ilha das Cobras, um rochedo com cerca de 80 pés de altura, no lado que dá para a cidade, que declina, em direção ao lado oposto, até atingir os oito pés. A superfície desse rochedo, que está separado da montanha onde se encontra o convento beneditino por um estreito mas profundo canal, é de aproximadamente 300 varas. Toda ela é coberta por fortificações, garantindo aos navios ancorados a mais absoluta segurança. Nessa ilha, também estão instalados um estaleiro, um arsenal da Marinha, uma fateixa e um cais, onde é possível erguer e querenar as embarcações. A despeito de todas as fortificações mencionadas, a mais volumosa frota poderia permanecer ancorada no porto inteiramente fora do alcance dos canhões da redondeza.

Logo que põe o pé em terra, o primeiro local da cidade a chamar a atenção do visitante é uma bela praça quadrada cercada de casas e aberta, na frente, para a baía. Ao longo dessa abertura, há um excelente cais de pedra com largas escadas nas suas extremidades; normalmente é aí que se desembarca. Quando essa obra de alvenaria, como está planejado, cobrir por inteiro a parte da cidade que dá para a baía, além de embelezar o local e contribuir para a comodidade dos cidadãos, funcionará como um meio útil de defesa, impedindo os desembarques indesejáveis. Próximo da escada central desse cais, há um obelisco quadrangular que, continuamente, jorra por todos os seus quatro lados uma água clara e límpida; água que atende às necessidades dos cidadãos da parte baixa da cidade e das tripulações dos navios ancorados no porto. A parte da praça em frente ao cais é ocupada pelo palácio do vice-rei. Trata-se de uma construção muito simples, que não chama a atenção nem pela elegância de sua arquitetura nem pelo tamanho.

O palácio, o obelisco e o dique foram todos construídos com blocos de granito bem talhados; a superfície do cais foi pavimentada com a mesma pedra e coberta com uma areia de sílica. Como o granito mencionado tem uma grande quantidade de mica brilhante, as construções refletem durante todo o dia a luz solar, transformando a praça num local especialmente irritante para os olhos – emblema luminoso das *brilhantes* façanhas da nação portuguesa nos seus primeiros tempos.

Ao pôr em ação um plano para distribuir, de uma maneira cômoda, por todos os bairros da cidade, uma grande quantidade de água – artigo de primeira necessidade em todos os países do mundo, sobretudo naqueles de clima quente –, o governador mostrou uma louvável atenção para com os seus súditos. É, pois, com justiça que o nome do vice-rei Vasconcelos, autor da proeza, encontra-se numa inscrição latina gravada num dos lados do obelisco da praça principal. Todas as fontes locais são abastecidas por um grande reservatório situado nas proximidades da cidade. Esse reservatório, por sua vez, é abastecido por um aqueduto sustentado sobre grandes arcos que cortam um vale muito profundo. A água, proveniente das montanhas, é captada por uma série de canais feitos de pedra e cobertos por abóbadas de tijolo. A parte dessa grande construção que atravessa o vale é uma obra extremamente útil e funciona como um ornamento para a cidade. Para erguer uma estrutura de tal porte, composta por pelo menos 40 arcos de grande envergadura, certamente muito dinheiro foi despendido, dinheiro que poderia ter sido poupado caso se tivesse optado por um sistema de canos rasteiros. Mas, como observa o senhor George Staunton, a decoração e a magnificência são, tanto quanto a utilidade, os fins a que se propõem as obras públicas.

Uma outra obra que muito contribui para a saúde e o divertimento da população é o Passeio Público. Esse jardim é formado por bosques, maciços verdejantes, aléias e canteiros. Aqui e lá vêem-se bonitos caramanchões, em torno dos quais o jasmim, a vinha virgem e outros arbustos odoríficos entrelaçam os seus galhos flexíveis. Tivemos oportunidade de observar muitos arbustos nativos de grande beleza. Os portugueses, contudo, preferem as plantas importadas da Europa, apesar de elas se adaptarem mal ao clima dos trópicos e apresentarem sempre uma aparência pouco viva. Isso não foi, entretanto, o que de pior vi nesse agradável jardim. Havia ali um mamoeiro de cobre, pintado de verde e de tamanho medíocre, instalado a pouca distância de um mamoeiro verdadeiro que, ostentando todo o vigor característico da vegetação dos trópicos, parecia zombar da sua cópia grotesca.

Um grande terraço, instalado na parte baixa do jardim, oferece uma vista encantadora do porto e de sua margem gramada. Em cada ponta desse terraço, há um bonito quiosque, cujas paredes internas são cobertas de pinturas. Se consideradas do ponto de vista da qualidade, essas pinturas não merecem grande consideração; no entanto, os objetos que elas representam estão longe de serem desinteressantes. Os quadros de um desses pavilhões reproduzem algumas vistas do porto local; o teto é decorado com divisas feitas de conchas incrustadas e, com o mesmo material, estão representados, sobre a cornija, alguns peixes da região. O lambril do outro pavilhão é decorado de maneira similar; as divisas, porém, são feitas com penas de aves e, sobre a cornija, vários pássaros do país estão representados com suas próprias penas. Sobre as paredes desse pavilhão, vêem-se pinturas descritivas de oito fontes de riqueza do Brasil:

1°. uma vista das minas de ouro e diamantes. Tais minas foram descobertas no início do século XVIII; a mais importante delas é a de Vila Rica, situada a cerca de 200 milhas do Rio de Janeiro;

2°. uma vista de um engenho e de uma plantação de cana-de-açúcar. Essa planta é pouco cultivada nas imediações da cidade, porque acredita-se que o seu desenvolvimento em regiões próximas do Equador não é o melhor. Os poucos engenhos que vimos eram extremamente malfeitos: as canas passavam entre três rodas de madeira postas em movimento por dois pequenos cavalos;

3°. uma vista da cultura e da preparação do índigo. Esse arbusto cresce sem demandar muitos cuidados e a tintura dele proveniente é preparada sem muito trabalho; mas, a despeito de tais facilidades, a produção do país é pequena e de pouca importância para o comércio;

4°. uma vista de uma plantação de cactus-opuntia e da técnica utilizada para extrair a cochonilha do verme. Não há dúvida de que esse artigo, de grande utilidade para as artes e para a manufatura, pode ser extraído no Brasil em quantidades idênticas àquelas do México. Nos dias que correm, porém, a produção nessas plagas é muito pouco significativa;

5°. uma vista das diferentes formas de se preparar a mandioca. Essa planta é cultivada para a alimentação dos escravos. O pão de mandioca, vendido nas ilhas das Índias Ocidentais e nas lojas de Londres com o nome de tapioca, nada mais é do que um dos produtos feitos com a farinha dessas longas raízes tubérculas. Para obter essa farinha, que é branca como a neve, a planta é mergulhada na água e as suas raízes são moídas por rodas metálicas dentadas;

6°. uma vista de uma plantação de café. Essa cultura tem vindo a crescer no Brasil e, certamente, a perda de São Domingos, pela França, funcionará como um forte impulso a essa tendência;

7°. uma vista de uma plantação de arroz. De todos os grãos, o arroz é aquele que dá maiores retornos, daí ele ser cultivado em grandes quantidades em todas as províncias do norte;

8°. uma vista de uma plantação de cânhamo e da manufatura de cordas. Essa planta é cultivada sobretudo nos distritos meridionais, perto de Santa Catarina. Todavia, até o momento, pouco incentivo tem sido dado a essa atividade.

Há, em São Sebastião, um outro jardim, pertencente ao governador, onde se cultivam diferentes espécies de cáctus destinados à criação do verme que produz a cochonilha. Nesse espaço, encontra-se também uma grande variedade de curiosas e úteis plantas nativas. Infelizmente, pelo que pudemos observar, os cuidados dispensados a esse jardim são poucos, a coleção de plantas que ele abriga não é numerosa e o superintendente do local não tem o menor conhecimento de botânica. As árvores frutíferas mais comuns do Brasil estão aí representadas em grande número, assim como os arbustos, entre os quais: diversas espécies de *yucca,* de *agave,* de *euphorbia* e de *cactus;* o *laurus persea;* a mimosa; uma espécie de *cassia;* o *theoborma cacao* ou árvore do chocolate; o *jatropha curcas;* o *ricinus-palma christi;* a pimenta comum; uma espécie de *capsicum* ou pimenta caiena; e uma espécie de *physalis.* Entre as plantas rasteiras, distinguem-se belas flores de maracujá e diferentes espécies de convolvuláceas. A rainha de Portugal, recentemente, enviou um homem para organizar uma coleção de aves e insetos, mas seus conhecimentos de história natural são muito limitados. Na verdade, esse lusitano não passa de um empalhador, por sinal, um bom empalhador.

Muitas das casas de São Sebastião são bem construídas. Em geral, são edifícios de dois andares, cobertos com telhas e ornados com balcões de madeira, instalados nas sacadas do andar superior. As casas mais belas têm um ar barroco e sombrio em decorrência das grades de madeira entrelaçada, usadas para substituir os vidros das janelas. As ruas da cidade são retas e, com raras exceções, muito estreitas; as principais são pavimentadas dos dois lados com largas pedras de granito. Não se deve esperar que as ruas de uma colônia portuguesa tenham calçadas, afinal, esse é um luxo que raramente se encontra fora da Inglaterra. As casas comerciais são largas, adequadas para seus fins e razoavelmente bem servidas de mercadorias e manufaturas européias. A propósito dessas mercadorias, a maior parte delas é proveniente da Inglaterra. São artigos que, depois de ficarem expostos nas vitrinas de Londres ou de outras cidades do reino até passarem de moda, são vendidos às nações do continente e daí transportados para as suas respectivas colônias. Entre as muitas mercadorias inglesas expostas nas lojas do Rio de Janeiro, podem ser comprados até mesmo remédios de charlatões e caricaturas, mercadorias que são facilmente encontradas e não são pouco estimadas.

Pela dimensão da cidade do Rio de Janeiro, estima-se que nela habitem cerca de 60 mil almas, entre homens livres e escravos. Contudo, os visitantes que passam por essa urbe não podem contar com albergues, hotéis ou qualquer outro gênero de alojamento. Tampouco podem dispor de algum tipo de divertimento, a não ser uma espécie de taverna situada no lado direito da praça principal. Esse estabelecimento é mantido por um francês, um tal senhor Phillipe, que, ao notar o desembarque da tripulação de um navio ancorado no porto, corre ao encontro dessa para oferecer os seus serviços como cambista, corretor de mercadorias, intérprete, médico ou hospedeiro; em uma palavra, é um homem pronto para atender a todos os desejos dos estrangeiros. Quanto à natureza dos serviços que podem ser demandados a esse taverneiro, o estrangeiro não deve ter medo de ofender os seus brios, pois o senhor Phillipe é um francês em toda a extensão da palavra. De fato, manter um albergue no Rio é bastante inútil, já que o fraco e, conseqüentemente, ciumento governo local é tão pouco hospitaleiro que não permite nem mesmo que um estrangeiro permaneça em terra após o pôr-do-sol. A desconfiança em relação ao visitante é tanta que, até mesmo durante o dia, ele só pode andar pelas ruas quando acompanhado de um soldado. Essas precauções, no entanto, são, assim como na China, tão inúteis quanto incômodas.

Antes do desembarque do embaixador, eu e o doutor Gillan resolvemos ir à terra. Mal tínhamos colocado os pés para fora da canoa, fomos interpelados por dois oficiais que nos convidaram a acompanhá-los até o palácio. *Os senhores podem me dizer por que desceram em terra?* Foi a primeira questão que nos puseram. Nós respondemos: *Para caçar borboletas;* e esse era, de fato, o nosso desejo. Para convencê-los de que, sem nenhuma ironia, dizíamos a verdade, tiramos dos bolsos redes, pequenas pinças, caixas, enfim, todos os instrumentos que utilizamos nesse tipo de caça. Mesmo após esse procedimento, os soldados não compreenderam muito bem os nossos objetivos, mas ainda assim ficaram satisfeitos com a explicação e perguntaram qual era a nossa função na embaixada. Respondida a contento essa última questão, um oficial recebeu ordens para acompanhar-nos. Logo que saímos da cidade, vimos um grande número de borboletas que flutuavam no ar. Enxames desses insetos, particularmente de uma espécie marcada com ranhuras negras e marrons, davam voltas em torno das árvores e dos arbustos. A quantidade era tal que, assim como os gafanhotos na África Meridional, elas pareciam cobrir o solo. Nossa coleta prolongou-se por muito tempo, tempo suficiente para que o oficial, que pouco interesse via naquela atividade, arrumasse uma desculpa e nos deixasse sozinhos com o nosso divertimento. Alega-se que a prática de impor um acompanhante aos estrangeiros tem como objetivo protegê-los dos roubos e agressões perpetrados por negros e vagabundos que se escondem nas imediações da cidade. Porém, após o desembarque do embaixador, essa proteção não mais nos foi dispensada e, finalmente, pudemos nos ver livres dos espiões que seguiam os nossos passos.

A casa que foi preparada para o embaixador era bastante espaçosa, mas muito suja; o mobiliário, se é que assim se pode chamar o que lá encontramos, era composto por velhas cadeiras, grosseiramente talhadas em uma madeira pesada, algumas mesas e uma armação de cama – com estrado de caniço, pronto para receber um colchão –, desprovida de cortinado e de cobertores. Felizmente, desembarcamos nossas camas e, muito rapidamente, percebemos que esse era o melhor meio de garantir o conforto da nossa estada. Isso para não falar da limpeza, ponto em que os portugueses não são muito fortes. Atrás do nosso hotel, havia um longo terreno. Esse pedaço de terra, que fora outrora um jardim, encontrava-se completamente abandonado e coberto pelo mato. A maior parte das casas mais prósperas de São Sebastião possui um terreno onde se cultiva árvores frutíferas, flores ou arbustos odoríficos.

O clima durante a nossa estada no Rio de Janeiro não foi motivo de queixa, pois o sol estava exatamente sobre o trópico meridional e, conseqüentemente, muito pouco vertical. Assim, durante todo o período em que permanecemos na cidade, raramente fomos incomodados pelo calor ou impedidos de realizar nossas atividades costumeiras. Durante o dia, a temperatura atmosférica variava entre os 76° e os 84°F. As noites eram muito mais desagradáveis: se saíamos para tomar ar, os morcegos e os pirilampos avançavam sobre nós; se ficávamos em casa, os escorpiões, as centopéias e as escolopendras arrastavam-se incessantemente pelo chão, além do que, uma espécie desagradável e nojenta de grilo (*Gryllus grillotalpa*), inseto inofensivo, trepava sobre os pratos e copos durante a refeição. Mas de todos os tormentos causados por insetos, não há nenhum no mundo que se compare aos incômodos provocados pelos mosquitos do Rio de Janeiro. Eu já tinha experimentado as picadas desse inseto em outras partes do mundo, mas nunca elas tinham ocasionado tanta dor. A princípio, pensei que esse sofrimento se devesse à irritabilidade circunstancial do meu sangue, mas tal hipótese não se confirmou, pois todos os membros da embaixada padeceram do mesmo mal. Os olhos, a boca e o rosto de todos os que dormiram em terra inflamaram e incharam a tal ponto que chegaram a ficar irreconhecíveis. Aqueles que tiveram o cuidado de proteger-se com um cortinado não ficaram à mercê dos insetos, porém sofreram tanto quanto os outros, pois se um daqueles mosquitos penetrasse o cortinado, o seu zumbido atormentava a tal ponto a vítima, que ela acabava por dormir tão mal quanto o vizinho que estava totalmente exposto ao martírio.

A grande quantidade desses mosquitos, bem como de outras espécies de animais verminosos, deve ser atribuída antes ao pouco asseio dos portugueses do que ao clima quente. Além de nunca varrerem os cômodos térreos das casas, os habitantes locais utilizam esse espaço como depósito de madeiras, como abrigo para os móveis velhos e como instalação para os seus escravos. A falta de asseio manifesta-se também nas roupas que usam e na higiene pessoal; poucos são os cariocas que não são portadores de doenças de pele, doenças não raro graves, como a lepra e a elefantíase.

A alimentação dos habitantes do Rio é à base de peixes, frutas e vegetais, sem falar da tradicional farinha de mandioca. Os pratos que apreciam são, em geral, cobertos com essa farinha, mergulhados em gordura quente e transformados em pequenos bolos. Raramente eles bebem leite ou comem manteiga e queijos. Foi com muito custo que conseguimos um pouco de leite para o nosso chá e o que encontramos era de péssima qualidade. A carne bovina é magra e detestável; quanto à carne de carneiro, nem a peso de ouro é possível encontrá-la na cidade. Os frangos e os perus, por outro lado, são bastante comuns e de qualidade razoável. O mercado é provido de uma grande variedade de peixes, todos excelentes. O pão, feito com a farinha do trigo que cresce na região meridional, é muito bom e as frutas, mais do que em qualquer outra parte do mundo, são deliciosas.

Ao chegar numa cidade, o viajante curioso que deseja melhor conhecer o lugar pede sempre que lhe indiquem uma livraria. Um inglês, sobretudo, está tão acostumado à comodidade de guias impressos, quando viaja no seu próprio país, que espera, em vão, encontrar em outros países um semelhante meio de informação. No Rio de Janeiro, após ter muito procurado, encontramos duas lojas de livros. Não foi preciso muito tempo para perceber que essas casas não tinham nada de parecido com aquilo que procurávamos. Os catálogos dessas duas lojas compunham-se basicamente de velhos manuais de medicina e de alquimia, além de muitas histórias da Igreja e das suas querelas teológicas e de algumas crônicas dos feitos memoráveis da casa de Bragança. Não havia nada referente ao Brasil. Esta parte da América Meridional, uma das regiões mais férteis do globo, não mereceu da pena portuguesa uma só página de história natural, de economia ou de estatística; nem mesmo a conquista do país suscitou-lhes interesse. Um monge franciscano disse-nos que há tempos havia reunido material para uma *Flora fluminense* (nome alusivo ao Rio). Ele tinha um ardente desejo de vê-la publicada, mas não sei se esse desejo veio a concretizar-se. Recentemente, foi impressa uma pequena obra sobre a importância do comércio entre Portugal e suas colônias, cujo autor é o sr. Coutinho, o bispo de Pernambuco. Todavia, as parcas informações que a obra traz sobre o Brasil são demasiado generalizantes e muito pouco descritivas. Comenta-se que, nessa cidade e em São Salvador, o governo possui um copioso número de volumes manuscritos, produzidos por jesuítas missionários. Se isso é verdade, acredito que esses manuscritos não contenham mais do que o relato das missões e as cópias da correspondência trocada entre os religiosos e os seus superiores da Europa. Talvez os muitos padres e monges do Rio de Janeiro pudessem compor uma história detalhada de tudo o que torna esse país tão interessante e tão desconhecido, se não consagrassem a maior parte do seu tempo ou ao deboche e à indolência, ou a imiscuírem-se nos negócios de família e nas brigas de casais, ou a repetirem, de casa em casa, a crônica escandalosa do dia.

Era tanta a curiosidade que tinham esses homens de Deus em saber qual era o propósito da embaixada para a China, que pouca cerimônia fizeram quando fomos apresentados. Estabeleceu-se, de imediato, um trânsito intenso entre os conventos e o nosso hotel. Após verem satisfeita a sua curiosidade, o assunto recaía invariavelmente sobre a obstinação dos índios, os quais eram grosseiramente injuriados pelos religiosos em razão de sua resistência em abraçar a religião cristã. Em geral, os monges esqueciam-se de dizer que pouquíssimos esforços tinham sido feitos no sentido de evangelizar esses brasileiros. A conversa, em seguida, dirigia-se para as minas. Os religiosos teciam comentários sobre o valor dos grandes diamantes encontrados e sobre as velhacarias praticadas pelos escravos. Porém, o que mais parecia chocar os monges era a propensão das mulheres do Rio de Janeiro para a galanteria.

A propósito desse último ponto, vale a pena contar um caso que se passou com o doutor Gillan. A abadessa de um convento próximo da nossa residência queixou-se, um dia, ao doutor de que sofria de fortes dores de cabeça e pediu-lhe algumas pílulas. Por causa dos preparativos da nossa partida, o doutor colocou as tais pílulas numa caixa e solicitou a um alegre monge da Ordem de São Benedito que a entregasse, o mais rápido possível, à abadessa. A extrema curiosidade do noviço levou-o a abrir a encomenda. Depois de examinar o seu conteúdo e lançar um significativo olhar para o doutor, o religioso fez o seguinte comentário: *Aha Domine, mercurialia! ista sunt mercurialia!* Diante do ar descontente e aborrecido do doutor, desgostoso com a insinuação acerca do possível mal que afligia a abadessa, o monge, soltando uma gargalhada, exclamou: a senhora abadessa e todas as damas do Rio de Janeiro *pronae sunt omnes ac deditae veneri.* Por fim, ele contou-nos abertamente que a maior parte das mulheres sofria as conseqüências nefastas do seu comércio com os estrangeiros.

Suas insinuações maldosas estenderam-se também aos homens, insinuações que, verdadeiras ou não, eram tão indecentes quanto o caráter daquele que as fazia. O comportamento do monge, não só era uma impiedade como chegava a ser infame, pois fazia uso do véu religioso para extrair confissões do sexo frágil e depois expunha as confessas ao ridículo, à maledicência e ao desprezo dos homens.

A familiaridade com que as damas do Rio se dirigem aos estrangeiros não corresponde às nossas noções sobre o recato do sexo, mas estou longe de achar que esse comportamento tenha algo de condenável. O capitão Cook, nas suas narrativas de viagem, não compartilha dessa minha opinião. Sobre as damas do Rio, ele afirma: *É muito comum entre elas, quando querem marcar um encontro com algum estrangeiro, lançar-lhe, do alto de suas janelas, um ramalhete de flores.* É inegável que a prática de lançar flores sobre os passantes constitui um hábito das mulheres locais, todavia, creio que tal hábito tem sua origem antes num costume aprendido nos conventos, onde essas damas são educadas, do que num motivo imoral. Elas conservam essa prática para parecerem afáveis e sociáveis. No locutório do convento de Santa Clara, por exemplo, o costume de oferecer flores era tão generalizado que dificilmente um visitante saía de lá sem levar ao menos um cravo. Havia, inclusive, uma disputa entre as jovens para saber qual delas viria primeiro até o locutório para entregar a sua flor. Essa entrega era feita do seguinte modo: a jovem apresentava-se no locutório, beijava a sua flor, depositava-a nas mãos do visitante e, depois de ter beijado a flor que recebia em troca, cedia lugar a outra jovem. Essa prática pareceu-nos muito inocente, e o fato de a abadessa autorizá-la e mesmo incentivá-la não foi encarado por nós como um ato criminoso, ao contrário, encaramos a sua atitude como uma forma simpática de fazer com que as jovens tivessem um pequeno divertimento naquele triste confinamento religioso. Ora, como a maioria das mulheres do Rio de Janeiro foram educadas em algum convento, é fácil imaginar que, num país onde há tão poucos divertimentos, elas lembrem-se com prazer dos seus jogos favoritos de infância e procurem preservá-los, ainda que num outro contexto e com maior liberdade. Penso que as mulheres, que em todos os países são mais sociáveis e benevolentes que os homens, estão sempre em situação delicada: se são sérias e reservadas, passam por altivas; se, ao contrário, são alegres e ingênuas, recebem críticas de outro gênero.

No tocante à mulher carioca, confesso que, apesar das fortes suspeitas que pesam sobre ela, nenhum traço de sua conduta levou-me a julgá-la mais galanteadora ou imoral que as mulheres de outros países. A jovialidade manifesta no seu sorriso, os traços do seu rosto e o curioso hábito de lançar flores sobre as cabeças dos estrangeiros podem produzir num observador impressão enganosa; todavia, após vê-las fazer isso cem vezes, com o pai e o marido ao lado, é mais razoável supor que estejam tentando marcar um encontro ou que simplesmente repetem sem refletir um uso do país? Tratando-se de um mero costume, as cruéis críticas que lhe são feitas não se justificam. É muito difícil julgar a moralidade de toda uma nação a partir de observações colhidas, durante uma semana de estada, em encontros acidentais. Além disso, todas as vezes em que o caráter do sexo frágil está em questão, devemos inclinar-nos para o lado mais favorável, e isso porque, em todos os lugares e especialmente no Rio, as boas e as más qualidades dessa parcela da sociedade estão em estreita relação com a conduta masculina.

Os hábitos diferem segundo os países, e o julgamento dos costumes de um determinado povo, quando formulado a partir de testemunhos oculares, pode ser profundamente equivocado. Outrora, na França, era hábito, no primeiro dia do ano, os homens abraçarem todas as mulheres que encontrassem pela rua e aquele que não cumprisse esse ritual era visto como uma pessoa sem educação. Recordo-me que, certa vez, passeando pelas ruas de Liverpool, encontrei uma meia dezena de jovens, com um ar muito animado, que me pararam e, a julgar pelo seu tom, pareceram tratar-me com muita severidade. Logo, porém, descobri que, nessa cidade, havia um antigo costume que permitia às mulheres, na terça-feira de Páscoa, apanhar os homens na rua e obrigá-los a dar pulos; se eles se recusassem a fazê-lo, elas podiam jogá-los numa valeta. Esse dia era conhecido como o dia dos saltos. Suponhamos que, por acaso, um capitão de um navio português resolvesse, na terça-feira de Páscoa, passear pelas ruas de Liverpool e passasse por experiência semelhante. Ao regressar a bordo da sua embarcação no final do dia – se a isso ele fosse obrigado, como são os estrangeiros no Rio –, não é difícil imaginar o que iria dizer sobre as mulheres de Liverpool. O julgamento desse capitão seria tão injurioso quanto equivocado.

Concordo que as mulheres do Rio de Janeiro são extremamente vivas e pouco reservadas, mas será isso de se estranhar? Elas passam todo o dia confinadas em casa e, exceto ao entardecer quando se dirigirem aos balções das suas casas ou às vésperas, raramente vêem outras pessoas além dos seus familiares. Nesses raros momentos de liberdade, elas podem ser comparadas a um pássaro que escapa da sua gaiola. Ainda assim, não duvido que essa cidade abrigue um grande número de mulheres virtuosas. E se de fato existem algumas que, embora aparentem virtude, são bastante indiscretas no seu comportamento para com os estrangeiros, essas encontram na conduta abominável de alguns homens a plena justificativa para esse mau procedimento.

A maioria das mulheres do Rio de Janeiro, devido ao confinamento a que estão submetidas e ao pouco exercício físico, engorda com tenra idade. A sua pele é geralmente pálida, mas quase todas são dotadas de grandes e expressivos olhos negros e belos dentes; seus longos cabelos negros são trançados, atados com fitas brancas ou coloridas e ornados com uma grinalda de flores de agradável perfume (plumérias, poliantes, tuberosas ou jasmins).

As mulheres de pouca idade e aquelas damas que tentam seguir as modas da Europa cobrem os seus cabelos negros com uma grande quantidade de óleo e farinha. Quando estão em suas casas, essas mulheres portam uma camisola – de musselina fina ou de algodão e decorada com uma renda – e uma espécie de anágua de pregas; algumas vezes, elas usam sapatos de pano, mas o mais freqüente e vê-las sem esse adereço. Raramente as damas do Rio saem a pé na rua. Em geral, elas utilizam umas cadeiras, abertas de ambos os lados, que os escravos, com o apoio de duas varas compridas, carregam sobre os ombros, à maneira dos chineses. Os homens ricos, quando vão às ruas, utilizam uma espécie de cabriolé grosseiro, puxado por dois cavalos. Eles quase nunca saem sem a sua bengala e o seu chapéu, e não dispensam um par de enormes brincos de ouro ou de prata colocado sobre os sapatos; tampouco dispensam os diamantes ou topázios do Brasil sobre as ligas. Além disso, esses senhores, mesmo com o calor extremo, trazem sempre o corpo envolvido num grande manto.

Quase não tivemos oportunidade de observar qual era o estado da sociedade local. Mas, através de indícios diversos, pudemos formar uma idéia bastante aproximada. Conta-se que os habitantes locais costumam reunir-se algumas vezes no Passeio Público. Nessas ocasiões, eles jantam, passeiam, tocam música, soltam fogos de artifício; enfim, divertem-se até avançada hora da noite. Durante nossa permanência na cidade, entretanto, não tivemos oportunidade de presenciar esse acontecimento. Conta-se, também, que no palácio do governador, de tempos em tempos, são promovidos bailes e concertos, ainda que o vice-rei, segundo dizem os habitantes, seja um homem extremamente avaro, um homem cujo único desejo é acumular uma fortuna principesca. A cidade dispõe, ainda, de uma sala de ópera, mas essa casa estava encerrada há algum tempo por causa da doença da rainha de Portugal. Assim, infelizmente, não pudemos presenciar nenhuma das reuniões, dos divertimentos ou das grandes ceias promovidas pela sociedade local.

Os habitantes dessa cidade são muito indolentes, muito ciumentos e extremamente supersticiosos. Eles dividem o dia entre o sono e as cerimônias religiosas, pois a desconfiança mútua não permite que desfrutem dos prazeres da vida social. Com efeito, o espírito do povo é tão pouco cultivado que dificilmente ele retiraria alguma satisfação desse gênero de divertimentos. Como observa um filósofo: *Sem inteligência, o homem não é social, é apenas gregário.*

O objetivo da conquista do Brasil era, segundo se apregoava ostensivamente, a conversão dos naturais à religião cristã. Em razão disso, as igrejas e os conventos locais foram ricamente construídos e decorados. Mas, qualquer que tenha sido outrora o zelo do clero para executar esse projeto, a verdade é que hoje em dia esse zelo deu lugar à indolência e ao gosto pelo luxo. Esses santos homens, embora conservem uma aparência de devoção, respeitando de uma maneira extraordinariamente pontual as cerimônias religiosas que impressionam o vulgo, deixam muito a desejar no que se refere à moral e aos bons costumes. A influência de tais religiosos, contudo, é muito forte, ainda que a população não alimente temor em relação a eles, pois o Tribunal da Inquisição não se estabeleceu no Brasil. Os sinos, no Rio de Janeiro, tocam por tudo e por nada: assinalam as matinas e vésperas, convocam para as grandes missas e anunciam o réquiem solene que será cantado em homenagem a uma boa alma que, ao deixar esse mundo, legou uma considerável soma para a Igreja. Se o leitor juntar a isso o freqüente rebentar de foguetes e petardos terá uma idéia do perpétuo alarido por meio do qual os padres do Brasil, como afirma Boileau, *para honrar os mortos, matam os vivos.*

Durante a nossa estada no Rio, poucos foram os dias em que não vimos alguma pompa fúnebre, acompanhada por padres com archotes nas mãos, que cantavam, ao longo das ruas, um lúgubre ofício fúnebre. Igualmente, poucas foram as tardes em que não presenciamos a estátua de algum santo do calendário ou da Virgem – essa última encerrada em pequenos oratórios instalados nas esquinas – ser levada pelas ruas da cidade em procissão, com acompanhamento de padres, soldados em armas e música. Algumas dessas estátuas eram cobertas por finos diamantes, topázios e outras pedras preciosas e eram envolvidas por uma manta rendada com fios de ouro e prata. Todas essas jóias eram fornecidas ou pelas igrejas de onde as estátuas eram provenientes ou por habitantes ricos, incapazes de cometer uma heresia e recusar à Virgem os seus diamantes. Apesar de ver essas festas religiosas quase que diariamente, o povo não parece cansar-se delas. Quando os sinos tocam, todos os homens que se encontram na rua tiram os seus chapéus, atitude que se repete cada vez que passam diante dos pequenos oratórios onde estão colocadas as imagens da Virgem. Além disso, quando os foguetes e petardos estouram, os olhos voltam-se naturalmente para as montanhas que abrigam as igrejas e os mosteiros.

Que o leitor não espere receber de mim nenhuma informação detalhada sobre o meio rural, sobre o estágio da cultura das terras e sobre as condições de vida dos seus habitantes. No entanto, uma curta excursão que fizemos ao vale da Tijuca, situado a cerca de 20 milhas a sudoeste de São Sebastião, foi suficiente para nos convencer de que esse país tão rico e fértil é, mesmo nas imediações da sua cidade mais populosa, lastimavelmente abandonado. A umas dez milhas além dos subúrbios da cidade, os caminhos não podem mais ser percorridos por uma carruagem. Durante o nosso trajeto, fomos obrigados a caminhar cerca de 16 milhas até encontrar alguns cavalos que tinham sido preparados para a viagem. Entramos, em seguida, dentro de uma grande floresta, onde grossos troncos de árvore, caídos no meio da estrada, freqüentemente impediam a passagem e obrigavam-nos a desmontar. Nessa floresta, tivemos muito tempo para descansar sob a sombra fresca de majestosas árvores – verdes mesmo depois de séculos de existência – e ouvir o concerto campestre executado por inúmeros pássaros que nunca tínhamos visto. Contudo, os constantes problemas causados pelos troncos, rochedos e pântanos transformaram a viagem numa experiência enfadonha e mesmo insuportável. Da saída da cidade até a entrada da floresta referida, os campos pareceram-nos muito mal cultivados, sensação que foi se agravando à medida que penetrávamos mais para o interior. Os pés das montanhas eram circundados por florestas, os vales eram cobertos de árvores muitíssimo altas e os cumes das montanhas eram guarnecidos com matas, de modo que não se via um único pedaço de terra descoberto.

Ao subirmos as montanhas, em direção a oeste, passamos perto de uma magnífica cascata, que nos pareceu ser freqüentemente visitada, pois havia uma grande quantidade de nomes gravados sobre as paredes de uma caverna das imediações. As águas dessa cascata caíam no interior de um vale fértil e romântico e daí, assumindo a forma de uma serpente, seguiam para o mar. Nesse vale, não chegamos a ver mais do que duas habitações, numa das quais, apesar de estar sem mobília e muito suja, resolvemos pernoitar. A noite foi plena de tormentos quase insuportáveis, pois, como não tínhamos nem cobertores nem cortinado, os mosquitos nos atacaram continuamente durante o sono.

As plantações da região eram inteiramente cultivadas por escravos e abundavam em algodão, café, cacau, açúcar, frutas e outros produtos de valor. O proprietário, que possuía cem escravos na sua propriedade, era um rico negociante do Rio. Seu modo de vida, porém, tanto quanto pudemos avaliar, não revelava nenhum refinamento. Podendo obter todas as coisas necessárias para levar uma vida luxuosa, ele mantinha-se inteiramente alheio às vantagens que podia retirar da sua privilegiada situação. Esse proprietário reclamava muito da opressão da mãe pátria: do monopólio, proibições e taxas que arruinavam o comércio, destruíam a agricultura e desencorajavam a indústria. Segundo ele, com os impostos e as restrições que foram impingidos ao Brasil, não seria nenhuma surpresa se os habitantes da colônia, tendo como exemplo os irmãos do norte do continente, se livrassem do jugo português e assegurassem a sua independência.

* * *

No dia 1º de dezembro, às cinco horas da tarde, lançamos âncora no porto do Rio de Janeiro, num fundo de 15 braças. Nessa mesma tarde, entrou no porto o *Hero of London*, um baleeiro proveniente dos mares do Sul que rumava para Londres. No interior da baía, achava-se ancorada uma grande quantidade de embarcações, entre as quais um navio português, pertencente à Companhia das Índias Ocidentais, que retornava para casa. Logo que chegamos, cogitamos nos servir dessa embarcação para enviar, através de Lisboa, algumas cartas para a Inglaterra. Mas, com a arribada do *Hero of London*, julgamos que seria mais rápido e seguro despachar a nossa correspondência pelo navio inglês.

A região que envolve a baía oferece aos olhos um espetáculo encantador. Uma cadeia de montanhas, cobertas de florestas e entrecortadas por vales adornados com belas casas de campo, compõe um cenário, ao mesmo tempo, elegante, rico e de extrema beleza.

No dia 2, sábado, o primeiro-tenente recebeu ordem para embarcar numa chalupa e ir à cidade saudar o vice-rei e informá-lo da chegada do embaixador. Infelizmente, o governante português encontrava-se na sua casa de campo e as formalidades de praxe não puderam ser cumpridas.

Na manhã do dia seguinte, um oficial do vice-rei, acompanhado por um grupo de guardas e alguns escravos, visitou lorde Macartney. Esse emissário, que chegou numa elegante barcaça, veio informar-se das intenções do embaixador e dar a conhecer os regulamentos que todo estrangeiro, uma vez em terra, era obrigado a respeitar. Contudo, Sua Excelência sofrera uma crise de gota e ainda se achava muito maldisposto. Por isso, foram os senhores George Staunton e Erasmus Gower que o receberam. Após uma rápida conferência, intercalada com uma refeição ligeira, o oficial português voltou para a terra.

No dia 4, esse mesmo oficial fez uma segunda visita ao nosso navio. Dessa vez, para trazer uma mensagem do vice-rei. Nessa, o governante português dava as boas-vindas ao embaixador e o convidava a hospedar-se numa residência da cidade, durante o período que julgasse necessário. Esse amável convite foi logo aceito por lorde Macartney. O senhor George Staunton foi, então, enviado à terra para preparar a recepção do embaixador, que desembarcaria tão logo se recuperasse e pudesse deixar o navio.

No dia 7, ao meio-dia, o senhor Erasmus Gower, que tinha ido notificar ao vice-rei que lorde Macartney estava pronto para desembarcar, voltou ao *Lion* com ordens para conduzi-lo à terra. Quando desembarcou, o embaixador foi recebido com toda a pompa que sua posição exigia. No cais, situado em frente ao palácio do vice-rei, achavam-se duas fileiras de soldados do regimento de cavalaria e a guarda pessoal do governante português. O vice-rei, acompanhado dos seus oficiais e dos cidadãos mais importantes da cidade, conduziu lorde Macartney através das fileiras, onde esse recebeu todas as honras militares. A cerimônia, de um modo geral, foi muito aparatosa e atraiu um grande número de espectadores.

Cumpridas as formalidades do desembarque, a comitiva entrou no palácio do vice-rei e, depois de cruzar um saguão repleto de soldados em armas e animado por uma banda de música, dirigiu-se às dependências oficiais. Após algum tempo de permanência nesse local, o vice-rei conduziu lorde Macartney e o senhor George Staunton à carruagem oficial. O senhor Erasmus Gower e o capitão Mackintosh foram instalados num segundo coche. Assim que o restante da comitiva britânica foi devidamente acomodado nas últimas carruagens, o cortejo, escoltado por uma elegante tropa de cavalaria, partiu em direção à casa que havia sido designada para o embaixador inglês, casa que ficava a aproximadamente duas milhas da cidade. Quando chegamos ao local, a guarda que o vice-rei pusera a serviço de lorde Macartney, e que se encontrava na porta da residência, nos recebeu com muita pompa, música e honras militares. E assim terminou a cerimônia de recepção do embaixador no Rio de Janeiro.

Seria demasiado tedioso e completamente desnecessário dar notícia das ocorrências cotidianas da nossa estada no Brasil. Por isso, limitar-me-ei a narrar aqueles fatos que, seja pela sua novidade, seja pela sua importância, possam despertar a curiosidade do leitor e gratificar a sua atenção.

No dia 10, lorde Macartney, com a sua comitiva, fez uma visita de cortesia ao vice-rei. O embaixador foi recebido com toda a distinção e respeito. Ao entardecer, após jantar em companhia do governante português, Sua Excelência foi visitar o jardim público da cidade. Esse jardim é todo rodeado por um portentoso muro, tem meia milha de comprimento e de largura, a metade. A entrada é constantemente vigiada por um grupo de soldados. O seu espaço interior foi dividido em grandes canteiros e recortado por pequenos caminhos cobertos de cascalho, caminhos agradavelmente sombreados por árvores e perfumado por flores. No centro, foi construída uma vistosa fonte e, entre as árvores que ladeiam as veredas, foi instalado um grande número de lanternas. Numa das extremidades que dá para a praia, ergueu-se um amplo edifício destinado a abrigar bailes e apresentações musicais. Infelizmente, quando chegamos à cidade, a temporada dos divertimentos já tinha passado. Assim, contentar-nos-emos em oferecer ao leitor essa simples descrição do local, sem abordar a sua função recreativa, muito intensa em certas épocas do ano.

No dia 11, fomos avisados de que o vice-rei, na manhã desse mesmo dia, retribuiria a visita de lorde Macartney. Pusemo-nos a preparar, o melhor possível, as dependências da casa do embaixador, principalmente o grande salão onde a recepção teria lugar. Às dez horas, o senhor Erasmus Gower e o capitão Mackintosh, acompanhados de todos os oficiais do *Lion* e do *Hindostan*, vestidos com seu melhor uniforme, desembarcaram para participar da cerimônia.

Às onze horas, uma salva de artilharia anunciou a partida do vice-rei de seu palácio. Imediatamente, a guarda que estava a serviço do embaixador alinhou-se na frente da casa. Depois de aproximadamente uma hora, o governante português, acompanhado de dois esquadrões de cavalaria – que abriam e fechavam o cortejo – e dos notáveis da cidade, chegou à residência do embaixador. Lorde Macartney recebeu Sua Excelência à porta e conduziu-o até um sofá, instalado no canto superior do melhor cômodo da casa. O senhor George Staunton tratou, então, de apresentar ao vice-rei todos os cavalheiros vinculados à embaixada, respeitando a hierarquia dos seus postos. Após participar de um repasto especialmente preparado para a ocasião, Sua Excelência, com a mesma pompa e circunstância com que chegara, partiu.

Na ocasião da visita, o vice-rei portava uma roupa escarlate, muito enfeitada com ouro, bordados e pedrarias. Seus oficiais trajavam um esplêndido libré verde e dourado e os muitos escravos negros que acompanhavam a comitiva vestiam um uniforme extravagante e usavam, como adereços, um grande turbante na cabeça e um sabre na cintura.

Na manhã do dia 12, logo ao amanhecer, o senhor George Staunton, acompanhado pelo senhor Barrow e por um português, partiu para uma curta excursão pelas redondezas. Aproveitei a oportunidade para visitar a cidade, que passo agora a descrever.

A cidade, chamada por uns de São Sebastião e por outros de Rio de Janeiro, foi edificada sobre uma planície, situada a oeste do porto. O terreno é todo rodeado por altas montanhas, o que impede a circulação do ar e torna o ambiente muito insalubre para a constituição de um europeu. A extensão da urbe é considerável, contando ela com umas quatro milhas de largura por, aproximadamente, duas de comprimento. As suas ruas são regulares, uniformes e entrecortadas em ângulos retos, além disso, são bem pavimentadas, contam com lojas de todos os tipos e com casas bem construídas e adaptadas ao clima. No centro da cidade, em frente à praia, está localizado o palácio do vice-rei: um edifício amplo, comprido e estreito, cuja aparência externa não apresenta nenhum atrativo, mas que conta com uma série de cômodos espaçosos e nobres. Esse palácio tem somente dois andares: o térreo é ocupado pelos empregados e pelos oficiais da casa; o superior é habitado pelo vice-rei. A construção é de pedra bruta caiada e coberta com telhas. Próximo desse edifício, há a capela do vice-rei, um prédio de muito bom gosto.

As ruas, apesar de estreitas, são notavelmente limpas. Muitas delas abrigam lojas e armazéns dignos das cidades da Europa. No Rio de Janeiro, há um costume que bem merece ser imitado em todos os lugares onde o comércio é intenso: os profissionais de uma mesma especialidade estão reunidos numa mesma rua ou num mesmo bairro, sendo extremamente raro um desvio dessa regra.

Quanto à população desse lugar, não consegui obter uma informação precisa, mas, pelo que pude observar, sou capaz de afirmar, sem nenhum exagero, que ronda as 200 mil almas. O povo é católico e cumpre com extrema devoção os rituais da sua religião. As igrejas são muitas e chamam a atenção pela decoração faustosa. Nas festas dos seus padroeiros, esses edifícios são ricamente decorados e iluminados. Com efeito, durante a nossa permanência na cidade, alguns deles estavam esplendorosamente iluminados, oferecendo um espetáculo notável, mas que parecia destinado mais ao regozijo público do que à devoção religiosa.

Os habitantes do Rio de Janeiro são muito ostentatórios no vestir. Quase todas as pessoas de distinção julgam que a espada é um complemento natural da sua imagem pública. Nem mesmo as crianças são dispensadas de usar essa espécie de arma ornamental. Os trajes das mulheres em muito se assemelham aos das senhoras da Europa, mas o mesmo não se pode dizer dos penteados. Os cabelos das mulheres deste lugar estão sempre presos e adornados com flores artificiais, contas e penas fantasticamente arranjadas; nas costas, eles caem em longas tranças, que são entrecruzadas com fitas coloridas e acabam num grande laço. Em geral, usam também um grande manto de seda, frouxamente preso, que cai para trás formando uma longa cauda. Enquanto uma escrava carrega essa cauda, a outra sustenta uma sombrinha que protege o rosto de sua ama contra os rigores do sol. Em geral, as mulheres do Brasil têm uma cor pálida, mas são dotadas de feições delicadas e de maneiras afáveis, o que eleva em muito os seus atrativos.

O comércio do Rio de Janeiro é bastante significativo e traz muita prosperidade tanto para os habitantes de cidade quanto para Portugal. Os artigos exportados daqui são quase os mesmos que os exportados de outras partes do Brasil. O cais é cômodo e extremamente espaçoso. Passamos bons momentos nesse lugar, observando a destreza com que os escravos carregavam e descarregavam as barcaças que ancoravam. O arroz, exportado em grandes quantidades, é despachado em sacos de couro de boi.

A pouca distância da cidade, a oeste, encontra-se um grande convento, notável mais pelo seu tamanho do que pela sua elegância. O edifício é dotado de muitos pátios quadrangulares, pavimentados com grandes pedras lisas, e circundados por *piazzas*. Ele está dividido em duas partes, cada uma delas contém um bom número de cômodos e é ocupada por uma congregação religiosa de um dos sexos. Digno de nota é o fato de todo o prédio ser mantido num estado de absoluta limpeza.

A comitiva de lorde Macartney foi agraciada com a permissão para visitar esse convento. As freiras aproveitaram a oportunidade para exibir uns delicados e elegantes brinquedos que fabricavam. A vida reclusa e devota dessas religiosas não impediu que aprendessem a manufaturar um outro tipo de artigo, chamado *billet doux,* o qual tinha sido especialmente preparado para presentear alguns dos visitantes ingleses. Elas aproveitaram a visita também para solicitar, por intermédio do diretor da instituição, que lorde Macartney permitisse que a banda de música da embaixada realizasse umas exibições no convento. Sua Excelência atendeu ao pedido e foram realizados alguns concertos matutinos no interior daquelas sagradas paredes. Há, no local, um espaçoso jardim, onde as religiosas podem desfrutar de algum divertimento. Esse jardim é cercado por muros com, pelo menos, 40 pés de altura e, como se isso não bastasse, é vigiado constantemente, do lado de fora, por um grupo de soldados.

Do lado noroeste da cidade, há um estupendo aqueduto que chama muita atenção. Ele tem a forma de uma ponte, é sustentado por oitenta arcos e, em algumas partes, atinge uma altura superior a 100 pés. Contemplado de certos lugares, esse aqueduto ascende gradativamente sobre os prédios da cidade, oferecendo uma bela vista. A imensa cadeia de arcos que o sustenta corta o vale e acaba nas montanhas. Essa obra atinge por completo os objetivos para os quais foi destinada, ou seja, trazer a água de uma nascente, distante cinco milhas, até a cidade, onde, por meio de canos de chumbo, ela é conduzida até um amplo reservatório situado em frente ao palácio do vice-rei. Essa água é de excelente qualidade e tão abundante que atende não só às necessidades dos habitantes como também às das tripulações dos navios ancorados no porto.

As forças militares do Rio de Janeiro são de razoável tamanho. Os soldados são bem equipados e disciplinados, além de gozarem de todos os privilégios de cidadão. Essa parece ser uma política do governo português, que sabiamente tem interesse em conferir aos militares das possessões americanas uma situação confortável, respeitável e, tanto quanto posso imaginar, financeiramente vantajosa. Dessa maneira, tenta garantir a lealdade e o zelo desses homens, qualidades importantes e extremamente necessárias nesse país que se acha tão distante da metrópole. Não posso afirmar se o que esses soldados recebem, nessa possessão, é considerado muito, nem se gozam de grandes privilégios. O que sei é que parecem mais ricos do que os militares de outros países que conheço. O número de tropas do Rio de Janeiro, incluindo a cavalaria e a infantaria, atinge os 20 mil homens; o número de milicianos ronda o dobro. Além dessa força militar, o lugar é admiravelmente fortificado, tanto pela arte quanto pela natureza. A cidade, situada a cerca de oito milhas da embocadura, é defendida por nove poderosos fortes, todos bem munidos de homens e artilharia, por duas pequenas ilhas situadas no meio da baía, pelo forte de Santa Cruz e por um outro forte localizado a pouca distância desse. Somam-se a isto a localização geográfica privilegiada e a pouca probabilidade de empreender um ataque surpresa.

No sábado, o senhor George Staunton, juntamente com um grupo de pessoas, fez uma excursão até a uma montanha chamada Pão de Açúcar, um rochedo muito elevado, situado a leste da entrada do porto. Às cinco horas da tarde, lorde Macartney, que ainda estava terrivelmente maldisposto, retornou discretamente para o *Lion*, acompanhado pelo senhor Erasmus Gower.

No domingo, as bagagens foram colocadas em algumas carroças e levadas para a praia. Os oficiais que comandavam a tropa estacionada na porta da casa de lorde Macartney ordenaram a um grupo de soldados que tomassem conta das carroças até que as suas cargas tivessem sido embarcadas nos botes. Enquanto fiscalizava essa operação, tive oportunidade de ver o vice-rei retornar com grande pompa da sua capela, onde tinha ido assistir a uma cerimônia religiosa.

No dia 17, às dez e meia da manhã, levantamos âncora, passamos o forte de Santa Cruz e voltamos a lançar âncora a pouca distância. No dia seguinte, saímos do porto e deixamos o Rio de Janeiro.

EDIÇÕES UTILIZADAS

O relato de sir G. Staunton, relato muito bem acolhido pelo público culto da época, conheceu inúmeras edições. Em inglês, somente entre 1797 e 1798, a obra foi reeditada cinco vezes, conhecendo, depois de 1798, versões em francês, italiano, alemão e holandês. Utilizamos a primeira edição em língua inglesa.

A narrativa de John Barrow, ao contrário, só veio a público em 1806 e não recebeu tantas edições e traduções como a de Stauton. Malte-Brun, em 1807, publicou uma tradução em francês, com muitas notas, na qual altera substantivamente a versão inglesa. Utilizamos a referida edição de 1806, organizada sob os cuidados do próprio autor.

Quanto ao relato atribuído a Aeneas Anderson – a versão final, como revela Cranmer-Byng, foi escrita por um jornalista a partir dos papéis do camareiro –, localizamos somente uma edição em língua inglesa (aqui utilizada) e outra em língua francesa, ambas de 1795.

STAUNTON, George Leonard. *An authentic account of an embassy from the King of Great Britain to the Emperor of China.* Escrito sobretudo a partir dos papéis do conde Macartney. Londres: W. Bulmer and Co., 1797, vol. I, cap. V, p. 151-190.

BARROW, John. *A voyage to Cochinchina in the years 1792 and 1793.* Londres: T. Cadell and W. Davies, 1806, cap. IV, p. 72-106.

ANDERSON, Aeneas. *A narrative of the British embassy to China in the years 1792, 1793 and 1794.* Londres: J. Debrett, 1795, cap. I, p. 16-24.

BIBLIOGRAFIA

MACARTNEY, LORDE. *An embassy to China. Being the journal kept by Lord Macartney during this Embassy to the Emperor Ch'ien-lung 1793-1794*. Introdução e notas por J. L. Cranmer-Byng. Londres: Longman, 1962.

PEYREFITTE, Alain. O *império imóvel ou o choque dos mundos*. Lisboa: Gradiva, 1995.

TAUNAY, Afonso de Escragnolle. *No Rio de Janeiro dos vice-reis*. São Paulo: Anais do Museu Paulista, tomo XI, 1943.

James Colnett

Sobre o inglês James Colnett (1755?-1806), que passou pela cidade do Rio de Janeiro na qualidade de capitão do Rutter *– um navio baleeiro que rumava para os mares do Sul –, sabemos apenas que foi encarregado por Sua Majestade britânica de investigar a existência, na região dos Galápagos, de zonas propícias para a pesca da baleia.*

Colnett partiu de Portsmouth no início de 1793. A 10 de fevereiro, depois de passar pelas Canárias e pela ilha do Sal (Cabo Verde), a embarcação que capitaneava cruzou a linha do Equador. A 24 do mesmo mês, entrou na baía de Guanabara, aí permanecendo por pouco mais de uma semana (5 de março). Acerca dessa breve passagem pela cidade, o capitão, afora um fortuito encontro com o governador Arthur Phillip, que retornava de Botany Bay, pouco deixou registrado.

No 19° de latitude sul e 25° de longitude oeste, perdemos um vento sudeste que nos acompanhava desde o 4° norte. Fomos então apanhados por um outro, de nordeste, que perdurou até atingirmos 21° 30' de latitude e 36° de longitude; durante esse período, o tempo manteve-se instável com muitos raios, tempestades e uma ondulação de sudoeste. Passado algum tempo, o vento voltou a mudar de direção, dessa vez para sudeste, e assim permaneceu até o dia 23 de fevereiro, quando, por volta da meia-noite, atingimos o Cabo Frio. Infelizmente, a calmaria não permitiu que chegássemos ao Rio de Janeiro antes do dia 24. Quando entramos no porto, encontramos o *Atlantic Transport*, comandado pelo governador Phillip, que retornava para casa após sua passagem por Botany Bay, e um navio baleeiro que vinha consertar um vazamento no casco.

O *Ratter*, nossa embarcação, exigia urgentes reparos no cordame e precisava ser calafetado. Contudo, isso não poderia tomar muito tempo, pois já ia alta a estação propícia para dobrar o cabo da Boa Esperança. Assim, resolvi contratar alguns nativos para cuidar do abastecimento de água e um grupo de calafetadores para auxiliar os nossos carpinteiros no trabalho de vedação do navio. No dia 5 de março, os reparos estavam terminados e as provisões, que incluíam dois bois vivos, tinham sido embarcadas. Nesse mesmo dia, estando tudo pronto, juntamente com o *Mediator*, o baleeiro acima referido, deixamos o porto do Rio de Janeiro e ganhamos o mar.

O governador Phillip partira no dia anterior. Esse gentil oficial, que nos deu inúmeras provas de amabilidade, encarregou-se de levar para a Inglaterra, mais especificamente para o senhor Phillip Stephens, um orçamento dos trabalhos de reparação que realizáramos e algumas cartas endereçadas aos meus amigos e familiares. Ao retornar da minha visita ao *Atlantic Transport*, onde tinha ido despedir-me do seu capitão, meu bote chocou-se com um imenso e pesado arpão. Por sorte, o governador, que a tudo assistia, percebeu que estávamos em dificuldades e imediatamente despachou um bote em nosso socorro.

Em geral, quando um navio se aproxima da embocadura do Rio de Janeiro, um oficial vem a bordo, assume o comando, reboca a embarcação para o porto e a atraca em um lugar seguro. Por vezes, como ocorreu conosco, o tenente do navio visitante é convidado a ir à terra prestar alguns esclarecimentos. Nesse meio-tempo, ninguém, nem mesmo o capitão, pode sair do navio sem autorização, nem pode ser realizada qualquer transação comercial. O barco é visitado por alguns oficiais de polícia que inquirem sobre o estado de saúde da tripulação, a razão da visita, o destino da embarcação, os motivos da viagem e a previsão de permanência no porto. Quanto ao tenente, ao desembarcar para ser interrogado, apresentará ao vice-rei a sua declaração e a declaração do oficial comandante. É somente depois dessa autoridade ter dado a sua permissão que se pode levar a cabo as transações comerciais entre o navio e a cidade. O capitão e os oficiais da embarcação visitante devem, ainda, assinar um documento declarando que tanto eles como o restante da tripulação respeitarão as leis vigentes no país enquanto aí estiverem.

Neste porto, a brisa terrestre começa ao entardecer e geralmente dura até a manhã do dia seguinte. No resto do tempo, sopra um vento constante, cuja intensidade e direção variam segundo a estação do ano. Para deixar o porto, os navios devem se orientar pela costa e tirar vantagem do vento, pois a embocadura da baía é muito estreita. Logo que o navio ultrapassa essa embocadura, o oficial que permanece a bordo durante a arribada retorna para a cidade. Vale assinalar ainda que, quando uma embarcação quer partir, o oficial comandante deve comunicar essa intenção às autoridades locais com um dia de antecedência.

EDIÇÃO UTILIZADA

O relato de James Colnett, acreditam os estudiosos, foi escrito por um tal William Combe a partir das notas de viagem feitas pelo próprio capitão. Utilizamos a primeira edição da obra (1798), a única publicada sob os cuidados do autor. Facsímiles dessa edição vieram a público em 1940 e em 1968.

COLNETT, James. *A voyage to the South Atlantic and round Cape Horn into the Pacific Ocean.* Impresso para o autor por W. Bennett, 1798, p. 5-7.

Os missionários do *Duff*

Em 1795, alguns pregadores ingleses, contemplando a possibilidade de converter os muitos gentios das ilhas do Pacífico, decidiram criar a London Missionary Society. O propósito dessa instituição era estabelecer uma missão evangelizadora em Otaheite (Taiti), pois aí, diziam os missionários, havia sociedades inteiras de homens e mulheres vivendo promiscuamente.

Com o intuito de viabilizar esse projeto, a LMS despendeu mais de um ano recolhendo fundos e selecionando voluntários. Finalmente, em abril de 1796, os empenhados pregadores conseguiram equipar um navio, o Duff, *e reunir um grupo de 30 seletos missionários. Quatro meses mais tarde (25 de agosto de 1796), a embarcação partia de Portsmouth em direção ao longínquo Pacífico. Depois de deixar para trás a Madeira e as Canárias, o navio, a 14 de outubro, lançou âncora em Santiago (Cabo Verde), onde fez aguada e adquiriu víveres. Um mês mais tarde (12 de novembro), o* Duff *entrou na baía de Guanabara.*

Da curta estada dos evangelizadores no Rio de Janeiro (oito dias) restaram duas descrições. Uma é assinada pelo capitão do Duff, *o londrino James Wilson (1760-1814). A outra pertence a um dos missionários envolvidos na empresa catequizadora, George Veeson, ou Vason, que ficou conhecido como o primeiro ocidental a viver entre os nativos de Tongataboo. Embora a visita tenha sido bastante curta, esses visitantes, ao menos no que tange à religiosidade do carioca, assunto que lhes interessava em particular, deixaram umas notas pitorescas.*

No dia 11, às oito horas da manhã, avistamos umas ilhas, situadas ao norte de Cabo Frio. Sem que percebêssemos, o céu cobriu-se de nuvens. Às 14h30min, Cabo Frio surgiu a cinco milhas N.1/2 O. Chovia intensamente e o vento soprava com muita força. Tal contratempo levou-nos a recolher as velas e passar a noite entre Cabo Frio, situado a 30 braças na costa, e a entrada da baía do Rio de Janeiro, situada a 48 braças. Ao nascer do dia, dirigimo-nos para o porto, porém, devido à brisa marinha e à maré contrárias, só conseguimos alcançar a entrada uma hora da tarde. Logo que nos aproximamos, um barco deixou a bordo um oficial português, que assumiu o controle da nossa embarcação. Navegando baía acima, passamos pelo forte de Santa Cruz, um ancoradouro de meio cabo de comprimento, e fomos parar numa ilha bastante fortificada, denominada ilha das Cobras. Do gradil de estibordo, era possível ver o lado norte do convento dos Beneditinos, um edifício grande e branco. Daí fomos rebocados para a área de desembarque, onde lançamos âncora num fundo de sete braças de profundidade, com o mosteiro a S. S.O e a ilha das Enxadas a N. O. Mal ancoramos, um barco aproximou-se e um grupo de oficiais subiu a bordo do nosso navio, a fim de evitar qualquer tipo de contrabando e impedir que os passageiros desembarcassem sem a companhia de um soldado da terra. É notável como o comportamento do governo colonial para com os estrangeiros é cauteloso. O capitão, que fora obrigado a desembarcar quando entramos no porto, esperava-nos em companhia de um oficial do forte de Santa Cruz. Nessa tarde, uma tempestade, acompanhada de muitos trovões e relâmpagos, obrigou-nos a instalar nossos condutores elétricos no mastro principal; precaução indispensável na região dos trópicos.

Estando agora seguramente ancorados, após uma travessia de 5 mil milhas, através do mais hostil dos climas, é oportuno fazer uma pausa para agradecer de todo o coração ao bondoso Senhor Deus, cuja providência preservou os nossos homens das doenças e guiou a embarcação em segurança até este porto, onde poderemos obter todas as provisões necessárias para um resto de viagem confortável. Além dessas graças, um motivo a mais temos para louvá-lo: os missionários parecem, como nunca, aplicados ao serviço do Redentor e suas mentes, como sempre, totalmente voltadas para a promoção da Sua glória.

Por ser domingo, cumprimos, como vínhamos fazendo no mar, nossas obrigações religiosas. O oficial da guarda acompanhou toda a cerimônia, comportando-se com muita propriedade e, no final, expressando a sua aprovação. Sua curiosidade, contudo, foi excitada ao extremo e só aplacou quando nos perguntou que tipo de pessoas éramos. Não sei se por timidez ou por medo de ofender-nos, ele não se alongou nas suas questões. Mais tarde, quando já tínhamos mais intimidade, comentou que nunca tinha visto ninguém se comportar de uma maneira tão pacífica e moderada logo no dia da chegada. A regra, segundo ele, era a de que nesse dia reinasse o falatório, o barulho e a bebedeira.

Desde que o capitão pôs os pés em terra pela primeira vez, ninguém pôde desembarcar até que o oficial superior procedesse a um exame completo do navio. Como fomos obrigados a aguardar pacientemente a sua visita, cuja hora era incerta, aproveitamos o dia para cumprir algumas das nossas obrigações. Às quatro horas da tarde, subiram a bordo o oficial esperado, alguns militares, o chefe de justiça, um físico, um intérprete e o capitão. As questões que nos colocaram pareciam triviais e em nada diferiam daquelas que o capitão tinha respondido. No entanto, segundo nos comunicou o escrivão que estava presente, as nossas respostas foram insatisfatórias. O capitão e o segundo oficial viram-se, então, obrigados a dirigir-se ao palácio do vice-rei. Uma vez lá, fizeram-lhes, com outras palavras, as mesmas perguntas: De onde vêm? Qual o seu destino? Qual a natureza da sua viagem? Que notícias políticas têm para comunicar? Quando tudo estava anotado, duplicado e assinado, os presentes foram informados de que os papéis seguiriam para Lisboa e de que esse tipo de interrogatório era habitual na colônia.

Findada essa cerimônia, recebemos autorização para desembarcar quando nos aprouvesse. Todavia, sempre que rumávamos para terra, um soldado português seguia conosco no barco e, mal púnhamos o pé no cais, um outro assumia as funções de vigilância, acompanhando-nos pela cidade até retornarmos ao navio. De segunda a sábado, empregamos o nosso tempo em algumas tarefas indispensáveis: reajuste dos cordames, aguada e aquisição de víveres, vinho etc., a serem armazenados para a viagem. Cuidamos também de embarcar muitas sementes e plantas, pois supúnhamos que floresceriam e seriam úteis em Otaheite.

No sábado, às quatro horas da manhã, levantamos âncora e, com o oficial português a bordo, rumamos para a embocadura do porto. Planejávamos ganhar o mar com a primeira brisa terrestre que soprasse. Ao meio-dia, o vento marítimo fez-se acompanhar de uma densa neblina. À tarde, nossos dois botes foram utilizados para trazer da terra algumas coisas que havíamos deixado lá.

No dia 20, às sete horas da manhã, fizemos vela, aproveitando uma leve brisa que soprava favoravelmente. Todavia, quando emparelhamos com o forte de Santa Cruz, o vento mudou de direção. Ficamos, então, navegando em ziguezague a favor do vento. Nessa ocasião, o oficial português que se encontrava a bordo despediu-se e foi para terra. Às 3 horas da tarde, passamos entre a ilha dos Ratos e a ilha Redonda e, embalados por uma brisa fresca, rapidamente perdemos a terra de vista.

A cidade do Rio de Janeiro é, atualmente, a capital do Brasil e, desde a descoberta das minas de diamantes na sua vizinhança, tem sido o local de residência do vice-rei. A defesa da urbe é feita por algumas baterias, instaladas no topo de elevações que comandam a entrada da baía, e por três ou quarto fortes bem construídos. Individualmente, nenhum desses fortes parece ser muito poderoso; o de Santa Cruz e o de Santa Luzia têm mais poder de fogo, mas estão situados a considerável distância um do outro. Assim, embora haja armas por todos os lados, o lugar não é tão bem fortificado como aparenta.

Os habitantes são uma mistura de portugueses, mulatos e negros. Na cidade e arredores o seu número não excede os 200 mil. As igrejas, os monastérios, os conventos, o palácio do vice-rei, o hospital e algumas poucas casas particulares têm uma boa aparência. As ruas são estreitas, mas retas e dispostas simetricamente. Em todas as janelas e balcões das casas, vêm-se umas gelosias feitas de varas trançadas, que são mantidas fechadas durante todo o dia. Um estrangeiro que caminhe pela rua nesse horário, ao ver as crianças e as mulheres espreitarem pelas grades, tem a nítida sensação de que as casas são habitadas por prisioneiros.

O governo é de tal modo cauteloso que nenhum habitante pode realizar transações com os estrangeiros sem permissão do vice-rei. Passamos por uma situação que bem ilustra esse excesso de zelo. Trouxe comigo uma letra de câmbio endereçada a um respeitável comerciante da cidade. Quando contatado, esse comerciante apressou-se em dizer que estava pronto para adiantar a soma que necessitava e para ajudar-me em tudo mais o que fosse preciso. Porém, antes de fazê-lo, disse-nos ele, era sua obrigação visitar o vice-rei e pedir o seu consentimento.

A cidade, em se tratando de festas religiosas, parece superar qualquer outra localidade católica. Em quase todas as esquinas, há uma espécie de nicho, semelhante a um guarda-louças, abrigando uma imagem do Nosso Salvador ou da Virgem Maria. Esses nichos são adornados com cortinas, fechados por um vidro e, durante a noite, são iluminados por velas e candeeiros. No período matutino, todos os habitantes, ao passar por tais imagens, param e fazem gestos de devoção. No período da noite, os fiéis entoam cânticos em frente a esses oratórios.

Os mendigos da cidade praticam uma transação comercial bastante curiosa. A maioria deles traz no peito um crucifixo, que, suponho, deve ser comprado por um pêni; esse objeto, após ser abençoado pelo próprio mendigo, é vendido a um preço tão elevado como se tivesse sido benzido pelo papa.

Qualquer navio mercante que chega ao porto é obrigado a pagar uma taxa de três libras e dois soldos na entrada e uma diária de ancoragem de cinco soldos e três moedas. Além dessa taxa, as embarcações estrangeiras devem pagar um intérprete para intermediar os seus negócios com o governo e com os comerciantes locais. As provisões, porém, são muito baratas. O rum aqui produzido é de qualidade mediana e o vinho do Porto, graças à mudança para o clima dos trópicos, é excelente.

Ao avistar esta vasta região, após atravessar o oceano Atlântico, o visitante experimenta a mais deliciosa sensação. Ultrapassado o estreito que dá acesso ao porto, situado entre duas elevadas montanhas, a baía alarga-se subitamente e assume a aparência de um imenso lago coberto de ilhas. À esquerda, a cidade, com suas fortificações e construções caiadas e com o seu ancoradouro sempre com muito movimento de navios e botes descarregando mercadoria, oferece uma vista impressionante. Acima disso tudo, no lado noroeste, tão longe quanto alcançam os olhos, eleva-se uma cadeia de imponentes montanhas com cumes desiguais. No coração dessas montanhas, encontram-se milhões de homens que, devido à busca do ouro e dos diamantes, estão condenados a arrastar uma existência miserável.

OBSERVAÇÕES DOS MISSIONÁRIOS ACERCA DA SUA CHEGADA E PERMANÊNCIA NO RIO DE JANEIRO

Quando nos aproximamos do porto, notamos que os topos das montanhas estavam envoltos em nuvens e que as colinas próximas da costa eram cobertas de árvores frutíferas. Rodeados por várias ilhas fortificadas, avistamos ao longe um magnífico aqueduto, com cerca de 50 arcos, ligando duas montanhas. A partir desse ponto, começamos a observar várias marcas da superstição deste povo: em todas as montanhas e fortificações havia uma cruz. No dia do Senhor (domingo), os portugueses e os índios que nos vigiavam a bordo, assistiram ao nosso culto e comportaram-se de uma maneira séria e respeitosa. Os outros membros da escolta, instalados numa canoa, aproveitaram o tempo da cerimônia para jogar carteado.

Assim que fomos autorizados, desembarcamos. Pudemos, então, sempre acompanhados por dois oficiais, que nos trataram de uma maneira muito cortês, conhecer a cidade. Quando pusemos o pé em terra, deparamos com uma cena chocante: um pobre escravo, fatigado pelo trabalho e consumido pelas doenças, rastejava em direção à água. Pouco tempo depois, vimos uma outra cena repugnante e ofensiva para qualquer ser humano: enquanto, no mercado, um carregamento de homens nus era colocado à venda, um grupo de seis ou sete negros, acorrentados uns aos outros e chicoteados pelos seus senhores como cavalos ou cães, atravessava a rua com extrema dificuldade. Será que algum dia esse bárbaro comércio de homens terá fim?

Visitamos o jardim do vice-rei, um belo lugar repleto de laranjeiras, limoeiros e inúmeras outras árvores. Aí vimos um crocodilo de bronze esguichando água pela boca e, mais à frente, a estátua de um menino com um cágado que expelia um copioso jato de água. Dos terraços desse jardim, tem-se uma belíssima vista do porto. Os pavilhões são adornados com bonitas pinturas, que representam o trabalho nas minas, a preparação do açúcar, do rum e de outros produtos do país.

Nossa visita seguinte foi ao palácio do vice-rei. O governante e sua esposa receberam-nos com grande polidez. Sua senhora foi especialmente atenciosa com as nossas esposas. Infelizmente, não pudemos retribuir à altura tais gentilezas, sobretudo quando vimos suas superstições, seus rosários e seus crucifixos pendurados no pescoço. A propósito das cruzes e dos santos, estão em todas as esquinas e na frente de todas as casas. Os habitantes nunca passam por esses locais sem se curvarem e fazerem o sinal da cruz. A situação beira a idolatria. O número de padres na cidade é imenso, embora ela não pareça ser maior que Bristol, abrigando aproximadamente uns 200 mil habitantes.

Uma das coisas que mais chamou a nossa atenção foi uma imensa procissão de padres, freiras e monges, seguindo em direção a uma igreja toda forrada de preto e iluminada por lanternas. Os padres recitavam salmos e os coristas, acompanhados por uma banda de música, entoavam uma melodia. Essa visão afligiu-nos terrivelmente, pois a pompa da cerimônia não conservava nenhum traço da pureza imaculada que caracteriza a religião de Jesus.

Os habitantes, no que se refere às minas de diamantes, têm muito ciúme dos estrangeiros. Nessas minas, centenas de miseráveis africanos perdem anualmente as suas vidas. Tivemos a oportunidade de conhecer um hospital militar, situado num lugar muito salubre, a cerca de uma milha da cidade. Não cheguei a entrar nesse local, pois, como me preveniu o cirurgião, poderia levar para bordo alguma infecção. Nas proximidades do hospital, num adorável vale, situa-se a magnífica capela do vice-rei. Durante a nossa permanência na cidade, uma nova catedral estava sendo construída. Uma multidão de escravos, assistida por alguns jovens provenientes de famílias opulentas, levantava uma vasta estrutura sobre um terreno arenoso. No final da tarde de domingo, retirei-me para a minha câmara e orei ao Senhor Deus para que fizesse chegar a esse lugar o seu evangelho.

No geral, a forma como fomos recebidos no Rio de Janeiro foi bastante satisfatória e muito nos alegrou, pois tivemos a oportunidade de trazer algum conhecimento para esses nossos amigos.

* * *

Entramos no Trópico de Câncer e passamos pelo Trópico de Capricórnio sob um sol vertical e um clima quente e abafado. Avistamos, a alguma distância, a costa do Brasil, mas caímos num enorme banco de areia, com 50, 30 e, algumas vezes, 20 braças de profundidade somente. Fomos, ainda, fustigados, durante dois dias, por um vento cruzado, situação que nos obrigou a uma sondagem constante. Quando o vento se fez favorável, avançamos rapidamente e alcançamos Cabo Frio, o primeiro pedaço de terra visível para quem se aproxima do Rio de Janeiro pelo lado norte. Buscamos o porto durante todo o dia, sempre navegando junto à costa. Porém, como começou a chover, fomos obrigados a nos afastar. Na manhã seguinte, 12 de novembro, empurrados por uma leve brisa, dirigimo-nos ao porto e, ao meio-dia, entramos na embocadura.

Quando o *Duff* estava praticamente dentro da baía, avistamos, no topo de uma montanha, uma bandeira com as cores francesas. Isso muito nos alarmou, mas rapidamente a tal bandeira, que devia servir para confundir navios inimigos, foi recolhida e as cores portuguesas tomaram o seu lugar.

Um piloto de Alfândega, acompanhado de alguns oficiais, veio em nosso encontro e assumiu o controle da embarcação. Fomos, então, conduzidos para dentro, deixando para trás uma bateria capaz de defender o lugar de qualquer ataque.

No sábado, o *Duff* lançou âncora no porto, o qual é circundado por altas montanhas que impedem a visão do mar. Completamente protegidos contra uma eventual tempestade marítima, desembarcamos. Encontramos no lugar somente uma pessoa capaz de falar inglês. Com esse indivíduo, dono de um café, tivemos várias conversas. Seu nome era Phillipe, mas a maioria dos marinheiros tratavam-no por o *lingüista.*

Adquirimos, na cidade, abundante suprimento de carne de vaca e de porco, bem como uma série de outros artigos de que necessitávamos. Aquisições indispensáveis, já que o *Duff* não tocaria em mais nenhum porto até alcançar o seu destino final.

No dia seguinte, como estipulam os regulamentos do navio, retornamos a bordo para participar do culto religioso. Muitos portugueses assistiram à celebração e, ainda que não compreendessem uma só palavra de inglês, portaram-se respeitosamente.

Na manhã seguinte, o intérprete, atendendo ao nosso pedido, enviou-nos algumas aves, porcos, carne de vaca e outras provisões. Muitos de nós desembarcavam diariamente e desfrutavam de bons momentos, observando os hábitos e costumes dos habitantes locais. A região que circunda a cidade, tão longe quanto pode a vista alcançar, é encantadora. Infelizmente, não pudemos excursionar pelas redondezas, pois a guarda que nos acompanhava por todo o lado nos proibiu. Essa atitude vem prescrita nas leis referentes à presença de estrangeiros na cidade. Seu objetivo é evitar que os visitantes se aproximem das ricas minas.

Nas nossas perambulações pelo Rio de Janeiro, vimos muitas freiras que, por detrás das grades dos conventos, pediam donativos aos passantes. O papismo desse lugar nada fica a dever àquele da Espanha e de Portugal. Aqui como lá, os habitantes parecem estar mergulhados na mais profunda ignorância. Há imagens de santos em todas as ruas e todos aqueles que por elas passam param e se ajoelham, não importando o quanto de peso tragam nas mãos. Um dia, caminhávamos pela rua, quando o relógio de Santa Maria bateu seis horas. Observamos que os passantes imediatamente pararam e ajoelharam-se rapidamente. Se esse ritual repete-se em todas as horas do dia, não conseguimos apurar. A superstição que caracteriza os habitantes do Rio de Janeiro é extensiva às crianças. Tivemos oportunidade de assistir a uma cena bastante representativa desse fato: alguns garotos, com idades compreendidas entre os oito e os dez anos, preparavam-se para tomar banho num rio; antes, porém, de mergulharem, os jovens ajoelharam-se, molharam as mãos na água e fizeram o sinal da cruz. Tudo estaria bem, se a generalidade dos habitantes, que utilizam tais encantos como uma forma de proteção contra o perigo, não endereçassem essas fingidas manifestações de devoção ao Senhor Deus, clamando pela Sua proteção e dando graças pela sua misericórdia. Infelizmente, a religião para esse povo não passa de uma cerimônia, de uma festa. Acusação que pode ser feita a bem poucos daqueles que professam a pura e reformada religião instituída em nossa ilha.

Os rituais católicos, com toda a sua pompa, nada ensinaram aos habitantes do Rio de Janeiro sobre a caridade para com os seus semelhantes. Durante a nossa estada na cidade, entrou no porto um navio carregado de crianças negras, todas nuas, as quais foram despejadas numa pequena ilha próxima da cidade. Ignorando o seu cruel destino, essas crianças brincavam alegremente, enquanto os negros mais crescidos eram colocados à venda. Esses, nus e expostos como gado, tinham de se sujeitar aos exames mais cruéis por parte dos compradores. Os negros entreolhavam-se e, com um misto de tristeza, indignação e desespero, miravam o grupo que se divertia ali ao lado.

Um dia, ao caminharmos pela rua, deparamos com um negro velho que, com os seus gastos membros, carregava uma pesada carga. Ele gemia muito e parecia que as suas costas iam quebrar. O negro avançou com dificuldade mais alguns passos, gritou por socorro e caiu. Tivemos imensa pena desse pobre homem e dissemos para o intérprete que nos acompanhava: *Que triste espetáculo, deixe-nos ajudar esse desgraçado.* O intérprete, porém, sarcasticamente replicou: *Ele não merece um centavo.* A resposta encheu-nos de horror e toda a situação deixou marcas profundas em nossas mentes, pois temos consciência de que o terrível tráfico de escravos irá perdurar por muito tempo.

De onde poderia surgir a vil e absurda idéia de que a presença negra nos trópicos é uma marca da ira do criador, senão da perversa natureza humana, sempre pronta a acreditar no que é mais conveniente? Tivemos ocasião de observar que, à medida que nos aproximávamos da linha do Equador, o sol e o ar agiam poderosamente sobre a pele, alterando a sua cor. Quando chegamos a Otaheite, soubemos que as mulheres do lugar, durante quatro meses do ano, fecham-se em alcovas frias para conservarem a tez sempre clara.

A religião católica não ensinou aos supersticiosos habitantes do Rio de Janeiro a conduzirem-se com honestidade nas transações comerciais. Nas compras que fizemos na cidade, fomos vítimas das mais vergonhosas trapaças. Como não falávamos português, éramos obrigados a entregar aos comerciantes todo o nosso dinheiro e esperar que eles retirassem o valor necessário para pagar determinada mercadoria. Nessas ocasiões, estou certo de que os preços que nos cobravam eram os mais exorbitantes. Enquanto estávamos em terra, assistimos a um treinamento militar, onde os soldados simularam várias situações de combate. Suponho que esse exercício destinava-se a mostrar-nos o poder e a força do lugar.

Antes de deixarmos as terras da América do Sul, resolvemos comprar pequenas quantidades de açúcar, chá etc., pois o nosso dinheiro não teria serventia em Otaheite, onde as poucas mercadorias vindas da Europa custam uma fortuna. Com isso, acabamos por ofender o nosso bom capitão. Esse, após algumas reflexões, concluiu que, contrariando o que lhe havia sido ordenado, não estava fornecendo os suprimentos necessários para a nossa manutenção. Tratamos, todavia, de assegurar-lhe que o único motivo das nossas compras era empregar o dinheiro supérfluo, seguindo as recomendações da Sociedade. O capitão compreendeu o sucedido e ficou satisfeito com a explicação.

Os gastos do navio no Rio de Janeiro foram enormes. No domingo pela manhã, estando tudo embarcado, um piloto subiu a bordo. Deixamos a cidade, lamentando a ignorância e a superstição dos habitantes. Chegamos mesmo a comentar: *Trata-se de um lugar mergulhado na quase completa escuridão. A religião idólatra e anticristã que o povo pratica não está muito longe dos cultos pagãos.*

EDIÇÕES UTILIZADAS

O relato do capitão James Wilson foi publicado pela primeira vez, em 1799, por T. Chapman – que reeditou a obra no mesmo ano. Desde então surgiram, pelo menos, mais três edições em inglês (1805, 1810, 1961) e duas em alemão (1800 e 1801). As primeiras são fac-símiles da edição de 1799, acrescidas de introduções e notas críticas. Utilizamos a referida edição de T. Chapman, sem contudo dispensar uma consulta à introdução e às notas preparadas por Irmgard Moscher para a edição de 1968.

Quanto à narrativa de George Vason – que Borba Moraes erradamente atribui ao editor da obra, Samuel Piggott –, utilizamos a primeira e única edição disponível.

WILSON, James. *A missionary voyage to the Southern Pacific (1796-1799).* Londres: T. Chapman, 1799, cap. IV, p. 30-38.

VASON, George. *An authentic narrative of four years residence at Tongataboo.* Londres: Longman and Co., 1815, cap. III, p. 29-36.

BIBLIOGRAFIA

DAVIES, John. *The history of Tahiti Mission.* Cambridge: Hakluyt Society, 1968.

GRIFFEN, John. *Memoirs of captain James Wilson.* Nova York: Samuel Armstrong & Crocket & Brewster, 1822.

LOVETT, R. *The history of the London Missionary Society, 1795-1895.* Londres: H. Frowde, 2 vols., 1899.

WILLIANS, John. *A narrative missionary enterprises in the South Seas Island.* Londres: J. Snow, 1837.

WILSON, James. *A missionary voyage to the Southern Pacific Ocean (1796-1798).* Londres-Nova York: Frederick A. Praeger, 1968.

James George Semple Lisle

O inglês James Semple Lisle (1759-1799?) teve uma vida plena de aventuras. Nascido no seio de uma família nobre, o rapaz muito cedo (16 anos) abraçou a carreira das armas. Depois de lutar na guerra de independência dos Estados Unidos, na qual caiu prisioneiro, retornou à Inglaterra, abandonou a carreira militar e, em 1778, mudou-se para Bruxelas. Nessa cidade, levou uma vida boêmia, sobrevivendo de transações ilícitas e da exploração de amantes. Depois de deixar a capital belga, o aventureiro, sempre em busca de vida airada e movimentada, transitou pela Rússia, Dinamarca, Alemanha e França.

De volta à Inglaterra, em 1794, o bon vivant *não demorou a fazer-se perseguido pelos credores e pela polícia. Em 1795, é detido, julgado pelo crime de falsificação de firmas e condenado a cumprir sete anos em Port Jackson, na Nova Gales do Sul (Austrália). Após aguardar meses na prisão de Newgate, Lisle e um numeroso grupo de outros condenados embarcaram no* Lady Shore *rumo aos mares do Sul. O navio levantou âncora de Portsmouth em fevereiro de 1798. Nas imediações do Rio de Janeiro, eclodiu uma conspiração a bordo: os condenados, aproveitando-se do clima de grande insubordinação que reinava entre os soldados, mataram o imediato, feriram o capitão e se apossaram do navio.*

James Semple Lisle, contrariamente ao esperado de um homem na sua delicada posição, tomou partido da oficialidade e evitou que maiores excessos fossem cometidos. O herói e mais 29 companheiros de infortúnio foram deixados nas proximidades da costa do Rio Grande do Sul. Depois de dois dias de navegação, as vítimas chegaram ao porto de São Pedro, onde foram bastante bem acolhidas pelo governador Sebastião Xavier da Veiga Cabral.

Do Rio Grande, Lisle, desejoso de voltar à sua terra, partiu em direção à cidade do Rio de Janeiro – acompanhado do comissário John Black, um grumete e um criado. O pequeno grupo seguiu por terra até o Desterro, embarcando aí na frota do almirante Antônio Januário do Vale (três fragatas e um brigue), que se dirigia para a capital da colônia. Lisle entrou na baía de Guanabara a 18 de novembro de 1797, usufruindo da hospitalidade dos cariocas por quase três meses (1° de fevereiro de 1798). Em retribuição a esse caloroso acolhimento, o inglês, na sua narrativa, não poupou elogios ao vice-rei conde de Rezende e aos habitantes da cidade.

No dia 4 de novembro, a frota fez vela em direção ao Rio de Janeiro. Chegamos à cidade no dia 18. Durante a nossa viagem, foi-me designada uma câmara cômoda e limpa. Tive, ainda, o prazer de tomar as minhas refeições em companhia do almirante, o melhor marinheiro, o melhor comandante e o mais inteligente cavalheiro que já encontrei. Em uma de nossas conversas, contei-lhe a real situação em que estava e, para minha grande satisfação, percebi que esse homem era capaz de julgar as coisas por si mesmo, sem se deixar contaminar pelos preconceitos que habitam as mentes estreitas. A minha revelação só o fez redobrar as delicadezas que tinha para comigo.

Logo que lançamos âncora, o brigadeiro José Gaspar, secretário do vice-rei, veio a bordo cumprimentar o almirante, em nome de Sua Excelência. Entreguei-lhe algumas cartas de recomendação que trazia e o encarreguei de fazer chegar outras às mãos do vice-rei. Na noite da nossa chegada, entraram no porto alguns baleeiros. O senhor Black, a pedido do capitão Thompson, dirigiu-se a um deles com o intuito de comprar um pouco de cerveja. A bordo desse navio, ele encontrou alguns dos nossos oficiais, que tinham chegado à cidade antes de nós e buscavam alguma notícia da Inglaterra. Por meio deles, o senhor Black soube que, não se sabe bem como, minha real situação tinha chegado aos ouvidos do vice-rei. Com o ar bastante alarmado, o senhor Black, solicitamente, veio comunicar-me a novidade. Disse-lhe que não tivesse receio e se preparasse para ir à terra às oito horas da manhã seguinte. Contudo, desejando não se envolver na minha delicada situação, ele evitou acompanhar-me, alegando que se sentia um pouco doente.

No dia seguinte, em companhia de um oficial da frota, dirigi-me ao palácio, onde o vice-rei me recebeu de uma maneira muito cortês. Pedi-lhe, então, permissão para residir em terra. Ele não só concordou como me assegurou de que, no dia seguinte, prepararia uma casa onde eu poderia instalar-me. Como tinha também algumas cartas de recomendação endereçadas ao bispo da cidade, resolvi fazer-lhe uma visita. Fui recebido, por esse simpático prelado, com distinção. Após essa visita, sempre na companhia do referido oficial, dirigi-me para a casa onde Minchin e sua esposa estavam hospedados. Ao ver-me, ele ficou extremamente surpreso e disse-me que, após tanto tempo, todos supunham que eu embarcara rumo à Europa, em algum navio ancorado em Santa Catarina. Minchin queixou-se amargamente do vice-rei, dizendo que Sua Excelência se recusara a recebê-lo e se limitara a conceder, a ele e à sua esposa, uma soma de 12 vinténs por dia para cada um. A mesma soma, segundo ele, tinha sido dada aos soldados, às mulheres e às crianças. Disse, ainda, que ouvira dizer que alguém, Drummond e Murchison, supunha, tinha informado o vice-rei a meu respeito. Imediatamente percebi a vergonha e a confusão estampada no seu semblante e concluí, muito naturalmente, que tinha sido ele a fazer o que atribuía aos outros. Logo ele, que reprovara com veemência uma ação semelhante, cometida por um oficial no Rio Grande. Sem dúvida, seu temor agora era o de que eu tomasse a mesma atitude que tomei em relação ao outro delator. Todavia, não disse nada e saí. Coincidentemente, a poucos passos da sua casa, encontrei os dois homens que haviam sido caluniados. Fiz-lhes, então, uma série de perguntas e eles juraram, solenemente, que nem tinham sido interrogados sobre minha pessoa, nem tinham pronunciado uma única sílaba sobre tal assunto. Disseram, contudo, ter ouvido da boca do homem que traduzira a carta de Minchin endereçada ao vice-rei coisas bastante desagradáveis a meu respeito.

Após obter essa informação, dirigi-me imediatamente ao palácio, mas o vice-rei não se encontrava lá. Fui, nessa ocasião, recebido pelo conde dom Luís, filho de Sua Excelência e seu ajudante-de-campo. Pus-lhe a par de minha situação e comuniquei-lhe que os cavalheiros que me acompanhavam tinham, de livre vontade, apresentado um relatório prévio, no qual omitiram as partes desagradáveis da minha história, e que, por isso, não iria agora tolerar nenhum comentário ofensivo a meu respeito. Prossegui, afirmando que dele, um homem de bem e um oficial, eu só esperava sinceridade. Terminei, pedindo-lhe que me contasse, com a franqueza de um soldado, se alguma coisa tinha sido dita a meu respeito e, em caso positivo, por quem. Com muita honestidade, contou-me que o oficial de uniforme vermelho tinha enviado uma carta ao seu pai, mas que tal missiva em nada me desabonava. Contou-me também que o seu pai, em razão das recomendações dadas pelo general da Veiga e da minha aparência, tinha-lhe confessado que me daria toda a ajuda que fosse necessária. Expressei ao conde dom Luís a minha gratidão pela sua bondade e, como já se fazia tarde, retornei à barcaça do almirante, que aguardava para me conduzir a bordo.

No dia seguinte, retornei à terra e, encontrando um retiro, escrevi ao almirante, major-general da esquadra, e ao vice-rei, pondo-lhes a par de tudo. Na mesma correspondência, afirmei que confiava na boa vontade deles e esperava que me tratassem como um cavalheiro acima de qualquer suspeita, digno de gozar da amizade e estima de todos. O vice-rei assegurou-me de que seria sempre bem recebido por ele e enviou-me a chave de uma casa, a qual imediatamente ocupei. Poucos dias depois, recebi, da mesma benevolente e generosa autoridade, a chave de um camarote no teatro.

O almirante, tendo conhecimento da minha precária situação financeira, enviou-me, através do major-general da esquadra, uma generosa soma, enriquecida ainda mais pelo intermediário. O bispo não se comportou de maneira diferente. Sua casa estava sempre de portas abertas para me receber e, como ficava a alguma distância, ele pôs uma carruagem à minha disposição para que, segundo as suas próprias palavras, eu pudesse visitá-lo quando me aprouvesse.

Essas amabilidades, tão dignificantes para a minha pessoa, despertaram o ciúme dos dois oficiais ingleses que se encontravam privados de todo convívio social. Determinado que estava a castigar Minchin – castigo que, por sua duplicidade, ele tanto merecia – coloquei uma sentinela à sua porta para me informar quando ele saísse de casa. Contudo, a lembrança do caso que eu tivera com o seu companheiro Prater, no Rio Grande, amedrontou-o a tal ponto que, durante toda a nossa permanência na cidade, ele não pôs os pés na rua. Temendo que uma desgraça caísse sobre a sua cabeça, ele escreveu ao vice-rei, pedindo proteção. Uns disseram que tal solicitação não obteve resposta; outros que o vice-rei lhe enviou um par de boas pistolas – alusão bastante clara para um soldado. Nesse meio-tempo, o almirante tomou conhecimento do caso. Numa manhã, o capitão Thompson veio até a minha casa e obrigou-me a prometer que, enquanto estivesse na cidade, não faria nada contra Minchin. Devido à minha situação, não julguei prudente negar um pedido a quem me tratara com grande generosidade. Acabei, pois, para a sua satisfação, por dar a minha palavra. Minchin, contudo, não se sentiu mais seguro e permaneceu fechado em casa, desprezado pelos oficiais da frota e do Exército e pelos habitantes da cidade.

Durante a nossa permanência no Rio de Janeiro, os oficiais Minchin e Prater encaminharam vários ofícios ao vice-rei, pedindo à Sua Excelência que pagasse a eles e aos soldados o soldo completo estipulado pelos estatutos ingleses, a contar do dia da chegada ao Brasil. O vice-rei recusou-se a atender esse pedido, alegando que não tinha autoridade para isso. Disse ainda que nenhuma ordem lhe tinha sido dada no sentido de pagar um soldo a cada indivíduo da frota, sem distinção de idade, sexo ou posto, e que só o tinha feito porque os reinos da Inglaterra e de Portugal mantinham boas relações e ele queria ser hospitaleiro. Tal despesa, segundo Sua Excelência, não seria nem mesmo reembolsada pelo governo britânico. Por fim, ele sugeriu aos dois cavalheiros que encaminhassem o seu pedido ao soberano, através do oficial do Tribunal – órgão que representava Sua Majestade no país e que era presidido pelo próprio vice-rei. Com efeito, as tais petições foram apresentadas e Minchin assinou uma delas como tenente e ajudante, solicitando que fosse pago enquanto tal. Alguns dias depois da reunião do Tribunal, recebi a visita de um secretário, que me perguntou por que eu não encaminhara a minha petição. Respondi-lhe que não tinha nenhuma reivindicação para apresentar ao governo, que Sua Excelência, o vice-rei, sabia tudo a meu respeito e que caso ele ou o Tribunal decidissem conceder-me alguma soma para que eu pudesse pagar a minha viagem de volta para a Europa, aceitaria com prazer. Quanto aos 18 pences diários concedidos aos oficiais, homens, mulheres e crianças do navio inglês, disse-lhe que não era minha intenção recebê-los. Prossegui, afirmando que recebera do vice-rei uma boa casa e que o generoso almirante, de tempos em tempos, me enviava uma soma mais do que suficiente para a minha manutenção; o que me permitia dispensar outra ajuda qualquer. Além do mais, concluí, estava confiante de que o meu protetor conseguiria obter a minha passagem para a Europa em um dos navios da sua frota. O secretário solicitou que eu colocasse por escrito as minhas respostas, o que fiz sem demora. Alguns dias depois, o Tribunal comunicou a todos os nossos homens que se encontravam na cidade que não seria concedida nenhuma ajuda além daquela que já vinha sendo dada pelo vice-rei; ajuda que, por sinal, tanto eu quanto o senhor Black tínhamos recusado de antemão. Anunciou, igualmente, que os proprietários dos navios mercantes do comboio que nos levaria para a Europa pagariam, a cada oficial, um soldo de um cruzado por dia e, para as mulheres, soldados e crianças, metade desse valor.

Como se aproximava a hora da nossa partida, o almirante enviou uma passagem para mim e outra para o jovem Richards, um rapaz que eu tinha tomado sob a minha proteção e que me servira a bordo da fragata de Sua Majestade *Ulysses*, comandada pelo capitão João da Costa de Cabedo – um dos mais ativos oficiais da Europa que, rapidamente, me honrou com a sua amizade. Esse gentil oficial, a princípio, recusou-se a receber o dinheiro enviado pelo Tribunal, mas como era impossível fazê-lo, já que se tratava de um presente feito em nome da rainha, pediu que a soma me fosse entregue.

Durante a nossa permanência no Rio de Janeiro, vários navios ingleses, provenientes dos mares do Sul, entraram no porto. Como tínhamos recebido permissão para embarcar em qualquer navio que se dispusesse a transportar-nos para a Europa, o oficial comandante Murchison, suspeitando que o comboio demoraria muito tempo para deixar a costa do Brasil, resolveu partir em um desses navios. Um mês mais tarde, quando estávamos prestes a zarpar, o oficial-escrivão embarcou em um outro navio, também proveniente dos mares do Sul. Tentei, a todo custo, mas em vão, persuadi-lo a viajar conosco, alegando que era impossível a um navio vindo dos mares do Sul chegar à Europa antes de um comboio que se dirigia diretamente para lá. Esse oficial tinha em seu poder todos os papéis relacionados ao motim, inclusive alguns documentos destinados à viúva do infeliz capitão; julguei, pois, que a sua presença seria necessária na Inglaterra.

No mesmo navio. em que partiu o oficial-escrivão, embarcaram um jovem soldado do exército da Nova Gales do Sul, um tal James Mcloid – jovem que, por razões que não posso explicar, não tinha um centavo no bolso – e uma *senhora* vinda também da Nova Gales. Com todas essas partidas, o vice-rei viu-se livre de quatro bocas para alimentar.

No dia 24 de janeiro, a frota estava pronta para partir e todas as coisas pertencentes ao *Lady Shore* começaram a ser embarcadas. Os barcos da Alfândega, sob os cuidados de um oficial, trataram desse serviço; toda a operação realizou-se no cais, perto do palácio. Por coincidência, no exato momento em que o amedrontado Minchin decidiu embarcar, eu estava caminhando perto do cais. Vendo-me da janela do seu refúgio, Minchin, que muito temia a minha vingança, solicitou a um oficial português que providenciasse uma escolta para conduzi-lo ao navio. Acompanhado por dois soldados e um oficial, ele cruzou a multidão, em meio ao riso geral.

DESCRIÇÃO DA CIDADE DO RIO DE JANEIRO

Antes de deixar o Rio de Janeiro, é minha obrigação dizer algumas palavras sobre o lugar. A cidade é bem construída, movimentada, consideravelmente ampla e circundada por agradáveis jardins. O palácio do vice-rei é grande, cômodo e magnificamente decorado. Quanto às ruas, são bem pavimentadas, mas não têm iluminação. As casas, em geral, são bastante boas, contudo, poucas delas não têm gelosias nas janelas. Há, no lugar, um número significativo de ricas igrejas.

O comércio intenso trouxe considerável fortuna para alguns habitantes locais. Na verdade, a cidade como um todo tem um ar de abundância. Embora os divertimentos estejam basicamente confinados à ópera – há na cidade um pequeno teatro para esse fim –, as reuniões particulares são muito animadas. As pessoas daqui não são tão hospitaleiras como as do

Rio Grande, mas não são sisudas e tratam os seus negros bastante bem; muitos deles, depois de alguns anos de trabalho, conseguem comprar a sua liberdade.

As mulheres locais não são exemplos de castidade. A esse respeito, vale assinalar que algumas cortesãs cobram, pelos seus serviços, de 20 a 100 joes (1 joe equivale a 4 pences). Entre as singularidades do lugar, destaca-se o hábito de tomar, com exagerada freqüência, banhos mornos. Se tal vício contribui para o aparecimento de alguma doença em particular, deixo para os físicos opinarem. Uma coisa é certa, é muito comum, nessas plagas, encontrar indivíduos com as pernas extremamente inchadas e muitos portadores de elefantíase. Ambos os males provocam, de tempos em tempos, violentas dores e freqüentemente atingem os joelhos.

As forças militares do Rio de Janeiro são formadas por dois esquadrões de dragões, encarregados da guarda do vice-rei, dois regimentos de tropas regulares e um batalhão de artilharia. Este último, que tem uma aparência muito melhor do que aquele de Portugal, não pode ser comparado a uma milícia. As milícias, propriamente ditas, consistem em um regimento de brancos, outro de negros e um terceiro de mulatos. O regimento de mulatos tem uma ótima aparência. Durante a nossa estada na cidade, os soldados estavam de férias e não havia qualquer disciplina militar. Acredito, porém, que uma ou duas campanhas os transformaria em excelentes soldados. Digno de nota é o fato de a milícia de mulatos ser composta exclusivamente por homens de posse, homens que podem arcar com os custos do seu fardamento, o qual é azul-claro, ornado com faixas vermelhas e passamanes prateados. No todo, o seu aspecto é bastante agradável.

A razão pela qual os regimentos de cor são mais alinhados do que o regimento branco é a seguinte: enquanto este é formado por homens pobres e ricos, aqueles são compostos somente por indivíduos que compraram a sua liberdade e que, graças a uma superior capacidade de trabalho, progrediram mais rapidamente do que os outros.

Os principais produtos do país são o algodão, o café, a tintura de madeira, o açúcar, o couro cru e o tabaco. Anualmente, são carregados com essas mercadorias de 150 a 200 navios, que se reúnem na baía de Todos os Santos e daí seguem para Portugal. Nos últimos tempos, tem-se optado por transportar as mercadorias, de três em três meses, em frotas menores. Além dos artigos mencionados, o país exporta alguns diamantes – de qualidade inferior àqueles do Oriente – e um cristal grande e bonito, com o qual se faz uma excelente lente. Na região, produz-se ainda uma espécie de algodão que, devido à sua textura, é denominado algodão-seda. A quantidade produzida, contudo, é muito pequena e não permite que o artigo seja comercializado. Embora essa produção possa vir a aumentar um pouco, penso que a preguiça dos habitantes constituirá sempre um forte obstáculo para o cultivo desse algodão. As frutas aqui são fartas, muito mais do que no Rio Grande; os cavalos, por sua vez, abundantes na colônia do sul, praticamente inexistem no Rio de Janeiro.

O porto tem uma extensão considerável e é defendido por fortificações instaladas na superfície das muitas ilhas da baía. Em alguns lugares, a passagem é muito estreita, não tendo mais de um tiro de canhão, o que impossibilita a entrada de qualquer inimigo.

A baía é larga o suficiente para abrigar todos os navios da Europa. Em frente à cidade, há uma extensa ilha, denominada ilha das Cobras, onde foi instalada uma prisão. Essa ilha é muito fortificada e quase inexpugnável. Para passar daí para a cidade, é necessário apanhar um *ferry boat* constantemente vigiado por soldados. O acesso à ilha é proibido aos estrangeiros. Mesmo assim, alguns empreendedores ingleses, com a sua habitual ingenuidade, acabaram por visitar o local.

Aguardei, ainda, alguns dias para embarcar. Sem a presença do meu amigo Black, a nossa companhia estava agora reduzida a mim próprio, ao jovem Richards e a um ajudante. Lamentei muito a partida desse oficial. As suas qualidades de navegador fizeram dele uma pessoa altamente estimada por todos os oficiais portugueses, especialmente pelo capitão Thompson e pelo capitão deste navio, o senhor Dracour – um cavalheiro da Ordem de Malta que, mais tarde, se tornaria ajudante-de-campo do famoso conde de Estaing. Esse senhor chegou mesmo a dizer que estava convencido de que, caso Black tivesse optado por permanecer na cidade, ele ascenderia rapidamente na armada portuguesa.

Embarquei no navio de Sua Majestade *Ulysses* no dia 1° de fevereiro. No mesmo dia fizemos vela, juntamente com a esquadra comandada pelo contra-almirante Francisco de Paula Leite.

EDIÇÃO UTILIZADA

O relato de Semple Lisle foi editado somente duas vezes, uma em 1799 e outra em 1800. As duas edições são idênticas.

LISLE, James George Semple. *The life of Major J. G. Semple Lisle.* Londres: W. Stewart, 1799, p. 266-281.

BIBLIOGRAFIA

CARVALHO, Alfredo de. *Aventuras e aventureiros no Brasil.* Rio de Janeiro: Imprensa Gráfica Editora, 1930.

COMPACT Edition of the Dictionary of National Biography. Oxford University Press, 1975, p. 1.179.

TAUNAY, Afonso de Escragnolle. *Visitantes do Brasil Colonial.* São Paulo: Companhia Editora Nacional, 1944.

Jean-François Landolphe

Jean-François Landolphe nasceu em Auxonne, em fevereiro de 1747, e morreu em Paris, em julho de 1825. Com pouca idade, embarcou num navio mercante como grumete e fez diversas viagens às Antilhas e à costa ocidental da África, recebendo, em 1775, o comando de um navio de longo curso. Da Marinha Mercante, o capitão migrou para a Armada Real e, na qualidade de tenente, aí serviu durante vários anos.

Mas não foi a serviço da Coroa que Landolphe realizou o seu maior feito. Em 1786, à frente de três embarcações, armadas por comerciantes de Saint-Malo, o capitão fundou uma pequena feitoria na costa ocidental da África, nomeadamente no Reino de Benim. Três anos de relativo sucesso dessa empresa garantiram-lhe um modesto lugar na história do além-mar francês.

A passagem desse navegador pelo Rio de Janeiro deu-se em agosto de 1800, quando capitaneava uma pequena frota, encarregada pela Coroa francesa de capturar, saquear e pôr a pique o maior número possível de navios mercantes das Coroas britânica e portuguesa. O francês começou a sua missão de corso pelas Antilhas (ilhas Caiena e Guadalupe), deslocando-se posteriormente para o litoral africano. Daí, rumou para a costa brasileira e instalou-se nas proximidades da baía de Guanabara. Para sua infelicidade, porém, o porto carioca encontrava-se muito bem guardado por alguns navios de Sua Majestade britânica.

Em agosto de 1800, após três meses de permanência no rio da Prata, levantamos âncora com a intenção de estabelecer um cerco ao porto do Rio de Janeiro. Colocamo-nos em frente à entrada da baía, a 40 léguas a leste. Durante 30 dias, não fizemos outra coisa senão capturar alguns barcos portugueses e, depois de enviar os capitães e os marujos para a terra, afundá-los com todos os víveres.

Como não saía nenhum navio do Rio de Janeiro, pensei que o vice-rei, avisado de que bloqueávamos o porto, tivesse imposto um embargo às velas, razão pela qual decidi suspender a vigilância e dirigir-me para o norte.

Poucos dias após a minha resolução, numa manhã, às seis horas, os vigias acusaram a presença de muitas embarcações a sudeste, distantes seis léguas da nossa posição, que se dirigiam para sul. Ordenei, então, uma mudança de bordo e fui ao encontro desses navios para verificar qual era o seu poder de fogo. Identificamos oito navios de guerra inimigos, todos bem armados, vindo apressadamente em nossa direção. Ao meu sinal, as fragatas mudaram uma vez mais o seu curso e bateram em retirada. O inimigo, porém, alcançou-nos. Os três navios maiores cercaram a minha embarcação: um atacou pela popa e os outros dois por estibordo e bombordo. Mesmo canhoneado por três lados, resisti de uma maneira honrada.

Dois navios travaram combate com o *Médée* e dois outros cercaram o *La Franchise*. Rodeado de todos os lados por forças tão superiores às nossas, deixei que as fragatas agissem a seu bel-prazer, buscando assim evitar que caíssemos todos nas mãos dos ingleses. Ainda que a nossa situação fosse desesperadora, continuei a defender-me da melhor maneira possível. Ordenei que fossem disparados alguns tiros de canhão como resposta ao comandante da esquadra inimiga, que se achava na minha popa.

Desgraçadamente, a espoleta das peças incendiou o revestimento de madeira da grande câmara. Este acidente funesto causou-me sérios problemas, mas, ainda assim, descarreguei tudo o que tinha em um dos navios que me cercavam.

Era visivelmente impossível escapar de todos os tiros disparados na direção da minha embarcação. Para não fazer correr em vão o sangue dos meus bravos, após mais algumas descargas, arriei o meu pavilhão e os disparos cessaram. Rendi-me ao *Belliqueux*, um navio de 64 peças, cuja primeira bateria era de calibre 24. As duas outras embarcações que ajudavam no ataque continham 44 peças cada uma. Além desse poderio de fogo, esses navios navegavam em lastro, enquanto o meu estava pesadamente carregado.

Meu coração estava mortificado com essa derrota e ficou ainda mais ao ver as fragatas fortemente atacadas pelos dois lados. Às oito horas da noite, o *Médée* foi atingido e forçado a render-se; o *Franchise*, contudo, graças a uma manobra eficiente, conseguiu esquivar-se. O capitão que o comandava, o senhor Julien, chegou mesmo a capturar uma embarcação inglesa quando retornava para a França; ação inesperada que lhe valeu a patente de capitão de navio.

Pouco tempo após eu ter abaixado o pavilhão, o comodoro Bulteel mandou a sua canoa para me buscar. Tanto ele quanto o capitão Mils ofereceram-me diferentes bebidas, mas não pude aceitar essa gentileza. O comodoro quis, ainda, hospedar-me no seu camarote, revelando muita consideração para comigo. Todos os meus oficiais e marujos, acompanhados dos 30 prisioneiros ingleses que se encontravam detidos no *Concorde*, passaram para a sua embarcação. Quando o comodoro soube que esses prisioneiros tinham sido bem-tratados, redobrou os cuidados para com os meus homens.

No dia seguinte, o comodoro comunicou-me que seríamos, eu e toda a minha tripulação, conduzidos ao Rio de Janeiro, onde ficaríamos à disposição do vice-rei do Brasil, ou então seguiríamos com ele para a China, se assim desejássemos. Escolhi a primeira opção, já que da colônia portuguesa seria mais fácil retornar para a minha pátria. Rumamos, então, para a capital do Brasil. No meio desse trajeto, fui advertido de que os marujos franceses tinham sido revistados e que os seus cintos foram confiscados. Cada um desses cintos continha 5 mil francos, soma proveniente da partilha de algumas mercadorias que tínhamos tomado e revendido no Peru.

Protestei duramente contra a conduta do comodoro em relação aos meus homens. Argumentei que nem um capitão de corsários agiria com tal rigor. Comparei a minha conduta com a dele, dizendo-lhe que havia proibido a tripulação do *Concorde* de tocar nos objetos que caíram em nossas mãos através de combates.

O capitão do *Belliqueux*, longe de enfurecer-se, soltou uma gargalhada e, após ouvir os meus protestos, limitou-se a recomendar que eu tivesse paciência. Gritei mais forte ainda, mas foi tudo em vão.

Enquanto avançávamos em direção à terra, o abade Darté, durante o seu repouso noturno, foi acordado por um barulho surdo. Quando abriu os olhos, o abade viu, aterrorizado, uma pinça de canhão quase a ser enterrada no seu peito. Ele evitou o golpe e soltou grandes gritos. A sentinela atendeu ao chamado, porém, quando chegou ao local, o assassino já tinha desaparecido. O bandido provavelmente sabia que o abade carregava consigo algum dinheiro e decidiu matá-lo para roubar. O assaltante notara uma pequena fresta no leito do abade e tentou espetá-lo por aí. Felizmente, o buraco era demasiado estreito para a arma e o homicida falhou o seu alvo. O capitão Bulteel ordenou algumas buscas para localizar o criminoso, mas este permaneceu desconhecido.

Quando chegamos ao Rio de Janeiro, o comodoro mandou chamar-me: *Senhor comandante,* disse ele, *o senhor me comparou a um capitão de corsários. Vejamos se será capaz de manter essa acusação. Eu lhe devolvo, intactas, as cintas dos seus marujos, com os nomes dos respectivos proprietários. O senhor pode agora devolvê-las. Minha única intenção ao mandar recolhê-las foi a de evitar rixas, rixas algumas vezes sangrentas e sempre desagradáveis. Tal era o meu objetivo. Julgue agora até que ponto foram justas as suas acusações.*

Ao devolver as cintas aos marujos, fiz questão de dizer a todos que tal só era possível graças à nobreza de caráter do comodoro, a quem deveriam agradecer. Ele recebeu os meus agradecimentos e um pedido de desculpas: *O senhor não me ofendeu,* disse-me ele, rindo e com o rosto desanuviado. *Só posso aplaudir o interesse pleno que demonstrou pelos seus bravos homens, que mereciam conservar o pecúlio que conseguiram angariar combatendo, em meio a mil perigos, pelo seu país.*

Eu possuía dois cofres: um deles continha os meus pertences e o outro 300 mil francos. Como esses cofres nunca tinham despertado nenhum interesse, não duvidei que me seriam restituídos e fui reclamá-los junto ao capitão. Oh, tristeza! O capitão respondeu-me que não poderia fazê-lo, visto que seus oficiais tinham considerado os tais cofres como uma propriedade da divisão, isto é, do Estado. Caso o dinheiro aí contido tivesse sido encontrado junto com os meus pertences, explicou-me ele, seria proibido confiscá-lo; porém, como estava separado dos meus bens particulares, ele se comprometeria com o seu governo se demorasse mais em reconhecê-lo como apreensão de guerra. Forneci-lhe todas as provas necessárias de que o cofre forte e os fundos eram meus. Mas restou-me apenas verter lágrimas de pesar e resignar-me a perder, em um piscar de olhos, o fruto de tantas vigílias, de diligências, de sofrimentos, de esforços e de perigos.

O famoso porto do Rio de Janeiro, onde atracamos, é todo guarnecido com canhões, que estão instalados em fortes construídos, ou melhor, talhados em rochedos inexpugnáveis. Achei muito instigante conhecer o local que o intrépido e imortal Duguay-Trouin invadiu sob o fogo de mais de cem peças de canhão. Imaginei-me presente no preciso momento em que, desafiando o terrível alarido produzido por todas essas peças, esse vencedor entrou orgulhosamente na opulenta cidade e, após arrancar milhões em troca das suas chaves, deixou para a posteridade o exemplo de que, para a coragem extremada, não há lugar inexpugnável.

O comodoro Bulteel, ao desembarcar, fez a gentileza de despachar uma chalupa com todos os meus pertences. Fui acompanhado por um dos seus tenentes na canoa principal. O vice-rei recebeu-me como prisioneiro de guerra da Inglaterra e de Portugal. Sua Excelência censurou-me por ter queimado vários navios portugueses. Respondi-lhe que era meu dever cumprir as instruções que me foram dadas. *A isso,* disse-me ele, *eu não tenho qualquer objeção.* E continuou: *Ainda que o senhor e a sua tripulação sejam prisioneiros, eu lhes darei toda a liberdade que for possível. Garanto também que receberão todos os víveres necessários para alimentar os seus, víveres de uma qualidade da qual ninguém poderá se queixar sem cometer uma injustiça.*

Fomos aprisionados numa ilha, situada a mil toesas da cidade, onde havia várias casas de dois andares, muito espaçosas. As tripulações das duas fragatas aí se acomodaram sem maiores transtornos. Todos os dias, os cem homens da guarda, dos quais dois tenentes e um capitão, revesavam-se numa casa particular que servia de caserna. Nossos víveres eram excelentes e abundantes, como havia prometido o vice-rei. Souberam que eu era maçom e, mal pus os pés na cidade, um grupo de cinco membros de uma loja ofereceu-me dinheiro e outros serviços. Agradeci-lhes com grande cortesia, mas não pude esconder a minha surpresa ao saber da existência dessa loja num país submetido às leis portuguesas. Em Lisboa, se um indivíduo é reconhecido como maçom, ele é punido com a morte. Nas minhas muitas visitas a essa capital, recomendaram-me que mantivesse oculto o fato de pertencer à maçonaria, pois diante da menor suspeita todas as casas me fechariam as portas. Essa lei terrível, disseram-me, tinha sido imposta pelo Tribunal da Inquisição, no auge da sua cruel severidade. Perguntei-lhes como sabiam que eu era maçom. *Através do comodoro Bulteel, que o recomendou aos membros da venerável loja,* responderam.

Alguns dias depois desse ocorrido, o filho do vice-rei honrou-me com a sua visita e, nessa ocasião, convidou-me para assistir aos trabalhos da sociedade. *Se eu não fosse prisioneiro,* disse-lhe, *teria um enorme prazer em participar da reunião.*

– *Não se preocupe acerca desse ponto,* respondeu-me, *pois já comuniquei ao capitão da guarda de vigilância que, por volta das sete horas da tarde, eu pessoalmente o trarei de volta.*

Ele manteve a sua palavra. Um belíssimo carro, puxado por três mulas, conduziu-nos até uma vasta planície, no meio da qual havia um grande edifício. Como eu parecia estar bastante espantado, o filho do príncipe olhou-me nos olhos e disse-me com extrema delicadeza: *Não tenha medo, gozamos aqui de total segurança. A tropa que o senhor vê está sob minhas ordens, pois detenho* o *comando geral da cavalaria do Brasil.*

Minha surpresa não diminuiu, porque não podia crer que uma função tão elevada e importante estivesse entregue nas mãos de um homem que não contava com mais de 22 anos. Talvez os seus estudos suprissem a sua falta de experiência, já que o rapaz era versado em física, geometria e geografia, além de falar muito bem tanto o inglês como o francês.

Introduzido no recinto do templo, escutei com prazer o discurso do venerável. Contudo, o meu espanto chegou ao máximo quando observei que, no interior da loja, entre os primeiros chefes militares e administradores da colônia, se encontravam as mais altas dignidades da Igreja, tais como bispos e arcebispos. Um magnífico banquete pôs fim aos trabalhos.

O príncipe, ao reconduzir-me à casa, quis saber a minha opinião sobre o brilhante evento. Confessei ter achado tudo admirável e declarei jamais ter ido a uma assembléia tão séria e digna de respeito.

Ao fim de três dias, recebi uma nova visita do jovem: *O que posso pedir a meu pai para fazê-lo contente?* – perguntou-me.

– Apesar de estar grato pela sua bondade para com os franceses, e especialmente para comigo, tenho de dizer-lhe com toda franqueza que gosto do seu país, mas mais ainda do meu. Portanto, desejo ardentemente retornar o mais depressa possível para a França.

– Compreendo. Vou expor o seu desejo ao meu pai e dar-lhe-ei a resposta o mais rápido possível.

No dia seguinte, ele chegou junto de mim com um ar satisfeito e disse: *O senhor não permanecerá muito tempo como prisioneiro. Consegui uma fragata de 26 canhões, comandada por um oficial superior da Marinha, que os levará até Lisboa. Amanhã mesmo iniciaremos a preparação dessa fragata. Dê-me os nomes de seus oficiais.* Não saberia descrever a alegria causada por essa notícia, que ressoou nos meus ouvidos e nos dos meus companheiros de infortúnio como um doce eco.

É caso para se dizer, as boas ações são sempre recompensadas. Outrora, tive a oportunidade de ser útil ao capitão Oliver, esse, por sua vez, prestou-me um valioso serviço. Mais tarde, na ilha do Príncipe, encontrei uma nova ocasião para recompensar o seu zelo. O capitão, em retribuição, escreveu várias cartas de São Salvador, na baía de Todos os Santos, contando ao vice-rei a minha conduta para com ele. Foram os seus elogios a meu respeito que fizeram com que Sua Excelência fosse tão benevolente conosco. Tomei conhecimento dessa simpática atitude do capitão Oliver num jantar a bordo do navio do comodoro Bulteel.

Quando nossa partida para a Europa estava próxima, fomos transferidos para a montanha de Nossa Senhora do Socorro. No topo dessa elevação, havia uma bela igreja e alguns edifícios de excelente gosto. Ficamos ali sem nenhuma vigilância e providos de víveres. Permitiram-nos, ainda, descer da montanha, passear pelos arredores e tomar banho quando nos aprouvesse.

Chegamos, algumas vezes, a percorrer encantadoras chácaras, todas bem cultivadas e cobertas de canaviais e cafezais. Os habitantes acolheram-nos como irmãos. O filho do vice-rei visitava-nos de tempos em tempos. Numa ocasião, ele nos arrumou alguns cavalos e nos levou para passear numa região situada a quatro léguas da cidade. Essas cavalgadas, que muito nos alegravam, faziam tão bem ao corpo quanto ao espírito.

Os dias escoavam e a preparação da fragata avançava. Quando ficou pronta, embarquei com o comandante do *Médée*, alguns oficiais e o tenente ajudante-mor Dufour. Logo que zarpamos, o capitão português decidiu que toda a sua tripulação e os passageiros não teriam, durante toda a travessia, mais do que um copo de água a cada 24 horas. Experimentamos uma grande calmaria nas proximidades da linha do Equador. A viagem foi longa e penosa, durando cerca de cinco meses e custando a vida de muitos marujos.

EDIÇÃO UTILIZADA

LANDOLPHE, Jean-François. *Mémoires du Capitaine Landolphe.* Paris: Chez Arthur Bertrand et Pillet Ainé, tomo 1°, 2° vol., 1823, p. 401-422.

BIBLIOGRAFIA

HOEFFER, M. (dir.). *Nouvelle bibliographie générale depuis les temps les plus reculés jusqu'à 1850-1860.* Copenhague: Rosenkilde te Bagger, 1963, vol. XXIX, 353-354.

Bibliografia geral

BERENGER, M. *Collection de tous les voyages faits autour* du *monde par les différentes nations de l'Europe.* Lousanne: J. Pierre Heubach & Comp. Et à Geneve: François Dupart, 9 vols., 1788.

BERGER, Paulo. *Bibliografia do Rio de Janeiro de viajantes e autores estrangeiros (1531-1900).* Rio de Janeiro: Livraria São José, 1964.

BRIDGES, R. C. e HAIR, P. E. H. *Compassing the vast globe of the earth. Studies in the history of Hakluyt Sodety 1846-1996. With* a *complete list of the Society's publication.* Londres: The Hakluyt Society, 1996.

BRITISH MUSEUM. *General catalog of printed books.* Londres: William Clowes and Sons Limited, 48 vols., 1931.

CARVALHO, Alfredo de. *Biblioteca exótica brasileira.* Rio de Janeiro: Empresa Gráfica Editora Paulo Pongetti & Cia., 3 vols., 1929-1930.

CATALOGUE général des livres imprimés de la Bibliothèque Nationale. Paris: Imprimerie Nationale, 1925.

CHARTON, Édouard Thomas. *Voyageurs anciens et modernes.* Paris: Aux Magasin Pittoresque, 4 vols., 1857-1863.

DELLAPORTE, Abbé. *Le voyageur français ou la connaissance de l'Ancien et du Nouveau Monde.* Paris: L. Cellot, 34 vols., 1768-1791.

DUPONCHEL, August (org.). *Nouvelle bibliothèque des voyages anciens et modernes.* Paris: P. Duménil, 12 vols., 1841.

GARRAUX, A. L. *Bibliographie brésilienne. Catalogue des ouvrages français et latin relatifs au Brésil (1500-1898).* Paris: Ch. Chadenat-Jablonski, Vogt et Cie., 1898.

MACEDO, Roberto. *Apontamentos para uma bibliografia carioca.* Rio de Janeiro: Edição do Centro Carioca, 1943.

MALTE-BRUN, Conrad. *Annales des voyages, de la geographie et de l'histoire.* Paris: F. Buisson, 1809-1814.

MORAES, Rubens Borba. *Bibliografia brasiliana.* Rio de Janeiro: Colibris Editora Ltda., 2 vols., 1958.

PREVOST, Abbé. *Histoire génerale des voyages ou nouvelle collection de toutes les relations* de *voyages par mer et par terre.* Paris: Didot, 80 vols., 1751.

RODRIGUES, José Honório. *História da história do Brasil. Historiografia colonial.* 2. ed. São Paulo: Companhia Editora Nacional, 1979.

THE NATIONAL *Union Catalogo Pre-1956 Imprints.* Mansell, 1977.

TRAVAUX *de la commission pour l'histoire des grands voyages et des grandes découvertes.* Paris: PUF, 1937.

Este livro foi impresso nas oficinas da
DISTRIBUIDORA RECORD DE SERVIÇOS DE IMPRENSA S.A.
Rua Argentina, 171 – Rio de Janeiro, RJ
para a
EDITORA JOSÉ OLYMPIO LTDA.
em novembro de 2008

*

77º aniversário desta Casa de livros, fundada em 29.11.1931